挑む人たち。

取材・構成・文
奥野武範
（ほぼ日刊イトイ新聞）

リトルモア

もくじ

はじめに

困難に行く手を阻まれても歩みを止めなかった人たちの記録

この本は、ウェブサイト「ほぼ日刊イトイ新聞（＝ほぼ日）」に掲載された同名の特集をベースにしています。

七名の「挑む人たち」の話をうかがったのは、二〇一九年の暮れから二〇二一年にかけて。まさしく歴史的なパンデミックの真っ只中。海外渡航どころか自宅から出ることさえ禁じられた時期です。ふだんは世界の極地・僻地で飛翔躍動している冒険家・探検家のみなさんも軒並み国内で燻っている（？）だろうから、まとめてインタビューさせてもらおう！　という、極めて手前勝手な動機ではじめた特集でした。

取材では、それぞれの冒険家・探検家が、その人生や青春や生命を賭けて挑んできた、しびれるような「異聞・奇譚」を聞きました。極夜の北極圏で、垂直の岩壁で、エベレストの頂上で、未踏の無名峰で。どれも具体的で、強くて、シンプルな物語でした。彼らは、ただ一点を目指して行動している「だけ」なんです。その姿には獣のようなカッコよさがあるし、届くかどうかもわからない目標を見つめる眼差しに憧れもします。でも、どうしてここまで「勇気をもらえる」んだろう？　特集は好評のうちに終了しましたが、自分の中には、そんな問いが謎のまま、ちいさく残りました。

それからしばらく経ったころ。うれしいことに、出版社のリトルモアさんが特集を書籍化してくださることになりました（それが、この本です）。ウェブの海に漂う七本の記事を紙に印刷してもらえるだけでも「やったー！」という気持ちでしたが、コロナ禍も終わりが見えていたので、各人の「その後」を追加取材しようと思い立ちました。

身動きのとれなかった期間、彼らはいったい何をしていたんだろう？　単純に知りたかったということもあります。物理的な移動はままならなくても「頭の中で旅をしている」、つまり冒険や探検についての思索を深めている可能性はあるとも思いました。

でも、数年ぶりに再会し話を聞いてみたら、「そんなもんじゃなかった」。ある人は「犬ぞりの旅」にどっぷりハマっていました。ある人は、何冊もの本を書いて（しかも、売れて）いました。ある人は十二回ものテスト航海を終え本番の船出を待つばかり、またある人は未踏の雪山で指を少し短くしていました。冒険家や探検家にとって、行動を制限されることほどの「牢獄」はないはずです。それでも彼らは、許された範囲で挑戦を続け、前へ進むことをやめなかった。立ち止まって途方に暮れている人など、ひとりもいなかった。みんな、何かに「挑み続けていた」のです。

はからずも本書は、現代日本を代表する冒険家・探検家たちが、未曾有のコロナ禍にいかに対峙し、どう挑み続けたかの記録・物語となりました。

すべての原稿を書き終え本の装丁を待っているいま、ある意味「やりたいことをやっているだけ」の冒険家・探検家の話に、どうしてこれほど勇気づけられるのか、わかったような気がします。「生命を賭して、無謀な目標へ挑んでいく姿」はカッコいいし、常人からすれば、決して真似のできない「神の御業」です。でも、ぼくらが勇気を得るのは「生きるか死ぬかのチャレンジをする姿がカッコいいから」ではない。「困難に行く手を阻まれても、歩みを止めないから」なんだろうな、と。目の前に何が立ちはだかっても諦めず、目標を見失わず、ときには停滞し足掻きながらも、前に進むことだけはやめない。そんな姿から、ぼくらは、勇気を得るんだと思います。

自分の人生における「冒険・探検」って、何だろう。わたしは、つねに「挑戦」できているだろうか。そんなことを問いかけてくるような本になったのではないかと思います。

人生の鉄火場みたいな場面だけじゃなく、ふだんの生活の中で「挑み続ける、すべての人たち」を勇気づける一冊になったら、うれしいです。

奥野武範（ほぼ日刊イトイ新聞）

極夜は明けて。

角幡唯介さんの
次なる冒険

太陽の出ない北極圏の「極夜」を、何ヵ月も、さまよう。

ゴールは、太陽の出る瞬間。

誰もやったことのない旅から、数年。

探検家の角幡唯介さんが、いま、取り組んでいることについて、話してくださいました。

舞台は、ふたたび、北極圏。

極夜は明けて、次なるフィールドへ。

角幡唯介　かくはた ゆうすけ

1976年北海道芦別市生まれ。早稲田大学卒。探検家・作家。大学時代に探検部に入部し、登山や探検をはじめる。2002年と09年冬に「ヒマラヤの謎の川」と呼ばれたツアンポー峡谷を単独で踏査し、『空白の五マイル』で開高健ノンフィクション賞、大宅壮一ノンフィクション賞などを受賞。2016年〜17年冬、太陽が昇らない極夜の北極圏を80日間にわたり探検し、『極夜行』で大佛次郎賞など受賞。そのほか受賞歴多数。既存の探検、冒険の常識にとらわれない独創的な行動で知られ、現在はグリーンランドとカナダ最北部を舞台に犬橇狩猟旅行を継続的につづけている。近著に『犬橇事始』『書くことの不純』。

単独で挑む理由

――開高健ノンフィクション賞や大宅壮一ノンフィクション賞を受賞した角幡さんの『空白の五マイル』は、チベット・ツアンポー峡谷に存在する地図上の空白地帯をたしかめに行く……というものでした。

角幡　はい。

――四ヵ月もの間、太陽の出ない極夜の北極圏をさまよった『極夜行』も、さまざまな賞を獲ってらっしゃいますが。

角幡　ええ。

――どっちも単独行ですよね。

角幡　そうですね。

――どうして独りなんですか。いつも。大きな挑戦をするときには。

角幡　うーん、なんだろう。独りのほうが、生命の感覚……が環境に……いや。「自分は地球にいる」ということを感じるんだと思います、強く。人間の世界と切り離されてしまっている状態って、すごく自由なんです。

——自由。

角幡 うん。ぼく、衛星電話を持っていかないこともあるんです。

——つまり「連絡手段ナシ」の状態で。誰もいない、地球の果てみたいなところへ。

角幡 そういうときって、誰ひとり、ぼくがどういうことになっているのかわからないわけです。親も、妻でさえも、ぼくが生きてんのか死んでんのかわかんない。それが「すげえな、自由だ！」って。

——おお（笑）。

角幡 自分の判断や行動だけで、自分の生命が完全に成り立ってる状態。そこにはまったく不純なものが存在しない。世界には「地球だけ」があって、ぼくはその中で、純粋に生きていることができている感覚。

——なるほど。

角幡 自分の思考と判断だけで、自分の生命が統御され管理されているんです。判断を間違ったら簡単に死んじゃうけど、その判断の結果は、シンプルに自分だけに跳ね返ってくる世界。

——はい……怖い世界です。

角幡 そこでは自分自身がひとつの個体、ひとつのカタマリであるということをリアルに理解することができる。生きている感覚を強く感じるんです。まあ、平たく言ってしまえば。

——それが「独りで行く」理由。

角幡　誰かと行けば、当然安全性は高まると思いますけど、次の判断をどうするか、全員で協議して決めなきゃならない。そうすると他の人に甘える部分が出てくるし、緊張感も希薄になる。単独での行動はしんどいけど慣れると気楽なんですよ。自分の思いどおりにならない煩わしさや、全員の意思を統一する面倒くささ。そういうのがないってけっこうデカいんです。

——極地みたいなのっぴきならない場所でケンカしちゃったら……。

角幡　いや、けっこうあるみたいですよ。口をきかなくなっちゃったりとか。二人で行ってケンカしたら終わりですよね。三人いれば、ひとりが緩衝材になることもできるけど、二人組でダメになっちゃうと修復のしようがないと思う。

——もともとキツイ旅が、いっそうキツくなりそうです。

角幡　一緒に冒険に出る人がいたとしても、俗世間……ふだんの生活では会ったりしないことも多いみたいです。プライベートで酒を飲んだりとか、そういう付き合いもしないことが多いんじゃないかなあ。

——純粋に、冒険の場で信頼しあう間柄。

角幡　そう。

——山岳ものの『メルー』というドキュメンタリーを見たら、大きなケガを克服したばかりで、ふつう考えたら連れて行かないような仲間と一緒に、その人をサポートしながら、三人組で前人未踏の山に挑んでいて。

角幡 ええ。

——一緒に行く人の身体能力とかより「信頼感」なのか……と。チームで冒険に出るということは。

角幡 トップクライマーは、二〜三人で行くことが多いですよね。ぼくの知り合いに単独行ばっかりやっている人がいて、その人がトップクライマーに「なんで単独行しないの？」って聞いたことがあるらしいんです。そしたら「一人で行くより、高いパフォーマンスを発揮できるから」って答えたそうです。

——数日前、二度も世界王者に輝いているフリークライマーの平山ユージさんにお話をうかがったら、チームで登る理由のひとつに「ひとりで登ったときとはまったく質の違うよろこびがあるから」と、おっしゃっていました。

角幡 ああ、そうなんですね。難しい山や岩壁に挑むとかになると、また違った世界があるんでしょうね。

冒険の完成度

――誰もいない極地を単独行するのに、わざと衛星電話を持っていかない。それって、冒険しているときの精神や心理に関わる問題ですよね。

角幡 完成度が低くなるような気がして。

――完成度。冒険の？

角幡 そう。当然、衛星電話を持っていれば、万が一のときでも救助してもらえる可能性がある。でも、そのことによって自力で冒険していない感覚になる。つまり、自分の力と関係ないところに、自分の生命の最後の部分を預けてしまう、そういう気持ちになるんです。

――すると「完成度」が、低くなる？

角幡 そこまで自分で面倒見ないと、本当には自由になれない。アホみたいな理由かもしれないけど、ぼくらみたいな人間は、そういう部分にこだわってしまうんです。フリークライムなんかもそうでしょ。あぶみ……つまりハシゴを使わずに自分の手足で登ることが、ひとつの革命的なムーブメントを引き起こしたわけです。

——あれは「自由への革命」だった。

角幡 極地を冒険する場合も、感覚として同じことが言えます。自力であることによって、行為としての純粋性も高まるし、自分自身納得することができるんです。

——行為の純粋性と自分への納得感が、冒険の完成度を左右している。

角幡 やっぱり「自分の力でやること」が重要なんです。目標にたどりつけばいいだけなら「ヘリコプターで行けば?」って話になっちゃう、究極的に言えば。もちろん他力に頼る部分はあって、どこで線引きするかですけど、ぼくはなるべく自分の力で行動を完結させたい。

——角幡さんの考える「他力」というのは……?

角幡 まあ、ぜんぶ自分の力というならゴアテックスはダメなのか、とかね。スッポンポンの丸裸で行く、それが自力かと言われたら、ねえ。

——服は着ていてもらいたいです(笑)。

角幡 あるていど文明の利器を借りる必要はあって、重要なのはそれらがどこまで自分の行為を侵害しないか。たとえば「GPS」があれば決定的に居場所がわかるわけです。

——そうです……し、ふつうは「不安」だと思うんです。自分の居場所がわからなかったら。

角幡 そう、居場所がわからないと未来の計画が立てられませんしね。だから、地図やコンパスを使って自分の現在地を求めることは、空間を移動する際において決定的な要素なんですけど、ぼくはそこを機械まかせにしたくない。それは、そもそも「移動する」という行為の根本を侵している と思う。

——つまり、GPSも使ってないんですか?

角幡 使ってないです。どんなに困難でも。それと同じで、衛星電話も行動の根本的な部分を侵している。自立性を侵害するんですよ。

——ゴアテックスを着るかどうかとは、次元の違う話ですね。

角幡 ただ、そうは言っても実際は衛星電話を持っていかざるをえないこともあるんですけどね。ぼくも日本に家族がいて、四ヵ月も連絡しないというのは、さすがに無理で。ちょっと前から狩りを冒険のテーマにしているんですけど、最初のころ、七十五日間くらい家族に連絡しなかったんですよ。衛星電話を持ってなかったんで。そのときは、さすがに心配されちゃって。

——そうですよね……。「二ヵ月以上、音信不通」ですもんね。

角幡 まず、家族以外がザワザワしはじめました。三ヵ月後には帰るからって奥さんには言って出たんですけど、周囲にうまく伝わってなくて、二ヵ月過ぎてるけど大丈夫かって。七十五日目に村に帰ってきて家族に連絡したら「あー! よかったー!」って(笑)。予定より早く帰ってきたつもりだったんですけど。

——ご本人としては(笑)。

角幡　今年もまた狩りをテーマに旅をしたんです。帰る日程も考えず。狩りをしていると食料となる動物が獲れる限り、いつまでも旅を続けられる。犬ぞりで行ったんで、実際は犬たちが疲れちゃうから無限には無理なんですけど。ただ、いつ帰ってくるのかわからないとなると、村の人も心配しちゃいますから。

——そうでしょうね。

角幡　村に通うようになって六年目で、すでに村の人との関係なくして成り立たなくなっちゃってるんです。そんなわけで、衛星電話も持たざるをえなくなって。でも、ホントに嫌なんです……ぼくが独身で、村人との関係も険悪なら（笑）、そんなもん持ってかなくてもいいんだけど。

——本当に嫌そう（笑）。

角幡　だって、持っていかないほうが圧倒的に自由だから。完全に独り、完全に孤絶できる。死んだら死んだで、帰ってこないヤツがいるよね、でおしまいでしょう。理想なんです。そういう冒険が。

2011年、荻田泰永さんと北極を1600km歩く旅の途中で。撮影：荻田泰永
9～56ページ、プロフィールを除くすべての写真提供：角幡唯介

誰にもしばられたくない

——角幡さんがスポンサーをつけずに冒険しているのも、いまうかがったことと関係ありますか。

角幡 スポンサーをつけちゃうと「正しい存在」でいなきゃならなくなる気がしません？

——ああ、品行方正な人っていうか。

角幡 それが嫌なんです。

——単純明快な理由……。

角幡 社会的に正しい発言をしたりとかね、社会の価値に沿わなくちゃいけなくなっちゃう気がするんです。ルールも守んなきゃならないし。常に倫理的である必要もあるし。

——別に悪いことをしたいわけじゃなくて、誰かに、何かに、縛られるのが嫌。

角幡 そうですね。発言とか思考回路そのものも含めて。

——頭の中こそ縛られたくないですよね。

角幡 でも、お金をもらうってことは、突き詰めて言えば、そういうことにつながると思います。

——いまは、もっといろいろ……クラウドファンディングみたいな方法もありますが。

角幡 知らない人から金を集めてしまったら、よけいですよ。よくあんなことやるなあと思う。人からお金をもらうって、とんでもなく恐ろしいことですよ。

――角幡さんのような考えで角幡さんのような冒険をしていたら、そうだろうなと思いました。つまり、自由のためには衛星電話も持ちたくない人なわけで。

角幡 まあ、モノはいただいてますけどね。メーカーさんがお金はいいんで使ってくださいって冒険の道具をくれるんです。でも、お金をあげると言われたら断固拒否します。言われたことはないけど。

――誰かの、何らかの「期待」に応えなきゃならない気にもなりそう。

角幡 そうそう。

――いまみたいな感覚とか考え方って、犬ぞりの旅もなるべく現地のやり方でやるという角幡さんのスタイルにフィットする感じがしますね。

角幡 犬用のドッグフードとかも持っていくんですが、すべてをそれで賄うことは現地のやり方とは違うんですよ。不自然なんです、それだと。だから、犬ぞりで犬と旅をしながら、獲ったアザラシを自然の食糧資源として活用しています。で、そういうふうにやるようになったら、村の人の対応がガラッと変わって。

――どんなふうに?

角幡 北極圏の多頭の犬ぞりって何百年もの歴史を持っているんです。現地の人たちには、もっとも洗練された移動方法だって自負がある。だから、そりから犬の訓練、装備品、狩りの仕方にいたるまで、すべてが「ひとつながり」なんです。それなのに、外からくるエクスペディションの人たちって、スキーでパカパカ歩いて北極圏を旅しているわけですよね。

——自分たちの「発明」したやり方で。

角幡　はじめは、ぼくもそっち側だった。でも、犬ぞりをはじめてわかったんですけど、それって現地の文化に対する侮辱なんです。

——自分たちの方法や道具を持ち込むことが、侮辱？

角幡　現地の人たちが誇りを持っている文化を思いっきり無視してるわけだから。

——現地の自然が育んだ移動法である犬ぞりのほうが、結局、現地の冒険には合ってたりもするんでしょうか。

角幡　合ってますね。ぼくも移動に限界を感じて犬ぞりをはじめたんで。そしたら、村人たちがお節介なくらい寄ってくるんです。ああしろこうしろ、そうじゃない。つまり、犬ぞりを選んだことは、彼らの方法の正しさを表明することでもあったんです。

——うれしかったんでしょうね。

角幡　そうだと思う。以降、関係もすごく密になったし。現地の人も行かないところにまで犬ぞりで行くんですけど、「こいつ、本気なんだなあ」って。

——俺たちが教えた犬ぞりで、おまえ、どこまで行くつもりだと。

角幡 そうそう（笑）。現地語でシオラパルミュートって、シオラパルクの人って意味なんだけど、犬ぞりをはじめてから、みんなそう呼んでくれるようになったし。

——じゃあ、もう仲間として。

角幡 認めてもらえたというか。

——先ほど「移動に限界を感じて」とおっしゃってましたが、具体的には、どういう限界ですか。

角幡 狩りですね。狩猟ってすごくローカルな行為で、猟場を知らないと獲れない。獲物の生息地を知っていなければ獲れないいんですけど、歩きだと猟場を知っていても獲れない。具体的にはアザラシが最初ぜんぜん獲れなかったんです。

——呑気そうにしてるイメージですが。

角幡 そう、のんびり昼寝してそうに見えるんだけど、へたに近づくとパッと海に逃げちゃうんです。これは歩きじゃ獲れないと痛感しました。猟場が遠かったこともあって、犬ぞりじゃなきゃ無理だと。まあ……犬ぞりを使った場合でも難しいんですけどね。一〇〇メートルくらいまで近づいて頭を一発で撃ち抜く必要があるから。

シオラパルクという村

――知らない村をはじめて訪れたときって、どうやって打ち解けていくんですか。

角幡 シオラパルクの場合、ちょっと特殊なんです。まず、大島育雄さんといって、四十年以上も前から住んでいる日本人もいるし。日大の山岳部だったときに北極の遠征をしようと思って来てみたら、猟師のほうがおもしろいやって、住み着いちゃったって人なんですけど。

――え、そのまま四十年以上？

角幡 イヌイット社会で猟師になった人です。山崎哲秀さんという人もいます（編集部注：山崎哲秀さんは、二〇二三年十一月、グリーンランドで消息を断たれたまま現在に至ります）。植村直己さんにあこがれて、自分も犬ぞりをやりたいと思って村で活動しているんです。山崎さんはもともと知り合いだったんですが、大島さんとは村ではじめて会いました。お名前は、もちろん存じ上げていたんですけど。四十年間でたったの数回しか日本に帰ってきていない人です。

――もう「北極圏の人」なんですね。

角幡 そう、オオシマ一族という感じで、子どもも孫もたくさんいるし、長老みたいな存在なんです。イクオ・オオシマ……といったら、グリーンランドで知らない人はいないくらい。

――シオラパルクって、かつて植村直己さんも来た村なんですよね。

角幡 世界で最も北にある先住民族集落です。ぼくは、極夜の旅のときにはじめて訪れました。北にあればあるほど、極夜の「暗闇度」は高くなるので。

――村では、日本の情報って……。

角幡 何かを調べようと思ったら、ふつうにテレビだってあるし、みんなスマホも持ってますよ。通販で何か買ったりしてもちゃんと届きます。時間はかかりますが。通信速度もずっと遅かったんですけど、先日5Gが開通してました。

極夜行前夜

――角幡さんのやっている冒険は、エベレストの頂上だとか、南極点だとか、サミットみたいな一点を目指すというものではないですよね。

角幡 まあ、そうです。

――暗闇の中を旅していたときも、最終的には数ヵ月ぶりに太陽を見る……という、いってみれば

「ある特定の瞬間」を旅のゴールにしていたわけで。

角幡 ええ。

――地球上には「空白地帯」って、もうほとんど存在しないから、現代社会や地図などの「システム」から脱するような旅をしたかったと、いろんなところでおっしゃっていますが、そこで「極夜」を選んだのは、どうしてですか。

角幡 単純なんですけど、極地の探検記みたいな本が好きでよく読んでたんです。昔は飛行機なんかないし、何ヵ月とかじゃなく何年というスパンで旅に出ますよね。

――ええ。船とかで。

角幡 冬の北極圏では海が凍っちゃうんで、船旅の場合は、そこで冬を越したりするんです。そういうときって、暗い中で装備をつくったり、食料を調達したり、狩りをしたり、動き出すための準備をしているんですが、やがて数ヵ月ぶりに太陽が昇る。すると、どの探検記にも「ああ、極夜が明けた」みたいな記述が出てくるんです。そのたびごとに「極夜って何なんだろう?」と疑問に思っていたんです。

――自分も体験してみたい、と。

角幡 たとえば、有名な『世界最悪の旅』という本は、皇帝ペンギンの卵を極夜の南極へ採りに行くって内容なんですが、その記述が、もう、壮絶なんです。寒いし、暗いし、ひどいんです。

——さすがは「世界最悪の旅」……。

角幡 皇帝ペンギンの卵を採ってきて研究できれば、生物学上の何だか重要なことがわかるからと、そういう理由で挑んでいくんですけどね。世界には、こんなにもひどい目に遭う場所があるんだって、衝撃を受けたんです。

——もう、さっそく読んでみます。

角幡 でもまあ、そのころはまだ経験も何にもなかったので、行けるとも思ってなかったし、怖い世界なんだろうな……ってぼんやり思っていただけ。でも冒険の経験を積むうちに、自分の探検の対象として「極夜」がリアルに浮かび上がってきたんです。

——単独でツアンポーへ行ったり、そういった経験を積む中で。

角幡 うん、チベットのツアンポーへは二回行ってるんですけど、そのあとすぐ極夜へ行こうと思ったんです。ただ自分には極地の経験がない。さっぱりわかんなかったんです、極地の旅というものが。そこでまず、友だちの冒険家と北極で長い旅をしました。そのあと本格的に極夜の旅の構想を練りはじめたんです。

——北極では、どのような旅を？

角幡 カナダのレゾリュートを出発して、一〇〇〇キロ先の集落へ行き、そこからまた五〇〇キロくらいずーっと行って。全行程一六〇〇キロくらい歩いたのかな。

――せんろっぴゃく……。徒歩で……。

角幡 めちゃくちゃ疲れました。

――そうでしょうね……それは。どれくらいかかるものなんですか。極地を一六〇〇キロも歩くのって。

角幡 十日間の休みを入れてますけど、四ヵ月くらいです。

――その旅で、極地を冒険するということの諸々を学んだ。

角幡 まあ、学んだつもり……でしたが、振り返ってみると、ぜんぜんわかってなかったと思う。ひたすら氷の上を歩いたってだけ。極地のダイナミズムをまったくわかってませんでした。

――ダイナミズム……というと。

角幡 たとえば氷の動きによって、どんなときに、どんな危険が発生するのか。氷の下の海水の流れ……つまり、満潮、干潮、大潮、小潮と、日や季節によって変化する動きが、すごく大事なんです。北極って大陸じゃなくて海の水が凍ってるだけだから、海水の動きに応じて自分の足元も動いていくんです。氷を踏み抜いて海へ落ちちゃったり、いきなり氷が割れて、どこかへ流される可能性もあるし。

――わあ……。

角幡 獲物を獲ることについても、そう。動物の動きや習性を知らないと、極地では食料を確保でき

ないんです。

——はじめて仕留めた獲物って……。

角幡 ジャコウウシです。北極ではいちばん簡単に獲れる動物。そのときは飢えていたので、必死で。

——おいしかったですか？

角幡 ジャコウウシはうまくはないですね。味付け次第かなあ。

——飢えていたのは……どうしてですか。

角幡 一日に三〇キロもそりを引いて二ヵ月も歩いていたら、そりゃ飢えますよ。

——食料が尽きてたってことですか？

角幡 食料は当然、持っていくんですが、必要なだけの量をすべて積んでいくことは不可能です。極地を歩くには一日八〇〇〇キロカロリー必要なんです。となると、一日分の食料で二キロ。六十日分ともなれば、食料だけで一二〇キロにもなる。そんなの無理なんで。だから、ギリギリ死なないかなって量だけ積んで。現実的には一日一キロ。あとは現地で調達しようと思ったんです。でも獲物なんか簡単には獲れませんから。

——なるほど。

角幡 どんどん痩せていくのがわかる。なにしろ毎日三〇〇〇キロカロリーくらい足りてなかったんです。

――痩せるのがわかるんですか、自分で？

角幡 わかる、わかる。わかります。そのときは二人だったんで「おまえ、めっちゃ痩せてんな！」「お前もな！」みたいな（笑）。

光は、希望

――極夜行を終えたあと、次はどんなことをやったらいいかわからなくなったと、どこかでおっしゃっていましたが。

角幡 いまは、モチベーション高いです。おもしろいから。

――それはつまり、犬ぞりが。

角幡 そう。たしかに極夜の旅を終えたあと、四十二歳という年齢的なものもあって、何の気力もわかなかったんです。でも、今年どこへも行かなければ、自分はもう冒険をやめちゃうかもしれないと思った。だから無理やり行ったんです。

――無理やり。

角幡　あー、行きたくねえけど行くか……みたいな感じ（笑）。正直、毎年こんなことやってると疲れるんですよ。一シーズンくらい休みたいんです。

――はい（笑）。

角幡　でも、そのときに思ったのは……ここで行かなかったら、引退はしないまでも、もう二度と極地へは行けないかもしれないな、と。それで、ほぼ無理やりって感じでシオラパルクへ行って、七十五日間、狩りをしながら旅をしたんです。

――さっきおっしゃっていた、衛星電話を持たない旅ですね。

角幡　極夜行よりはるかに大変でした。闇の怖さはないけど、肉体的な疲労、消耗がすごくて。でも、そのあと二シーズン犬ぞりをやって、犬の扱い方もだいぶわかるようにもなってきて、次はもっとできるぞって思えるようになってきたところ。

――極夜行における「闇の怖さ」……つまり何ヵ月も太陽の光を見れないって、まるで想像つかないんですが、そのただ中に身を置くと、どんな気持ちになるものですか。

角幡　洞窟みたいな真っ暗闇じゃなくて、月明かりや星明かりはあるんです。だから、旅をはじめた最初のうちは、そんなに気にならなかったんです。

――え、そうなんですか。

角幡　いろいろ忙しいんですよ（笑）。自分がどこにいるのか、そのつど判断しなきゃならないし、犬のことも、身の危険についても考えなきゃならないし。だからはじめのうちは、暗いこと自体に怖さやストレスは感じなかった。でも、四十日くらい経ったころに食料が尽きてしまったんです。

――ええ。

角幡 獲物もなかなか捕まえられなくて、そのときに「もう暗いの嫌」って気持ちに（笑）。

――他のいろんな不安や不満と一緒に、暗闇にも「嫌気」が。

角幡 そうなんでしょうね。朝、目を覚ましても真っ暗。それがもう嫌で嫌で。外気温はマイナス四十度くらいでとんでもなく寒いし。来る日も来る日もそんなのが続くと「もう嫌だ、どこにも行きたくねえ」って一日中テントの中でゴロゴロしちゃったり。

――まるで「引きこもり」のような状態。北極圏で……。

角幡 たしかに、何にもしてないって意味では。本当にゴロゴロしてただけなんで。本を読む気も起きないんです。ページをめくる指が凍えちゃうから。ひたすら目をつぶってました。ただ、それは極夜にかぎらず、山でも他の極地でも、停滞するときってそんなもんだけど。

――その間、誰とも話さないわけですよね。何十日もの間。

角幡 ええ。

――まったく独りのときって、感情を動かすトリガーはあるんですか。よころんだり、泣いたりとか……。

角幡　泣きはしないです。よろこびはありますね。獲物を仕留めたときとか。人としての感情の発露みたいなものは犬を相手にやってました。基本的には「怒り」ですけど（笑）。

——言うことを聞いてくれないことへの。

角幡　かわいがったりするのは、余裕があるときですね。

——誰かとしゃべってないとダメって人もいると思うんですが……。

角幡　ぼくはそういうタイプじゃないので。昔から単独行動することが多かったし、慣れてるんだと思います。それに、犬としゃべってたので、孤独は感じませんでしたね。

——人間って夜になると焚き火のまわりに集まって怖い話をしたりするじゃないですか。考えることやものごとの感じ方が、昼間とは違ってくることがあるんじゃないかと想像するんですが。

角幡　暗闇では「音」が恐ろしくなります。風の音とか。聴覚が敏感になる感じで、風の音がシロクマの声に聞こえたりしました。妙な幻聴が、やまなかったり。

——人間の想像力が聞かせているもの。

角幡　それに同じ風の音でも、昼間と夜じゃまるっきり違うんです。

——夜のほうが怖い？

角幡　断然、怖いです。夜の風には「圧迫感」がある。

――へええ、何でだろう。同じ風なのに。

角幡　なぜだか、わからないけど。

――夜というのは「概念」なんですかね。あらためて「極夜」って暗闇がまとわりついて離れない……みたいな状態ですよね。想像を絶します、そんなの。

角幡　旅の終わりころ、一月下旬くらいにジャコウウシを獲りに行ってダメで、トボトボ歩いていたとき、あたりが少しだけ明るくなったんです。そのとき、何とも言えない気持ちになりました。「うわあ……！」みたいな……。

――うれしかった？

角幡　希望だと思った、本当に。光って。

犬ぞりという乗り物

――極夜行を終えた角幡さんが、いま取り組んでいる「犬ぞり」って、どんな乗り物なんですか。たとえばスピードは速いんでしょうか、とか。

角幡　硬い雪面だったら時速一五キロくらいは出るのかな。モサモサの新雪だと、仮に荷物を軽くしたとしても七キロか、せいぜい八キロくらい。それでも徒歩にくらべたら倍くらい速い。荷物も五〇〇キロは積めるし。荷物が少なくて季節も暖かかったりしたら、一日で四〇キロから五〇キロは移動できます。

――現地では、やっぱり優秀な移動手段ってことですね。

角幡　そうですね。乗りこなすまでがけっこう大変ですけど。犬たちと意志を統一するために訓練しなきゃならないし、犬たちが疲れちゃって乱氷とかで一度止まると動かなくなるんです。

――動かない？

角幡　動かない。怒鳴ろうが、わめこうが、ムチで叩こうが、ぜんぜんダメ。ガンとして動きません。こっちも疲れちゃうんで怒鳴り続けることもできないし。とにかく、なだめたり、すかしたり、怒ったりして犬をけしかけて、奴らを「その気」にさせないと。

――あらゆる手段を尽くして。

角幡　ちょっと動けばいいんです。犬って、休んでいるときでも綱がピーンと張ってるんです。そりがちょっとでも動いてその綱が緩むと、みんな「あっ」っという感じで前へ進もうとするんです。

――へえ……。

角幡　逆に、犬が暴走したりもします。

――今度は止まんなくなっちゃう。

角幡　そりに人間が乗っていなくても、暴走した犬ぞりはどんどん先に行っちゃう。氷の段差を下りるときなんかに、人間はそりから降りて犬たちを誘導するんですけど、何かの拍子でズズーッとそりが滑り出したら、自分たちの方に突っ込んでくるのを恐れて、犬たち、走り出しちゃうんです。

――わ、置いてかれちゃう。

角幡　最初はすごく苦労しました。氷河の上り下りの訓練中に、三回くらい置いていかれましたし。一度なんか、暴走した犬たちがアイスフォールに突進していって、フッと姿が見えなくなって……。

――えっ。

角幡　わあ、みんな落ちて死んじゃった……と思ったんですけど、追いついてみたら穴の手前でギリギリ止まってました。もし村から何百キロも離れた地点で犬ぞりを失ったら、人間もそこで「終わり」です。ムチしか持ってない状態（笑）。

――そうか。北極圏、独りぼっち。

角幡　衛星電話も食料もテントも何もかも、そりに積んでますから。

——生命そのものですね。北極圏における犬ぞりというものは。

角幡 犬も「一対一」ならそいつだけ見てりゃいいんですけど、十二頭もいると、まとめあげるのが大変なんです。じっとしてられずに動いてしまう犬が一頭でもいると、そいつに引きずられて十二頭があっちいったりこっちいったり……。複雑系のカオス理論、みたいな感じです。

——一筋縄ではいかないんですね。

角幡 でも、そうやってともに苦労しながら旅を続けて、修羅場をくぐり抜けることによって、犬のことを把握し統率できるようになってくるんです。すると、犬のほうでもぼくが何をやろうとしているのかを理解してくれるようになる。

——わかりあえるようになる。

角幡 そんなふうにして、徐々に危険を回避できるようになっていく。基本的に犬ぞりの最終的なイニシアティブは犬たちが握ってるんです。たとえば乱氷地帯を走行していて、そりの上の人間が「左行け、左！」って言っても、犬は右へ行ったりする。犬のほうが地表に近いし、見え方も違ってるからだと思う。

——「左」と人に言われても「いや、右でしょ！」みたいな。

角幡 結果として、犬の判断のほうが正しいことが多いんです。

——わ、そうなんですか。すごい。

角幡　去年、犬ぞりをはじめたときには「三年かかる」と言われたんです。乗りこなせるようになるまで。でも一年目からけっこう遠くまで行けたんですよ。まあ、犬ぞりをコントロールできてるかというと、まだまだだけど。

――北極圏にいるときは、ずっと犬ぞりで走ってるんですか。

角幡　もう四〇〇〇キロは走ったかなあ。これまで、訓練を含めて。それくらい乗ったら、だいぶわかるようになりました。犬たちの個性も、地表の状況に応じた対応策なんかも。

――ワンちゃんたちに名前ってつけてるんですか。ワンちゃんって感じでもないのかもしれませんけれど。

角幡　つけてますよ。十二頭いますけど、なるべくそれぞれの個性を表すような名前を。

――日本人風、じゃないんでしょうね。あちらの犬ですものね。

角幡　はじめは日本人っぽい名前をつけたりしてたんですけど、しっくりこないんで途中で変えちゃったり。でも、彼らもすぐに気づくんです。新しい名前で呼び続けていると、何日かしたら「あ、オレの新しい名前それかよ」みたいな感じで（笑）。

――シオラパルクには、もう毎年、行かれてるんですよね。

角幡　はい。二〇一四年からもう六年くらい通ってます。毎年だいたい冬とか春の季節に。着いたらすぐ犬ぞりの訓練。犬の身体を仕上げていくんです。ぼくが日本へ帰っている夏の間、犬たちはつながれてゴハン食べてるだけで、何にもしてないんで。筋肉が衰えちゃってて、そのままじゃ走れないんですよ。

――身体がなまってる状態ですか。

角幡 最初の二ヵ月は、まず近場でそりを引かせます。だんだん長距離の旅ができるよう、仕上げていくんです。最初は、ちょっと走ったくらいでゼーゼーハーハー、途中でバテたりもしちゃうんです。ま、人間のぼくのほうも、最初は同じような感じですけど。

――角幡さん自身も、仕上げる必要がある。

角幡 すんごいパワーですから、犬たち。一頭引くのも、こっちは必死。

――その犬たちって、角幡さんのような人たちのために、誰かが貸してる……とかなんですか？

角幡 いやいや、違います。ぼくが飼ってる、ぼくの犬です。いろんな人から買い集めました。でも、ぼくが日本に帰国している間は、何人かの村人にお金を払って面倒を見てもらっています。

――なるほど。シオラパルクのカクハタさんちの、十二頭の犬。

角幡 だから、向こうへ行ったらまず全員をかき集めるんです。

――まず「犬を買う」ことが大変だったんじゃないでしょうか。そんな、右も左もわからない異国の地で。

角幡 大変でしたね。村の人たちも犬は必要なので、いい犬は手放しませんし。「ま、いいか」みたいなやつしか譲ってくれない。ちょっと変なクセのある犬とか。

――第三野球部みたいなデコボコチームってことですか。

角幡 そういうやつらの集まりです。愛すべき感じはしますけども。めっちゃくちゃエサを食べるんで金もかかるし。隣町まで行って、売ってくれる人を探したりして。犬たちの胃袋を満たしてやるのに、狩りに出てアザラシの肉を獲るんですけど、さっきも言ったように、簡単じゃない……というか難しい。必要なだけのアザラシを獲るのに金も時間も労力もかかるんですよ。

――なにせ「十二頭」ですものね。

角幡 犬ぞりをはじめる前は、飼い犬は一頭だけだったんですけどね。極夜行のときの相棒ウヤミリックというやつ。で、さっきも言いましたが、その極夜行を終えたあと、自分は何をしたらいいのかわからず、ずっと考えていて……ふと、次は犬ぞりの旅をしたいなあ……と。それでようやく、去年からはじめたんです。

死生観について

――独りで大きな冒険をしてきた角幡さんの「死生観」があったら、教えてください。

角幡 死生観……なんだろう。何度か「あのとき、よく死ななかったなあ」という経験はしているんです。いちばんリアルに死を感じたときは、なぜだか、どうでもいいことを考えてました。雪崩で雪に埋まっちゃって、だんだん息ができなくなってきてたときなんですが。

――そんなことが。

角幡 身動きとれないどころか指一本動かせない状況でした。十分後に死ぬのを待っている状態。

――わー……。

角幡 それまでの「死」のイメージって、いろいろ納得したうえで意識が途切れる……みたいな感じかなと想像していたんです。自分の人生を総括する瞬間が訪れて、みたいな。だけど、ぜんぜん違ったんですよ。当時は新聞記者だったんですけど「俺が死んだら明日の中日新聞に二段立つかなあ」とか、そういう呑気なことを考えていた。

――第三者的というか、他人事みたいな？

角幡 もうすぐ死ぬって状況なのに、どうして俺はこんなことを考えてるんだってイライラするほど、どうでもいいことを考えてました。だから「死ぬ瞬間」って、案外そんなもんなのかもしれない。

――大層な感じでは死んでいかない。人間というものは。

角幡　少なくとも納得して死ぬんじゃないんだなと。よほど、死が訪れるまでに覚悟を決める時間を持てるのなら別なのかもしれないけど。

――雪崩に巻き込まれてしまったのは、どういう状況だったんですか。

角幡　冬山で雪洞を掘って寝てたら雪崩が起きて埋まっちゃったんです。

――それ、どうやって生還したんですか。

角幡　ふたりで登ってたんですけど、もう一人は雪洞の奥にいたので完全には埋まらずに上半身を起こすことができたんです。それで雪から這い出して、ぼくを掘り出してくれたんですよ。

――本当にギリギリだったんですね……。雪に埋もれると自分では何もできないんですか。

角幡　指一本、動かせませんでした。寝袋に入った状態だったんで。あれは完全に死ぬケースでした。

冒険の同士たち

――写真家の石川直樹さんも、気球で太平洋を横断しようとして海に落ちて、生きるか死ぬか、死ぬ確率のほうが高いような目に遭ってらっしゃいますが。

角幡 ええ。

――その石川さんと角幡さん、大学時代からお知り合いだったそうですね。

角幡 彼はぼくより二つ下の学年で、早稲田の探検部にチョコチョコ顔を出してたんです。ただ石川くんは当時から自分のやりたいことがわかってる人だったんで、探検部には入らなかったんですが。

――石川さんが気球で出発するとき、当時新聞記者だった角幡さんが取材に来てくれた……って。

角幡 たぶん、それ「二回め」じゃないかな。つまり、ぼくが取材に行ったのは、石川くんが気球冒険家の神田道夫さんと太平洋横断しようとして落ちて、もう一回、神田さんだけで挑戦したとき。

――ああ、そうなんですね。石川さんは、のちに神田さんと挑戦したときのことを『最後の冒険家』に書いて開高健ノンフィクション賞を受賞されましたよね。

角幡 じつは、ぼくも神田さんに誘われていたんです。

――えっ……一緒に行かないか、と?

角幡 そう。当時勤めていた朝日新聞に企画書まで出しました。太平洋気球横断同行取材……って。そしたら却下されて。

――じゃあ、もし一緒に行っていたら。

角幡　一緒に行方不明になっているか……あるいは生き残った可能性もなくはないと思う。誰かと一緒に行くことで、行為の結果が変わることってあると思うので。

――エベレストに何度も登っている登山ガイドの倉岡裕之さんも、若き日の角幡さんを知っているとおっしゃってました。

角幡　ああ、倉岡さん。お元気でしたか？　もう七、八年はお会いしていないと思いますけど、エベレスト、まだやってらっしゃるんですか。

――もう九度も登頂しているそうです。

角幡　すごいなあ、あいかわらず。憧れの人なんです、倉岡さん。南アメリカのギアナ高地にある、エンジェルフォールって世界最大級の滝を初登している人。伝説のクライマーですよね。

――クライミングで二度も世界王者になった平山ユージさんも、若いころ倉岡さんと一緒に練習していたそうです。

角幡　みたいですね。山野井（泰史）さんなんかも、たしかね。

――勢ぞろいしてたんですね、すごい才能が。

角幡　ぼくらの世代でも、いま活躍している同世代の連中って学生時代から知ってるんです。昔から目立っていたので、面識がなくても名前は知っていたりとか。一緒に北極を旅した荻田泰永くんとか、さっきの石川くんもそうだし。国際山岳ガイドでプロスキーヤーの佐々木大輔くんも、昔から名前だけは知ってました。若くしてすごいスキーヤーだったんです。服部文祥さんも昔からの知り合いです。

——どうですか。旧知の人たちが、それぞれに挑戦を続けている姿を見ると。

角幡 刺激をもらえますよね、やっぱりね。ようし、ぼくも……って気になります。

——同じような志を持つ者どうし、切磋琢磨するような感覚もあるんですか。

角幡 それはあると思いますよ。みんな、それぞれに、それぞれですけど。

——角幡さんは、北極圏で犬ぞりの旅を。

角幡 うん、続けようと思ってます、当面。

（2020年7月9日　鎌倉にて取材）

その後の角幡さん

北極圏で犬ぞりと狩猟を続けています

――前回、お話をうかがったのは「二〇二〇年七月」でした。

角幡　犬ぞりの話をした覚えがあるから、それくらいですよね。まだはじめたばかりで、語りたくて語りたくて仕方がなかったころだと思う。

――当時の自分は、まず角幡さんの『極夜行』に興味津々だったので、角幡さんにとっての「犬ぞり」が、ここまで大きなものだとは思わずに取材をしているんです。でも角幡さん、その後どんどんのめり込んでいきましたね。

角幡　人生観が変わったんです、完全に。まず単純に、おもしろい。自力でそりを引いて独りで北極圏を歩いても、その行為自体がおもしろいわけじゃないんです。体力まかせの「もっと遠くへ、もっと困難な場所へ」みたいな冒険は、三十代とか四十代前半くらいまでの、自分自身が大きくなっていく時期ならやれるんだけど、そこからあとは、行為自体がおもしろくないとダメですね。

――その点、犬ぞりは「おもしろかった」。

角幡　おもしろかったです。今年（二〇二三年）で五年目を終えたんですが、犬たちのこともわかってくるし、あたりの土地にも詳しくなってくるし。今年も五十日くらい村から離れて、自由に動きまわってました。

――具体的には、どうおもしろいんですか。フィールドに詳しくなったということは、逆に言うと「いつもの場所」になるわけじゃないですか。

角幡　犬と一緒に旅すること自体がおもしろいんです。だから、新しい土地へ行く必要もないと思えるくらい。

それに、同じ土地でも変わりますからね。犬も成長しますすし。そして何より「狩り」ですよ。生きているということの根幹にふれるような興奮を覚えるんです。何万年も前、クロマニヨン人が犬と一緒にマンモスを獲っていたときの気持ちがわかるというか。「ウオー！」って感じ。

――以前の著書で、旅の最中の角幡さんが「この先に、獲物がたくさん獲れる『いい土地』があるんじゃないか」と思う場面が出てきます。あのくだりを読んだときに「人類って、こうやって地球上に広まってきたんだろうな」と思ったんです。角幡さんは、現代の北極圏で、太古の人類の気持ちでいるのかなあと。

角幡 原始の人々の思考や視点を手に入れたいんです。なぜ人類は困難な旅を続けてきたのか、この地球上に拡散してきた原動力は何だったのか。そのことを、ぼくは知りたいと思っています。

――可能な限り外部に頼らず、そりをはじめ自ら道具をつくって冒険をしてきた角幡さんですが、狩りでは「自然と一体化したとき、獲物を捕ることができる」と書いていますよね。その感覚って、どういう……「周囲の自然に対して違和感のない自分」みたいな状態ですか。

角幡 そうなれたときに、獲れるんです。はじめてそのことを意識したのは、北海道の鹿狩りでした。森の中で鹿にアプローチする場合、鹿と同じような動きで、鹿と同じような足取りで近づいていかないとダメ。自分が「森の中の不自然な存在」だと逃げられちゃうんです。人間としての存在を消して「空っぽ」になる必要がある。森の風が身体を吹き抜けていくくらいの感覚になれたとき、鹿は逃げず、獲ることができるんです。それは、極地でも同じ。こちらが異物のままだと、寝ているアザラシにも逃げられちゃう。極地の氷の動きと一体化したときに、獲れるんです。

——鉄砲という文明の利器を振りまわすだけじゃ、ダメ。

角幡　そう。そして、そのことは「人間が森と調和したときに、鹿が死ぬ」ってことですよね。極地の氷と一体化して生きていける存在になれたとき、アザラシは死ぬ。人間にとっては、それが自然からの恵み、祝福になるわけですが、大きな視点で見た場合、ぼくは、そういうこと全体が「共生」なんじゃないかと思うんです。

——なるほど。

角幡　このあたりは、動物愛護などの近代的なモラルからは、なかなか説明しにくいと思っています。人間が自然の中で暮らそうとすれば、どうしても、他の生命を殺して食べなければならないので。

——自然との調和＝他の生命の死。

角幡　狩りをしていると、わかるんです。動物って、人間と同じくらい高等な生き物なんだなって。

——そうなんですか。

角幡　今年は、すごいことがありました。ジャコウウシを獲ったんですね、旅の途中で。ジャコウウシって仲間思いなんだけど、今年は四頭の群れを見つけて、そのうち二頭を獲りました。ぼくと犬が食べるために。撃たなかった二頭のうちの一頭は逃げたんですが、もう一頭は逃げずに、その場にずっと残っているんです。

——へえ……。

角幡　最初そのウシにも弾が当たっちゃったのかなと思ったんだけど、どうも無傷なんですよ。たまに身体の向きを変えたり、立ち上がったり、ウンコしたりしてる。不思議だなと思いながら仕留めた二頭を解体して、その日は、そのあたりでテントを張って寝ました。で、次の日起きたら、まだいるんです。

——その、無傷のジャコウウシが。

角幡　そして、解体した肉を犬にあげようと思って細かくバラしはじめたら、突然こっちへ向かってきたんです。ジャコウウシって、ガタイがよくてバーンと頭突きしてきたりするんですね。怒らせたら危険な動物なんです。これはヤバいと思ってテントに戻ってライフルを準備していたら……。

――はい。

角幡 解体された仲間のところで、憤りはじめたんです。「ガルッ！　ハッ！」とか言って、興奮してる。さらにこっちへ向かってこようとしたんで、犬たちが吠えかかった。すごい勢いで。そしたら、また解体された仲間のもとへ戻って、そばに寝そべって、自分の身体をなすりつけてるんです。

――仲間の遺骸に。

角幡 そう。しばらくそうしてたんですが、再び立ち上がって、もう一回「ガルッ！　ハッ！」って怒って、何歩か歩いたと思ったらバタって倒れて死んじゃったんです。

――えっ。

角幡 「憤死」だと思うんですよ、あれ。

――憤死!?

角幡 仲間の死に憤って、興奮して、脳溢血かなんか起こしたんじゃないかなあ。

――怒りのあまり？　なんと……。

角幡 つまり、それくらい人間と変わらない情を持った生き物を、ぼくらは獲ってるんです。でも、現代の文明社会では、そういう場面を見せないようにしていますよね。家畜を殺す場面を不可視にして、美味しいお肉として流通させるシステムをつくりあげている。でも、狩りをすると、高等な動物を殺しているという事実を否応なく突きつけられる。で、それはおそらく、ずっと昔の人類も感じていたと思うんです。

――文明社会の現代人じゃなくても。

角幡 そのとき彼らも、自分が生きるために動物を殺している、これって何なんだろうと感じていたはず。こいつを殺すほど自分は偉いのだろうか、自分はこいつより上位の存在なのだろうか……って。でも、他の動物を殺してでも生きる理由が人間にあるのかって考えたとき、別にないんですよ。つまり「生きるために、殺す」という「大義名分」が、そこで崩れるんです。

――その問いに、いつか答えられるのかなぁ。

角幡 わからないです。自分たちが生きるために、他の生き物を殺す。その行為を「悪」にしないためには「狩り」を「神聖な行為」に変換してやる必要がある。そうやって人間は、さまざまな神話や儀式をつくりあげてきたと思うんです。

――なるほど。

角幡 自分も獲物を仕留めたあとは、肉以外の部分、つまり使わない骨や内臓などはきれいに整えて置いてくるようになりました。何不自由ない身体で、また生まれ変われるように。自己満足かもしれないけど、そういう行為が、自分にとっては必要なんです。狩猟という営みをそのつど捉え直す、考え続けるって意味でも。

――インディアンの古老に弟子入りした知人に聞いたんですが、仕留めたヘラジカを解体したあと、喉笛を森の木にひっかけておくんですって。そうするとその喉笛が再生してヘラジカに戻って、また、自分たちに恵みをもたらしてくれるんだって。

角幡 カナダのインディアンやアラスカのイヌイットには、そういう習慣があるそうですね。でも、グリーンランドのイヌイット社会では、やらないんです、なぜか。

――じゃ、角幡さんは、北極圏ではめずらしいタイプ。

角幡 だからよけいに形式主義だと思われるかもしれないけど、でも、形式が内容に優先してもいいと思うんです。形式だけでも先にあることで、あとから内実が育っていくこともあるんじゃないかと。率直に言えば、狩りって「楽しい」んですよ。動物を追いかけて獲るって、興奮するんです。こっちも腹が減ってる状態でやってるし、生存に直結する行為だから、成功報酬みたいな物質が脳内にドバドバ出てるんだと思うんです。

――だからこそ、仕留めたときのよろこびも、逃げられたときの落胆も大きい。角幡さんの本を読むと、そのことがすごく伝わってきます。

角幡 でも、そこで単に「楽しいからやってます」とは言いたくない。殺された動物に対する思考を深めなきゃって思うし、狩りという「殺し」がおもしろいと思ってしまう自分って何なんだろうと、つねに考えています。暴力に対する自制心は、人間として絶対に必要なので、そのことを忘れないためにも。

――そういうことを考えながら、北極圏で狩りをしているんですか。角幡さんって、これまでいろんな冒険をしてきましたよね。若いころの沢登りからはじまって、単独で未知のツアンポー峡谷に分け入ったり、真っ暗な極夜を何ヵ月もさまよったり。

角幡 ええ。

――でも、あるころから北極圏へ通うようになった。何年も続けて。つまり、犬ぞりや狩猟という「これをつきつめたい」と思えるものに、出会った。

角幡 そうですね。人類と言ったら大袈裟だけど、ぼくは人間の始原的な部分を知りたくて行動してきました。なぜ、苦労しながら地球全体へ広がっていったのか。どうして自分は生きているのか。犬ぞりと狩猟には、そのことを知るための何かがあるような気がしています。

――大昔の人たちの「気持ち」が知りたい。

角幡 狩猟って、ただ獲物が獲れればいいってわけじゃない。自分がその土地に根付いて、どういう場所なのかを深く知った上で「獲れた」とき、より大きなよろこびを感じるんです。知らない土地で、偶然、獲れるのとはわけがちがう。土地の条件や動物の生態を知った上で獲ることができた、そのときはじめて、自分という存在が「ゆるされた」というか……。

――その土地に受け入れてもらえた、というような?

角幡　はい。

――それが、角幡さんにとっての「生きている」ということなんでしょうか。

角幡　そうなのかもしれません。

（2023年8月25日　池袋にて取材）

02

岩場で学び続ける人。

世界のヒラヤマ、
平山ユージさんに聞く

どうして墜落の危険もかえりみず、切り立った岩場や高い壁を、疲れた手足で登っていくのか。
ときに壁の途中で何泊もして。
日本におけるフリークライミングのパイオニア、
世界大会を二度も制覇した平山ユージさんに、聞きました。
岩登りとは、目の前に現れる「状況」に立ち向かい、
立ち止まり試行錯誤し、最後は乗り越えていく過程。
まるで人生の道程みたいだと思いました。

平山ユージ　ひらやま ゆーじ

15歳でクライミングに出会い、日本国内の難関ルートを次々に踏破。19歳で渡仏し、トップクライマーとして30年以上活躍する。世界一美しいと評されるクライミングスタイルで「世界のヒラヤマ」として知られる。1998年のワールドカップで日本人初の総合優勝を達成し、世界の頂点に登り詰める。2000年、2度目のワールドカップ総合優勝。長年にわたり数々の輝かしい成果を挙げる。2010年、クライミングジム「Climb Park Base Camp」を設立。ワールドカップなどで解説等も務める傍ら、自身のクライミングの追及を通じ競技の普及・発展の活動を行う。

一生、飽きないと思った

平山　はじめまして、平山です。今日は、よろしくお願いいたします。

――こちらこそ、はじめまして。ずっとお会いしたいと思ってました。

平山　え、本当ですか？

――自分は高いところが本当に苦手で……その反動なのか、ロッククライミングの映像とか、ドキュメンタリーがあると、ついつい、見入ってしまうんです。

平山　ははは（笑）。

――まさしく怖いもの見たさと言うか、「よくこんなとこ登るなあ……」と恐れおののきながらも、画面から目を離せなくなるんです。平山さんは、フリークライミングの先駆者として二度も世界王者に輝いていますが、はじめた当時、競技人口みたいなものって……。

平山　ほとんどいませんでした。競技の体をなしていませんでしたね。よっぽどやりたいって人じゃないと、たどり着けない競技でした。それが何であるかということさえ、ほとんど知られていませんでした。どういうものか説明するたび、親や学校の先生に反対されていました。

――じゃ、平山さんがはじめた時期って、本当に、日本のフリークライミングの黎明期。

平山　そうですね。素手で岩を登るフリークライミングが欧米ではじまってから、六～七年しか経っていないころです。

――まさに日本におけるパイオニア。ルートを切り拓いた人。

平山　ぼくはまだ子どもでしたけど、一緒に登っていた大人のクライマーも、それまでの登山スタイルに違和感を抱いている人たちだったんです。道具なんか使ってたんじゃダメだよね、素手で登らなきゃ……って。それより前の山登り、岩登りでは、壁面に金具を打ち付けたあとに「あぶみ」という縄ばしごをかけて登っていたんです。

――でも、平山さんたちは……。

平山　直接、岩場を手で掴んで登ってました。いちおうハーケン……つまり金属製のくさびを岩壁に打ってロープは通すんですが、それは落下の際の安全策に過ぎなくて。

――登るのは、あくまで、素手。

平山　海外……つまり欧米では、さらにシェイプアップされていって、ハーケンもボルトも、岩場を傷つけるものは一切使わない「ナチュラルプロテクション」というスタイルが広まっていくんです。自然にできた岩の割れ目にギアをねじ込んで、安全を確保するやり方です。これはすごい、自分もやりたい……と思って、すぐにそっちへ傾倒していきました。

――つまり、岩の壁を登るための道具というものをどんどん手放していく過程。

平山 ぼくに岩登りの魅力や楽しさを教えてくれた人の中には、靴を履かなかったり、ロープすら使わない人もいたんです。

――身体ひとつで……っていう気持ちに、なっていくんでしょうか、どんどん。

平山 彼も一〇メートルや一五メートルくらいの岩壁だったらロープなしで登ってました。え、何やってんの、あの人……って引いてた人もいましたね（笑）。

――今でいう「フリーソロ」という……。

平山 ロッククライミングを突き詰めて何重もの関門を抜けると、そういうエキセントリックな挑戦をする人たちが、待ちうけていたんです（笑）。

――フリーソロについては、また、後ほどうかがいたいのですが、平山さんは、ロッククライミングのどういうところに惹かれたんですか。

平山 人がひとりひとり違うように、岩も、みんな違うんです。はじめて登った日和田山の岩場って幅も高さも一〇メートルほどで、そんなに大きくはないんですけど、ルートをほんのちょっぴり変えるだけで、まったく別の顔を見せてくるんです。クルクル変わる岩を素手で登っていくわけですが、どんどん変化する表情に、その場で対応したり、解決策を探ることがおもしろくて。

——どうやって登りきってやろう……と。

平山　最初は怖さもあったんですけど、登りきって、頂きに立ったときの風景と達成感が、ものすごかったんです。

——そんなに、ですか。

平山　いまから思えば、やさしいルートだったんですけどね。でも、素手で一〇メートルの岩場を登ったんだということに、かつてないほど気分が高ぶって……。もっと難しい壁を登りたい、もっと景色のいい場所に立ちたい。あのときの気持ちが、いまでもまだ続いている感じです。

——決定的な出来事だったんですね。若き日の平山さんにとって。

平山　その日、はじめての岩登りでしたが、七〜八本、登りました。これは一生飽きないと思いました。

——初日で、そのことがわかった。

平山　道具を使わずに、自分の手足だけで登りきったことが、本当に、うれしかったんです（笑）。この岩場でこれだけ楽しいんだから、地球全体を見渡せばもっともっと楽しいんだろうなって。

——初日で、世界を意識した。

平山　そう思ったら、一生、飽きないと思ったんですよね。だって、ほとんど無限にあるから。

——登るべき「壁」は。

平山　追い求めても追い求めても、岩場は限りなく続いてくみたいな……そんな感じ（笑）。

岩登りとの出会い

――ロッククライミングとの出会いは、山登りから、ですか。

平山　そうですね。自分次第な感じが性に合っていて。

――登り方はそれぞれ個人の自由……みたいなことですか。

平山　ええ、はじめて山に登ったのって、学校で行った筑波山だったんです。頂上まで二時間の設定だったんで、「一時間で行ってみようかな？」と思って……。

――半分の時間で、登った？

平山　それが、おもしろくて。

――はじめての登山で、そういう発想をすることじたいが、なんだか、すごいです。しかも、実際に一時間で登っちゃうなんて。

平山　楽しかったんでしょうね、きっと。気づいたらもっと難しい山を登りたいなあと思うようになっていて、それなら岩登りしないとなって。岩登りのスキルがないと、複合的に難しい山は登れないんです。同じように「アイスクライミングもだよなあ」とも思っていたんですが、岩登りの時点ですっかりハマってしまいまして。そこから抜けられなくなっちゃって、ズルズルと(笑)。いつの間にか山のことは忘れてしまったくらい。

――それが、おいくつくらいのときですか。

平山 登山をはじめると、わりとすぐに「エベレストに登りたい」とかって思いはじめるんですけど、中学生くらいのときには岩登りに夢中になりはじめていましたね。

――でも、その時期は、まだ……。

平山 ええ、ロッククライミングってなかなかやれるチャンスがなかったんです。登山はオッケーでも、岩登りは禁止されていたりして。谷川岳なんかでも、クライマーが亡くなってましたし。父親にその話をしたら、すっごく反対されてしまったんで、これはもう隠れてやるしかないなあって。

――コッソリ・クライミング(笑)。

平山 でもやっぱり、中学生が人に隠れて岩登りできる環境なんてないんですよね。なので、高校に入ってから各地の山岳会に問い合わせましたが、どこも「十八歳未満はダメです」って。電話口でお説教されちゃったりして。仕方なく高校ではワンダーフォーゲル部に入りました。でも、そこでも何年か前に山岳部の生徒数名が雪崩事故で亡くなってしまっていて、全校で積極的な活動ができなくなっていて。

――そうでしたか。

平山 だから、自分のやりたい活動は、やれていませんでした。山に関する部にいられるだけありがたいかくらいに考えていたんですが、いたんですよ……自分みたいなのが。

――つまり「同好の士」が。

平山 そう、岩登りしたいってやつがいて、それからはそいつとふたりでいろいろ企んで。

――わるいともだち、ですかね(笑)。

平山 夜な夜な、江戸城の城壁を登ったり。

――この前、エベレストに九回も登った高所山岳ガイドの倉岡裕之さんもおっしゃってました。平山さんと江戸城の壁を登ってたって。じゃ、好きな人がそこに集まって。

平山 ええ、大学生もいたし、倉岡さんみたいな社会人もいました。夕方になると、城のあかりのもとに物好きが集まってくるんです。まだ高校生だったんで、かわいがってもらってました(笑)。まあ……交通費がかかっちゃうので、一ヵ月に一回くらい行ければいいほうでしたけど。クライミングの道具も必要になったので、アルバイトをはじめたり。

――登れるポイントって、たとえば……。

平山　関東近郊では、埼玉南部の日和田山、三浦半島の鷹取山、ちょっと上達してきたら伊豆の城ヶ崎海岸へ行ったり。登山用品の店のスタッフさんとかに、いろいろ教えてもらって。

――やっぱり、そういうコミュニティで、知識を得ていくんですね。

平山　登山用品のお店には、縦方向に二トンの重みを支えられるギアとか、すごい道具が置いてあって、まだ子どもだったぼくの目には店先でキラキラ輝いて見えたんです。で、その輝きに魅せられていると「クライミングしたそうだね」って、当時クライミングの第一人者であった檜谷清さんが声をかけてくれて。日和田山の岩場に連れて行ってもらったりしていました。

――実際の岩場との出会いは、そこから。

平山　それが、十五歳ですね……うん。それまではコンクリートの壁やブロックの塀を我流で登っていたので。

――その最たるものが「江戸城」ですね。

平山　そう、実家の隣が製鉄所だったんですけど、ふだんはその壁に勝手に穴をあけて自前のとっかかりをつくったりして登ってました。

――それ、大丈夫だったんですか（笑）。何というかつまり、お隣さん的には。

平山　いや、人んちの壁でしたからね……怒られた記憶はないけど、いい気分は、絶対にしてなかったと思います……。

1988年、21歳の時。写真提供：平山ユージ
57ページ：photo by Masaaki MAEDA

高さより、難しさ

――より高い場所を求めていくことが、平山さんの挑戦なのでしょうか。

平山 いや、高さじゃなく、難しさです。高さはさほど関係なくて「この難しい壁を、ぼくは登りきれるんだろうか?」というところにおもしろさがあると思っています。

――難しさ。

平山 岩登りって、一手一手……次の一手を取りにいこうとしたら、バーンと岩に跳ね返されたりするんですね。

――ええっ、跳ね返される⁉

平山 そういうときは、身体の位置を変えたりしながらいろいろ工夫して、身体の各部位の連動性、協調性を高めていきながら、取れなかった「次の一手」を取りにいくんです。挑んで、失敗して、試行錯誤して、でも最後まで登りきる。数学の難問を解き明かしたときのよろこびに似ているのかなあ。

――達成感とか、到達感……ですかね。そのよろこびの正体って。ロッククライミングのムービーを見ていると、登っている最中に日が暮れちゃったら垂直の岩壁にテントを吊って寝たりしますよね。

平山 ええ、一〇〇〇メートルの壁のなかで二〜三泊しながら頂上を目指すようなときですね。

——あれが信じられないんですが……。

平山 ははは（笑）。

——一日じゃ登れない高さとはいえ、どうして、あんなところで寝られるのかと。

平山 まあ、そうですよね。わかります。はじめは、ぼくも「あんなところで寝れるのか？」って不安だったんですが、実際やってみると寝られるんですよ。

——えええ……。

平山 ただぼくは、ああいう登り方は好きじゃなくて。大掛かりな荷物はなるべく持って行きたくないので。

——身軽でいたい。

平山 壁の中で、自由に羽ばたきたいんです。

——おお。壁の中で、羽ばたく……。

平山 荷物が少なかったら、それだけ壁の中での自由度が上がって、やれることも多くなりますから。荷物は徹底して軽くしています。二日かかるところでも、一〇キロくらいにまとめてます。

——その中にテントも含まれる？

平山　テントは、持って行かないです。

――じゃ、どうやって寝るんですか。二日間かかるのに。

平山　まず前提として天気予報で晴れの日を狙うんですね。で……寝るときは、机くらいの平らなスペースを見つけてベルトで身体を固定して寝ます。

――机ほどのスペースに、寝転ぶ？　それに「見つけて」といっても、そういう場所がなかったら……。

平山　デコボコした岩場でも、必ず平らな場所はあるんです。初日の夜はそこで寝て、次の日のうちに、何があっても登りきるんですよ。

――迷わず行けよ、行けばわかるさ……の精神で！

平山　一日行動して疲れていますから、ぐっすり眠れますよ。

――はぁ……！

平山　思った以上に快適です（笑）。

――ホントですか（笑）。

平山　太陽が沈むのと同時に寝て、太陽が昇るとともに起きるんです。これが、すごく気持ちいいですし。はじめて岩壁で寝たときのことは、いまだに忘れません。そのときは五〇〇メートルくらいの高さで寝たんですけど。

――そんな高いところで……寝る……。

平山 やってみると、いろいろ、わかります。やらないうちに想像するだけだと、よっぽど怖いだろうだなんて、つい思ってしまうんですけどね。

――登っているときって、どんなことを考えているんですか。

平山 瞑想の世界みたいな感じ……かな。ここはこうしよう、その先はああしよう……とかって、ずっと「自問自答」しています。

――十代のころにロッククライミングと出会って、どんどんレベルを上げていったと思うんですけど、やっぱり「向いてた」んですかね。

平山 うーん、どうでしょうね……。ハマったことは間違いないです。さっき初日に七～八本登ったってお話ししましたが、最後の一本がどうしても登れなかったんです。そのことが、本当に悔しくて。帰り道、日和田山を教えてくれた檜谷さんに「腕が張っちゃって、ダメでした」と言ったら「じゃあ、トレーニングしたら?」と言われまして。

――シンプルなアドバイス。

平山 それから、電車の自動扉の真上についているちいさな取っ掛かりに指をかけて、懸垂するようになって（笑）。自宅でも、中二階のはりに木片を打ち付けて懸垂をしたり……自分なりにトレーニングを続けていきました。

七五四メートルの壁

――これまでに、怖い思いをしたり、怪我をされたりとかは……。

平山 まあ、何度かはありましたけど、それよりも登りたいという気持ちが強くて。若いころは、目に飛び込んでくるものぜんぶに登りたくなってました。

――背の高いものを見かけたら「登れるかなあ?」という目で見てしまう、と(笑)。

平山 たぶん「怖い」ってことがよくわかってなかったんです。一〇メートルくらいの高さからは、しょっちゅう落ちていましたし。

――ええー……。

平山 プロテクションで確保する技術が下手で、落ちたら止まらずに次々にポンポン抜けていくんです。で、地面ギリギリのいちばん下で止まったりとかして。それでも懲りずに登って落ちて登って落ちて……を繰り返していました。いまにして思えば恐ろしいことだったなあと(笑)。

――プロテクションが抜けちゃうこととかはないのかなあ……と、こわごわ思ってはいたんですけど、実際、抜けるんですね……。

平山 技術が足りてないと抜けますね。岩と金具の関係をイメージできてはじめて、うまく安全確保の支点をつくれるんです。

――生命を守るための技術、ですね。

平山 ぼくらがはじめたころに比べれば、道具の性能は格段に向上してはいるんですけど。それでもプロテクションが抜けてしまい、お亡くなりになる方も、年に何人かおられると思いますよ。どんなに道具の性能が上がっても絶対に油断しちゃダメです。最近、自分自身でもヒヤッとしたことがありましたし。

――平山さんほどの経験者でも。

平山 プロテクションって摩擦力を利用して岩に金具を固定してるんですけど、その岩に濡れた苔が生えてたりしたら摩擦が効かなくなっちゃうんです。ツルッと滑っちゃう。「だからここは事故が多いのか」ということが、間近で岩を見るとわかるんですよ。

――初心や基本を忘れては、ダメ。

平山 危ないですね。

――これまでに数々の岩場、難しい岩壁を登ってきているのに、いちばん最初の日和田山の一〇メートルの壁のことを鮮明に覚えていらっしゃることが、何だか象徴的なことだなあと思いました。

平山 全部がはじめての経験だったので。すべて、あそこに含まれていると思います。

――一般的な「仕事」というものって、経験とか積み重ねによって少しずつ「うまく」なっていくと思うんですけれど……。

平山　ええ。

――ロッククライミングの場合にも、そういう感覚ってありますか。

平山　やっぱり積み重ねなんでしょうね。経験は非常に大切です。最初から難しい壁に挑んでみても、まあ、無理でしょうし。それに、今年五十一歳になりますが、これまで気づかなかった岩場や登攀ルートが持つ魅力にも、惹かれるようになってきました。捉え方が変わってくるんですよね。

――捉え方？

平山　楽しみ方と言った方がいいのかな。世界レベルの先端へ向かって、よじ登っていくって感じより……。

――ええ。

平山　クライミングをやってるからこそ、訪れる土地、会えた人。その魅力。

――あ、つまり現地の人とのふれあい、みたいなことですか。

平山　ある土地にある壁を登るためには、技術うんぬん以前に、現地の人たちの中に入り込まなくてはならないんです。三年前だったかな、ノルウェーとスコットランドの間の、フェロー諸島にあるエニンブルク岬という大きな岩壁を仲間二人と登ったんです。ジェームズ・ピアソン、シダー・ライトの二人となんですが。

――あらかじめルートを下見などせず、いきなり登りはじめて、ルートを開拓しながら登るというグラウンドアップというやり方で、ですよね。ヨーロッパ最大のシークリフ……ということですが、いったい何メートルくらいの……。

平山 七五四メートル、かな。

――ひや……数字で足がすくみます……。

平山 でね、そのとき、さあ明日から登ろうっていう日に地元の人たちに反対されて、その場から追い返されてしまったんです。

――えー……どうしてですか。

平山 じつは、そのあたりって、現地の人たちが食料にしている海鳥の大切な生息地だったんです。そもそもデリケートな場所だったんですけど、さらにぼくらを案内してくれた人と、現地住民との間で派閥争いのようなものが起きていて「お前ら、ダメだ!」って。

――現地の人の理解を得られなかったら、それは……勝手に登るのも難しいんでしょうね。

平山 でも、現地の人たちに実際に会って、きちんと説明すればわかってくれると思った。そこで、彼らの街へ出向いて行って話をさせてもらったんです。どうしてこの壁を登りたいのかと。一生懸命に説明したらわかってもらえて、打ち解けることができたんです。

――おお。

平山 最後「お前ら、がんばれよ！」って。

――「お前ら、帰れ！」だったものが。

平山 当日はボートまで出してくれて「オレたちの海だ」みたいな感じで。本当はね、はやく登りたかったのに「この洞窟、いい感じだろ？」なんて言いながらあたりの案内まではじまっちゃって。

――観光ガイドのような……（笑）。

平山 結局、登りはじめたのが、夜の九時。

――えっ、そんなに遅くから!?

平山 ええ（笑）。

――夜の九時から、七五四メートルの壁を登りはじめた。

平山 そうなんです。

フェロー諸島にあるヨーロッパ最大のシークリフ・エニンブルク岬（754m）を仲間二人と三人で初登。写真提供：平山ユージ

岩場で学び続ける

——夜の九時から、七五四メートルの壁を登るって。

平山 眠らずに、夜通しで登りました。十六時間くらいかかりましたが。

——何かもう……想像を絶します。

平山 かなり危険な場面もありました。成功できたのは、一緒に登った経験豊富な二人のクライマーのおかげです。

——そのときのインスタグラムには、冒険的ではあったけど、つねに笑いの絶えない楽しいクライミングだった……という文章がポストされていますね。

平山 はい、楽しかったんです（笑）。登りきったところ、岬の頂上で現地の元気な若者たちが待っていてくれて「やったね、おめでとう！」って歓迎してくれたんですよ。そのあと街へ戻ったら、街のみなさんも民族衣装を着てパーティでもてなしてくれて。

——すごい（笑）。初登を祝ってくださった。

平山 あれは、うれしかったなあ。

——仲間と一緒に登る……というのは、どういう感覚ですか。

平山　仲間とチームを組んで登る場合は、今のエニンブルク岬みたいに、エッジの利いた難しいやつをやりに行きますから、しっかり戦略を話し合います。難所を登りきったときの達成感も、ひとりのときとは、また違ったものがある気がします。

――そうですか。

平山　二人だと、よろこびも倍に、三人だと三倍に……なるわけじゃないんですけど、何でしょう、よろこびをわかちあえる、そのこと自体のよろこびというか。

――よろこびの質が、変わってくると。それにしても、十六時間も連続で動き続ける……それも、ただ動くんじゃなく、垂直みたいな壁を登り続けているわけですよね。

平山　そうですね。

――重力に逆らって。

平山　まあ（笑）。

――十六時間なんて、ただ歩くだけで疲れると思うんですが、当然、疲労困憊……ですか。

平山　いやあ、そのときは三人体制で、あるていど登っては仲間を待って……ということを繰り返していたので、絶えず動いているわけじゃなく。だから、そこまでじゃなかったんですが、ま、たしかに、疲れますよね。手がつっちゃって言うこときかなくなったりとか。

――えっ……つっちゃった手って、どうやってリカバーするんですか。

平山　しっかり伸ばすしかないです。水分補給も重要なので、一生懸命に水を飲んだりします。ただ、あるていどは起こってしまう症状なんですよ。

――そういうことを乗り越えながら、七五四メートルの壁を登っていった。

平山　ええ。

――あんな高い場所で、握力がなくなってしまったらと思うと……。

平山　岩のつかみ方にも、まあ、いろいろとありますから。トレーニングを怠らず、鍛錬を積めば、登るための身体に進化していく。そういう感じです。

――平山さんは、二度もワールドカップ総合優勝を果たしていますが、そのときは、どんな感覚でしたか。

平山　一回目の優勝は、二十九歳のときだったんですけど、大会の前、誰もやったことのない一〇〇〇メートルの壁に挑戦して、成功したんです。

――ええ。一〇〇〇……。

平山　そのとき、それまでとはぜんぜん違うレベルの力の感覚を覚えたんです。「あれ……いつもと違うぞ」「これは、何だろう」みたいな感覚。

――すごいことが自分の身体に起きてる。理由はわからないけれども。

平山　その年、ワールドカップは三戦あったんです。そのうちの二つに勝って、結果として総合優勝を獲得しました。自分でも信じられなかったですね。

――それまでと違う感覚……というのは、どういった……言葉にするのは難しいでしょうけど。

平山 自分が認識する「一〇〇パーセントの力」のリミットを軽々超えて、一二〇パーセントの力を発揮することできる、そういう能力を得たような感じ。それまで知らなかった力の出し方が、どこからか自分に下りてきた感じがしたんです。

――それが、二十九歳のとき。

平山 そうですね。

――ちょっと前に元陸上競技選手の為末大さんにお話をうかがったんですけれど……、為末さんご自身も、二十九歳のときに四〇〇メートルハードルで日本新記録を出されたんですが、そのとき肉体的なピークはすでに過ぎていたらしいんですよ。

平山 そうですか。

――でも、身体の使いかたや経験などでレース巧者になっていたし、メンタル的に強くなっていたことで新記録を出すことが出来た、と。ロッククライミングの世界にも、肉体と精神の関係性ってありますか。

平山 自分の感覚としては、肉体的には「三十代前半」がピークでしたね。精神的・技術的な面では、いまのほうがぜんぜん高いと思います。

――岩の上での経験は、歳を経るほどに積んでいくわけだし。

平山　ただ、正直に言いますと、当時は自分が独走している状態でしたけど、いまはみんな技術レベルが高いんです。だから、誰かと一緒に登っていると学ぶことばっかりですよ。「えっ、そんなふうにやるの⁉」みたいな（笑）。

――平山さんほど実績や経験があっても、いまだに学びや発見が。

平山　ありますねえ。ボーッとしてたらダメですけど、「ここを登りきるんだ！」という気持ちをつねに持っていれば「なるほど、そうやるのかあ！」と気付いて「いただき、もらっちゃおう」って。

――いまもまだ、学び続けてらっしゃる。

平山　それは、もちろんです。というか、学ぶことばかりですねえ。

――岩場では。

平山　一生、そうなんだと思いますよ。

クライミングのために

平山　もちろん、肉体的な衰えはあります。若いころにくらべたら、岩場で学んで吸収する力も落ちているだろうとは思いますが。

——そのあたりは、キャリアや経験でカバーしていく。

平山　どうなんでしょう、そうなのかな。つねに新しい発見がある一方で……いまクライミングの世界でいろんなお役目をおおせつかっているんですけど、そうするなかで、あらためて気づくこともあって。

——どういうことですか。

平山　「ああ、やっぱり山行きてぇなぁ」とか（笑）。

——おお（笑）。ふわふわと身軽に山へ行くことが性に合ってるんでしょうか。岩登りのスタイルも、身軽ですし。

平山　シンプルな発想でいたいんだなと思うんです、いつでも。ただ、そういう「山へ」という強い気持ちがある一方で、はやい段階でクライミングをはじめているので、あとに続くみんなを引っ張っていきたいなとも思うし、そういう立場に居続けたいという気持ちもあって。

——なるほど。

平山　葛藤を感じることはあるんですね。正直言いますと。でも、やはりこれからは「次々と難しい壁を追い求める」みたいなスタイルは、ちょっと方向性が違うのかなあと。

――登りたいという気持ちは変わらず、持ち続けているけれど。

平山 ぼくらみたいなことをしていると「そろそろかな」って言葉がつねに付いて回るじゃないですか。本当は三十歳になる前にプロクライマーとしてのお役目は終了かなと思っていたんです。でも、二十九歳のときにワールドカップで総合優勝して、それが先延ばしになった。それで、次は四十歳になるまでにクライミングに関わる仕事をはじめなきゃなと考えてたんです。

――じゃ、こちらのクライミングジム「Base Camp」は、そういった思いでつくった。

平山 そうですね。五十一歳になって、若いころに思い描いていた未来とちょっと違うんですが、自分の中の柱はこの先、一生ブレないと思ってます。

――柱。

平山 ロッククライミングをつうじて何かを追い求めたい、成し遂げたい……という柱です。クライミングのためにできることと、壁そのものに注力すること。クライミングを広めていくためにいろいろ挑んでいきたいんですが、壁をゼロにするわけにはいかない。そこに自分らしさがあると思うので。

――そうですよね。

平山 このジムをつくったことも、いい岩場のある埼玉県の小鹿野町の町興しに協力していることも、根底には「岩登りを楽しんでほしい」、そして「ずっと岩を登っていたい」ことの両方が、あるように思います。

――プレイングマネージャー、みたいな。

平山　この「Base Camp」は、ボルダリングのブームと連携できて、これまでにたくさんの大会を開催してきたのですが、大会を経た子たちが次に目指すのは「岩場」でしょうから。その間をつなぐことも、ぼくの役割のひとつなのかなあと。

――ボルダリングって近年とても盛り上がっていますけれど、それも平山さんたちが切り拓いてきたと言っていいわけですよね。

平山　ボルダリングの可能性については、二十年くらい前から認識していました。

――たしか世界を転戦しているときに、岩登りとはまた別の、ボルダリングという競技に触れて……という出会いでしたよね。

平山　ここまで世界規模でひろがるとは、思ってませんでしたけど。

――平山さんは、国内最大のボルダリングの大会の発起人でもいらっしゃいます。

平山　ええ、「THE NORTH FACE CUP」という大会ですね。最近では二千人を超える人が参加してくださってます。おもしろいですよ。瞬発力が試されたり、デリケートな技術を披露したり、ダイナミックな技を極めたりと、ボルダリングってじつに見どころの多い競技なので。

――平山さんがクライミングをはじめたころは、競技人口なんて、ほとんどいなかったって、先ほど。

平山　ええ。

――それがいまや二千人以上の選手がボルダリングの大会に参加して、世界大会で優勝する日本人選手もいるわけじゃないですか。

平山　ええ、ボルダリングという競技に注目が集まるようになったことも、「THE NORTH FACE CUP」が、ひとつ、大きかったなと思います。なので、もっともっと世間に知ってもらうことができて、年齢の幅も広がっていけばいいのになあって思っています。そうすれば、ぼく自身も長く続けていけるだろうと思うし。

――老若男女が楽しむボルダリングと、ずっと、平山さんが挑んできた本物の岩場とは、どういったところが違うんですか。

平山　本物の岩場は、ここまで環境が整ってませんよね。手や足をかけるところはもちろん、雨も降りますし、風も吹きますし、岩に苔も生えているかもしれない。

――あらためて……ですが、クライミングとは「お膳立て」されていない岩壁を、よじ登っていく。

平山　そもそも本物の岩場の場合、まずは場所を見つけるところから、はじまるわけです。ガイドブックで岩場を見つけても、そこまでたどり着くのに山道でさんざん迷ったりするんです。着いたら着いたでこれまでに誰も登っていないために、泥や葉っぱで汚れていて、掃除しながら登ったりとか。

——誰も登ってない岩……というのも、まだまだあるんでしょうね。

平山　もう、数え切れないですよ（笑）。ぼくが登ってきた岩なんて、この地球上の本当にごく一部。まだ見ぬ岩、誰も知らない岩……。世界中には、一生かけたって登れない岩の壁があるわけで。

——そう考えると、やっぱり、おいそれとはやめられない（笑）。

平山　そうなんです（笑）。

フリーソロをやらない理由

——クライミングに向いているのって、どういう人だと思いますか。

平山　やっぱりひとつには「探究心」や「冒険心」の強い人ですよね。未知なるものに対して興味を持ち続けることができる人。

——岩を登っていくなんて、未知の連続なわけですよね、きっと。

平山　ええ、その先の扉を開いてみたい……という気持ちで登っていくので。

——山登りのドキュメンタリーの『ＭＥＲＵ』とかを観ると、何だか、もう、凄まじいじゃないですか。

平山　ヒマラヤの「メルー峰」の未踏の壁、未踏のルートを登る、コンラッド・アンカーたちのお話ですね。あれは……すごいストーリーです。難しい未踏峰に登るだけじゃなくて、人間としての物語も絡んでいるし。

——コンラッドさんは、大きな雪崩に巻き込まれ亡くなった仲間の奥さんと結婚して、息子三人も養子に迎えたんですよね。

平山　困難な登頂を成し遂げたいという思いの背後には、あれだけ大きくて強い人の気持ちが、あるんですよね。成功できるかどうかに、かかわらず。

——あの映画を観ると、困難な条件を乗り越えて頂上に立つことができた瞬間には、ものすごい感動が待ってるんだろうなと思ったんです。

平山　ただでさえ、簡単に忘れられない経験ですからね。コンラッドさんの場合は、それこそ人生のいろいろな思いがすべて入ったよろこびでしょう。

——何の装備も持たずに登っていく人が、いるじゃないですか。

平山　フリーソロ。

――あの人たちって……。

平山　もっとも極端なスタイル、ですよね。

――命綱なしで九七五メートルの断崖絶壁を登ったアレックス・オノルドさんの挑戦を映画にした『フリーソロ』は、怖くて最後まで観れない感じでした。

平山　まあ、リスクというものはどこにでも潜んではいるんですけど。命綱があったとしても。でも、それらをひとつずつ排除していったところで、彼らは、自らに自信を持って、ああいう挑戦をしてるんでしょうね。

――何も持たずに高い壁を登ろう……と。

平山　はじめから「命綱を持たずに、登る」ところにゴールを設定して、それを成功させるための「方法」を考え抜いているんだと思います。ヨセミテの難所エル・キャピタンをフリーソロで登るというのは、ひとつの「夢」のような話ですから。

――誰もやったことのない挑戦のために、徹底的に準備して、訓練して、構想を練って。

平山　すごく幸せな時間だったと思います。そうしている間も。

――エル・キャピタンというのは、そんなにもすごい壁……なんですか。

平山　途方もない難問が、そびえ立ってる。そういう感じですよね。エル・キャピタンなら、あんなことができるんじゃないか、こんなこともできるんじゃないか、そういう、クライマーの想像力やアイデアを自由に思い描けるキャンパスだから。

――はああ……。

平山　偉大な壁です。

――映画を観ていて、そういうものかと思ったんですけど、登頂するためのルートって上に登るだけじゃなく、水平に移動したり、ときには下ったりもしてるんですね。

平山　手と足だけで行ける最善のコースをたどって行くので、そうなります。自分にとってもっとも安全なルートをとったとき「下る」という選択肢も出てきます。

――登っているときのリスクって、どうやって判断されているんですか。

平山　落ちるリスクがありそうな箇所では慎重にやるというだけ。とくに冒険的なクライミングになったときには、落ちるリスクをつねに頭のどこかに置きながら手を進めています。

――もう無理だと感じたら、無理せずに。

平山　いや、直感的に判断するというより、あるていど「探り」ます。いま、この場にたどりついているのは、この壁を登りきるのに最適だと判断した結果ですから、時間をかけても解決策を探します。

――ルートは、目視で決めるんですか？

平山　大きな壁は、写真を見て判断します。「ここの傾斜は、少しゆるいよね」「落石も少なそうだし」

「見た感じ、岩も固そう」とかって。

――いざその場にたどり着いたら、予想と違っていたなんてことも……。

平山 もちろんあります。よくあります。さきほどお話ししたフェロー諸島のエニンブルク岬では、予想以上に岩が柔らかくて岩が突然ポーンと欠けたりしました。

――ええ……。

平山 なるほど、こんな感じかあと思って、登り方も微妙にチューニングしていくんです。掴んだ岩を引いちゃうと取れるから、壁へ向かって押さえ込みながら登っていく、とか。

――え、岩を押さえ込みながら！ そうやって本当に一手ずつ一足ずつ、登っていくんですね。

平山 いつでも試行錯誤をしながら、ちょっとずつ……です。手掛かりや足掛かりをどんなふうに組み合わせたらいいか、身体の中心をどう持っていけば効いてくるか、と。

――積み重ねた経験から、導き出して。

平山 その場その場の状況に対して、頭の中で逐一考えている部分と、自分の中に染み込んでいる部分があるんです。なるべくリスクを最小限に抑えつつ、勝負をかける瞬間に全神経を集中させて登る感じですね。

――平山さんは、フリーソロをやりたいとかって思ったことは……。

平山 岩登りをはじめた段階では、ちょくちょくやってたんですけどね。

――え、あ、そうなんですか。

平山　でも、いまはもう、やらないです。

――なぜですか。

平山　これで何かあったら……と思ったら、親の顔が頭をよぎったんです。高校生のときに。命綱を使うふつうのクライミングをやることに対しても、父親の怒りが凄まじかったですから。道具を使えば、万が一でも墜落せずに安全だからと一生懸命説明しているのに。

――親御さんのお気持ちを思ったら、フリーソロはできない……と。

平山　そうですね。自分の親がそこまで嫌だと思っているのに、さらに生命を顧みないような登り方に近づいていくことは、自分には違うなと思ったんです。

進化を続けていきたい

――平山さんのお話をうかがっていると、岩登りというのは、目の前に次々と迫りくる状況に、ひとつひとつ試行錯誤しながら対応していったら、いつか頂上に立っていた、みたいな……。

平山　ええ。ときには、失敗もありますが。

――そのことが、すごく参考になるなと思ったんです。人生みたいだなというか、自分もそうありたいなあっていうか。この先、何をするにしても。

平山　つねに、いつでも、必死です（笑）。目の前の岩に対する、自分の動きに。とにかく登りきるっていうところにゴールがあるわけですけど、そのためにならもう何でもしますから……みたいな。

――そうやって、必死で登りきった頂きからの景色って、きっと格別なんでしょうね。

平山　それは、もう。

――言葉にするのも、むずかしいとは思うのですが……。

平山　やっぱり目から入ってくるビジュアル、視覚情報は圧倒的です。気持ちが一気に晴れやかになります

――そうですか。最高ですか。

平山　最高ですね（笑）。いま、よく行ってる秩父の山でも、頂上からの眺望に気持ちがスーッとしますもんね。暗い考えは、吹き飛んじゃいます。

――難しい岩壁を登りきったあと、てっぺんにはどれくらいとどまるものですか。

平山　アレやんなきゃコレやんなきゃで駆け回っているので、案外あっさり下りちゃうんです。まあ、

滞在時間は、あんまり関係ないんだと思います。そこに一瞬でも身を置いて、壁のてっぺんに立ってまわりを眺めるだけで、瞬間的に「突き抜ける」んですよ。

――突き抜ける。

平山 そう。

――高い岩壁のてっぺんで。

平山 あと、岩場には独特のにおいというものもあって。そのにおいを嗅いだ瞬間「ああ、戻って来たなぁ」って思うんです。

――お生まれは東京だと思うんですが、そういうにおいって、身近には、なかったものですか。

平山 そうですね、なかったです。夏休みになると、田舎の叔父さんの家に泊まって農作業を手伝ったり虫や魚を捕ったりしてたんです。あの、子どものときのにおいに、通じているのかな。自然のここちよさを覚えたのは、そこが、はじまりだと思うので。

――自分のことで恐縮なんですけど、ぼくも地方育ちで、大人になってからずっと東京に住んでいるんです。

平山 ええ。

――でも、東京で二十年以上過ぎて、最近、自然のうれしさをあらためて感じるようになって。

平山 いやあ、本当ですよね。きれいに透き通った空気を吸って、明るい太陽の光を浴びて。

――鳥のさえずりや川の音を聴いて。人工の音がしないということが、こんなにも心を落ち着かせるものかと。

平山　いま、コロナウィルスのことで、みんなが都会から自然へと少しずつ目を向けているじゃないですか。とてもいいことだと思ってます。

――少し前、コスタリカの森の中で研究をしている昆虫学者のかたにオンラインで取材したんですね。もともとあんまり人が居ないところなのに、新型コロナウィルスのせいで、本当に誰ひとりいなくなっちゃったそうなんです。

平山　そうなんですか。

――でも、森へ分け入って昆虫について研究をする仕事には何の変わりもない、と。コロナだろうが何だろうが、やってることがまったくブレてない。自然の中にいる人って強いな、すごいなあって思ったんですよ。

平山　わかります。ぼくも、気持ちとしては岩場に行きたくてウズウズしていたんです。ずっと活動を自粛していたので。緊急事態宣言が解除されてからしばらくして、復帰したんですが。

――どうでした、久しぶりの岩場は。

平山　最高でした!（笑）

――いいなあ（笑）。

平山　自宅に閉じこもっているのはやっぱり、ぼくにはよくなかったです。最初のうちは、腕立て伏せとかトレーニングしていたのですが、二週間くらいで気持ちが乗らなくなっちゃって。自分はやっぱり、どんどん知らない壁と出逢って、いろんな発見をしていかないとダメなんだなあって思いました。

——平山さんのクライミング人生は続いていくわけですけど、今後は、どんなふうに取り組んでいきたいと考えていますか。

平山　おかげさまで、コロナ禍の中で会社は経営できてますし、日本山岳スポーツクライミング協会でも副会長をやらせていただいていて。まわりから求められる部分と、自分が成し遂げたい部分、どちらも真剣に取り組みつつ、想いの純度をもっと高めていきたいですね。

——純度。

平山　こういうことをやりたいという、ピュアな想いって、誰しも持っていると思うんです。ぼくの場合は、それがクライミングなんですが、気負いを捨てて「ここを登りきりたいんだ！」という思いの純度を高めて、クライミングしていきたいです。

——登りたい、という気持ちが大切。

平山　いまは、誰よりもはやく世界最難関の壁を登らないと……とか競技大会で結果を出さないと……という気持ちは、必ずしも持っていないんです。

――その時期は、過ぎた。

平山　もちろん、そういう気持ちをぜんぶ失くしたわけではないです。でも、いまは新しいルートを発見することとか、知らなかった壁との出逢いがすごく楽しいと思えるんですよね。

――平山さんの挑戦はかたちを変えながら、続いていくんですね。平山さんって、いくつになっても岩場にいそうな感じがします。

平山　新しい壁に、どんどん挑戦したい。見たこともない風景に出会いたい。進化という言葉であっているのかわかりませんけど、歳をとっても、いくつになっても、進化し続けたいなあと思ってます。

（2020年7月6日　飯能にて取材）

埼玉県・二子山「オタクノgorilla」(グレード：8a+, 5.13c)　photo by Masaaki MAEDA

その後の平山さん

会社の経営も「毎日が勉強」です

——先日、山野井泰史さんの半生を描いたマンガ『アルパインクライマー』を読んでいたら、突然ユージさんが出てきました（笑）。

平山　はい（笑）。

——若かりしころのふたりが江戸城の石垣で顔見知りだったと聞いたことがあるのですが、アメリカにも一緒に行かれていたんですね。

平山　山野井さんに誘っていただいて。山野井さんが二十一くらいで、ぼくは十七でした。

——当時、山野井さんのことは、どんなふうに見えてましたか？

平山　天才的なクライマーだとは聞いていましたが、実際に壁を登っている姿を見て「諦めない人だなぁ」と思いました。どんな困難が立ちはだかっても、根性でねじ込んでいく。一緒にいて頼りになるし、クライミングについてもいろいろ教えてもらいました。岩の割れ目を利用して登る、クラックの技術がすごかったんです。

——漫画のまんまのことを言うと、山野井さんが何年もかけて落としたエル・キャピタンのコズミック・デブリという壁を、ユージさんが「二日間」で完登してしまい、そこで「わだかまり」がうまれ……。その後、山野井さんから決別を告げられて、という展開でした。しかも、そのアメリカでの別れ以降、長いこと顔を合わせていなかったと。

平山　偶然、山で会ったりはしていましたが。先日、久々に雑誌の対談でお会いしました。きちんと話し合ったのは、たぶん二十八年ぶりとかです。

——小学館『ビッグコミック』誌上での対談ですね。そのとき山野井さんが懺悔のような気持ちを吐露していて……しびれるようなスーパーヒーロー同士の対談でした。

平山 自分としては楽しかったです。いろいろ昔のことを思い出しました。

——それと最近では、東京オリンピックのスポーツクライミングですよね。競技自体もおもしろかったですけど、ユージさんの解説が、またよかったです。

平山 あ、本当ですか？　スケボーの解説の方とかキャッチーなフレーズで盛り上げていたので「すごいなあ」なんて思いながら、ぼくは、素のままのリアクションをしてました（笑）。

——はい、そこがよかったです。ユージさんの興奮が、お茶の間にも伝わってくるようで。

平山 オリンピックは、スポーツクライミングの各種目（スピード、ボルダリング、リード）にとって本当に大きな出来事でした。ふだんとはちがう、途轍もなく大きな舞台で試合ができたことは、選手や運営側にとってても財産になったと思います。

——ユージさんがはじめたころのボルダリングって、知る人ぞ知るような競技だったわけですが、いまやオリンピックでテレビ中継されるまでに。

平山 ボルダリングのワールドカップがはじまったのは一九九九年。まだまだ新しい競技なんです。でも、有望な日本人選手もいますし、短い動画がSNSでシェアされて、みんなで「わーお！」ってなれるところが、時代にマッチしているんじゃないですかね。

——高さを競うリードクライミングとも、また違う魅力がありますよね。

平山 ボルダリングって、俳句や短歌みたいな世界じゃないかと思うんです。わずかな時間で瞬間的に人々の心を捉える……という。いま、スイスで世界選手権をやってますけど、選手たちが日進月歩で進化していくのがわかる。世界のビッグネームが多くを背負って戦っている一方、若い選手たちは、まだ経験もしがらみもないから、スッと気負いなく参加して、登ること自体を謳歌しているように見える。

――おおー。

平山 選手たちの表現力が、どんどん豊かになってます。だから、見ていておもしろい。ついさっきまで、男子リードの決勝だったんですけど。

――優勝したのは……。

平山 ヤコブ・シューベルト。オーストリアの選手ですけど、もう三十三歳くらいかな、長くキャリアを積み上げてきた人です。

――その年齢でも「進化」している?

平山 決して若くはないし、肉体的なピークは過ぎているかもしれないけど、彼は、他のクライマーにはないものを持ってるんです。何だろう、「フェアな感じ」がする。競技だけでなく、ふだんのふるまいも、何もかも。

――フィジカルな強さだけでなく、そういった「心持ち」の部分が結果に影響するって、何となく理解できる気がします。

平山 常識のようなものに凝り固まってないし、周囲を受け入れる器の大きさもある。「閉じこもっていない」んです。だからクライミングも自由だし、いい結果も残せるんだと思います。

――日本人で注目している選手はいますか。

平山 安楽宙斗(あんらくそらと)くん。いま、破竹の勢いで伸びている選手です。もうね、毎回毎回ぐんぐん成長してる。クライミングという競技を、どんどん「自分のものにしている」感じ。勢いだけじゃなくてクレバーさもあるし、若いから経験は少ないんですけど、そのぶん怖いもの知らずで結果を出してます。

――いま、何歳なんですか。

平山　十六歳なんですよ。

――若い！

平山　この一年くらいで、身体もそうとう出来てきました。このまますくすく伸びていってほしい。本当に、一週間単位でどんどん成長していくのがわかるんです。

――うれしそうにお話しされますね（笑）。ここ数年はコロナ禍で思うように活動できなかったり、みなさん大変な時期を過ごしてきたと思うんですけど。

平山　そうですよね。

――ユージさんはクライミング関連の会社も経営されてるじゃないですか。そちらの舵取りも大変だったんじゃないですか。

平山　お店を閉めなきゃならない時期もあったりしたので、ひとつひとつ打てる手を打っていった感じです。クライミングを軸にしつつ、選手のマネジメントをやったり、クライミングの道具を輸入してオンラインショップをはじめたり……。そういった事業で、どうにかカバーしてきました。

――でも、お店の数は増えてますよね？

平山　ぼくのジムでは地位継承で今年（2023年）は都内に四店舗、増えます。東村山、新橋、江戸川橋、錦糸町。世の中のジムの数自体はオリンピックの競技採用で一気に増えましたが、ここ数年は横ばいですね。

――社長業って、どうですか。難しいですか。

平山　まわりに言わせると「社長っぽくない」みたいです（笑）。たしかに会社は少しずつ大きくなってますが、経験のないことばかりに直面するので「毎日が勉強」ですね。

――よく聞かれる質問かもしれませんが、岩登りと似ているようなところもあるんですかね。

平山　困難に直面したら、まずリスクを評価して把握する。そして「乗り越えられる」と判断したら、その先へと進んでいくのがクライミングですよね。そうやって岩を登ってきた経験は、会社の経営にも役立つでしょうとは、よく言われます。

——クライミングって「上へ、上へ」だけじゃなく、横へ水平移動したり、ルートによってはいったん下ったりもしますもんね。

平山 自分たちの能力や残りの体力を見極めながら慎重に進んでいくところも、何だか似てますね。壁の中でもそうですが、やっぱり、ぼくには「仲間がいる」ことが大きいです。会社のことも、自分だけじゃなくみんなでうまく判断できている気がします。

——社長業、おもしろいですか。

平山 本当の本当は「登りたい」んでしょうけど（笑）。

——ああ、岩に。

平山 立ち返るのは、いつでもクライミングなんです。クライマーにとっては岩場……登るところがなくなっちゃうのが、いちばんキツい。だから登りたい、みんなで登り続けられたらいいなと思って会社をやってきました。徐々に社員も増えて、いまではクライミングをしないスタッフもいるんです。そういう人にも、クライミングを軸とした会社の仕事におもしろみを感じてもらえたらいいなあと思ってます。

——いま、社員さんって何人くらい……？

平山 もう三十名弱になります。どうすんだろう（笑）。

——ユージさんってもともと、みんなが集まる「場」をつくったり、整えたりするのが好きだったんですか？

平山 どうですかね……昔は自分のことばっかり考えていた気がします。ただ、競技にしても、周囲の人たちとの関係性がいいと「結果」にもつながる。遠征はだいたい一人で行ってたんで、何もしなければアウェイなんです。でもそこで、どう周囲の人たちと親しくなって、どこへ行っても「ホーム」と感じられるかどうか……が重要だったんです。

——社員さんに会社がホームだなんて言われたら、最高ですね。ご自身の知識や経験を若い人たちに伝えたいという気持ちもありますか。

平山　あります。日本って世代交代が遅れ気味だったりするじゃないですか。まだまだやれると思ってるうちにバトンを手渡す準備をはじめたほうがいいと思ってます。ただ、ぼくが一方的に何かを教えるというのは、ちがうかなと思っていて。

——と、おっしゃいますと?

平山　若い子のほうが持ってますもん。能力にしても、可能性にしても。彼らに教わることもたくさんありますし。若いセンスやイキイキした感覚で、どんどんクライミングを盛り上げていってほしい。それを楽しみにしてるし、自分自身も、まだまだ成長していきたいです。

——成長。死ぬまで、成長ですね。

平山　はい。成長して、進化すること。その先に何があるのか、どこへ通じているのかはわからなくても。それが、地球に生命がうまれた意味なんじゃないかとも思うし。いまは競技としてのクライミングへ注目が集まりがちですけど、「みんなで楽しむクライミング」も大事にしていきたい。先日もボルダリングのイベントを開いたら、本当に楽しいムードが、このジムいっぱいに広がって。

——おお。

平山　クライミングを楽しむことで、日々の生活に活力がうまれて、いつもの仕事がはかどったり、行きたくなかった学校へ行ってみようかなあなんて思えたら、最高ですよね。何を「進化」とするかは、いろいろでいいと思うんです。競技ばかりでなく、みんなで楽しくやっていける方向へ広がっていくことも、進化のひとつのかたちだと思うので。

（2023年8月7日　飯能にて取材）

03

最強の山岳ガイドは九度エベレストに登った。

さらにまだまだ
登る気まんまんの
倉岡裕之さんの話

日本人で最多、九度のエベレスト登頂歴を誇る山岳ガイドの倉岡裕之さん。
これまで、何人もの人を世界の最高峰へと導いてきた、
極地でめちゃくちゃ頼れる人です。
ガイドのモットーは、ズバリ「帰国翌日に社会復帰」。
シェルパの人たちからも「おまえは強い」と認められた日本最強の案内人に聞く、
高所、極地、デスゾーンのお話。

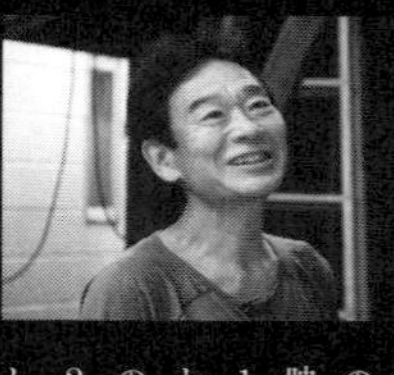

倉岡裕之　くらおか ひろゆき
1961年生まれ。中学2年のときに独学で登山を始める。1983年、ネパールで初めてのヒマラヤ登山。1984年、ベネズエラのエンゼルフォールの登攀に成功。1985年、映画『植村直己物語』のスタッフとして北米アラスカに入り、北米最高峰デナリに登頂。1996年、ヒマラヤ高峰での仕事を始める。2004年、ガイドとして臨んで、エベレスト初登頂。2006年、世界7大陸最高峰の登頂をガイド側で達成。2013年、当時80歳のプロスキーヤー三浦雄一郎氏のエベレスト遠征に登攀リーダーとして参加し、成功に導く。2017年、「NHKスペシャル幻の山カカボラジ」「イッテQ南極スペシャル」登攀隊長として参加。以後もガイドとして日本人最多のエベレスト登頂を更新している。

小学五年生で人生が決まる

――これまで困難な挑戦を続けてこられた、あるいは挑戦し続けている人たちのお話をまとめてうかがっているんですが、倉岡さんには、ぜひエベレストのお話を、と。

倉岡　他に、どういう人が出るんですか。

――北極圏の極夜をさまよっていた角幡唯介さん、ロッククライミングの第一人者の平山ユージさん、登山界最高の国際的栄誉・ピオレドール賞を三度も獲った平出和也さん……。

倉岡　すごい人ばっかりだなあ。ぼくなんかが出て大丈夫ですか。ユージなんか二回も世界チャンピオンになってますし。

――いやいや倉岡さんだって日本人最多、エベレスト登頂九回を誇るすごい人、ですから。ちなみに平山さんとはお知り合いでしたか。

倉岡　ユージが都立高専に通っていたころ、たまに一緒に登ってて。江戸城の……。

――江戸城……。

倉岡　当時はクライミングジムもないので、好きな人たちが江戸城の石垣跡に集まってたんです。で、ユージも、夕方になったらふらっと学ランでやって来るんです。みんな真剣に石垣に取り付いてるところへ「やらせてもらっていいですか」とか言って、スイスイ登っちゃうんですよ。何だこいつ……って思ってたら十代で日本チャンピオンになって。当時からモノが違いました。

――若いころから出会ってるんですね。すごい人たち同士って。

倉岡 まあ、コミュニティが狭いんでね。クライマーが行きそうな場所ってだいたい決まってるし、そこへみんな集まってくるんです。

――なかでも平山さんは当時から目立ってらっしゃったと。

倉岡 目立ってましたねえ。このまま日本にいてもダメだってフランスへ行って、世界のユージになって戻ってきた。角幡くんも、よく知ってます。

――角幡さんとは、どちらで？

倉岡 二十年くらい前かなあ、彼がヨットでニューギニアへ行ったとき。隊長と知り合いだったんですけど、その人に「金がないから、倉岡、持ってこい」とか言われて（笑）、出航する日に餞別みたいな感じで五〇〇〇ドル持って油壺へ行ったら、いたんですよ、そこに。

――若き日の角幡さんが。朝日新聞の記者になる前でしょうか。

倉岡 そうじゃないですかね。今じゃすっかり有名人ですもんね。

――ドキュメンタリー系の賞を、のきなみ獲っちゃってる感じですよね。しかし、そうおっしゃる倉岡さんも、高所山岳ガイドとして日本最強と呼ばれてらっしゃいます。さっそくおうかがいしたいんですが、山との出会いは、いつごろでしたか。

倉岡 小学校五年生のとき。我孫子の小学校に通ってたんですが、本屋さんで『登山入門』って本に出会ったんです。で、その本の表紙が剱岳(つるぎだけ)でロッククライミングをやってる写真で。当時ですから今みたいにカッコよくはなかったんですけど、「あぶみ」ってハシゴみたいなのにぶらさがって、岩壁にハーケン打ってる場面だったんです。

――これぞ岩登り、というような。

倉岡 その写真にね、見入っちゃいまして。そこで人生が決まっちゃいました。

――本屋さんの店先で、小学五年生の「人生」が、決まった。

倉岡 まあ、そのあとすぐに山登りできるわけじゃないんですけど。ずーっと忘れられずにいて、その雑誌の表紙の写真が。中学校へあがっても山のことしか考えられず、山の本とか雑誌ばっかり読み漁ってました。山登りへ行けるようなったのは、ようやく中二になってから。

――最初に登ったのは……?

倉岡 丹沢です。山岳会にも入ってないし、何の経験もなかったんですが、母親が昔ハイキングをやっていたときのキャラバンシューズをくれたんです。リュックは親戚が買ってくれて、父親からは「シャベルとロープを持ってけ」って、持たされて……二泊三日の旅だったんですけど。

――単独ですか。

倉岡　はい。

――はじめての山登りで、中学生が、二泊三日の単独行ですか。

倉岡　ええ。そのあとも独りで筑波山でクライミングしたり。道具も何も持ってなくて、何万円もするロープは買えないから、五ミリの細引き買って、それで単独で登ってたりしましたね。

――つまり、比較的お安いロープで……。

倉岡　意外と切れないもんだなとか（笑）。

――日本でもっともエベレストに登っている倉岡さんも、最初は山岳会に入らず、独学だった。

倉岡　そうですね、本を読んだりとかして。上達は早かったほうだと思います。でも、いろいろ独りでやってみて、山岳会に入らないと世界が広がらないと思ったんです。大学は明治大学に入ったんですけど、その年、隊長・植村直己さんで、冬のエベレストへ行くと聞きつけて。山岳部の部室で「エベレストに連れてってください」ってお願いしたんです。

――おお、直訴！　植村直己さん、明治ＯＢですもんね。

倉岡　でも、ダメで

――あ、ダメでしたか。

倉岡　はい、ダメに決まってるんですけど、そこで当時、流行りはじめた社会人の山岳会に入ったんです。みんな、はたらいてるんで基本的に土日しかない……というか当時は土曜休みじゃない時代。仕事が終わったあと土曜の夜に出て、スピーディーに難しい山へ登って帰ってくる。そういうスタイルの、今どきの山登りがはじまったころでした。真冬の十日間、岸壁にぶら下がりながらとかじゃなく、装備も荷物も軽量化して、富士山なんかも泊まらずにパッと行って帰ってくる。大学の山岳部の山登りとは、発想の違うやり方が出てきたんです。

――それが、何年くらいのことですか。

倉岡 一九七九年くらいだと思います。日本で一、二を争うような山岳会で、国内の山に登っていました。大学へはほとんど行かず、山にいました。結局、大学は七年いて除籍になりました。大学にいたのは山へ登るためだった。入学式の当日にクラスわけがあって、席に座ってあたりを見渡した瞬間、ここは俺の居場所じゃないなあって。

――あ、その時点で。

倉岡 ええ、初日にわかっちゃったんです。母は山のことを応援してくれていたんですけど、大学を辞めさせられちゃったときは、さすがに泣いていました。

エベレストが、いちばん楽

――明治大学を選んだのは、植村さんの出身大学だから、ですか。

倉岡 兄貴が明治だったからなんですけど、それもあったかもしれないです。植村さんをはじめ、いろんな登山家の講演を聴きに行ってましたし。

――新田次郎さんの『孤高の人』でも、社会人の主人公が土日とお正月休みを使って、いろんな山に登るじゃないですか。

倉岡 ええ、加藤文太郎ね。伝説の。

――文太郎さんも山岳会へは入らず、単独行の「孤高の人」でしたが、倉岡さんも当初はお独りで登っていたというのには何か理由があるんですか。

倉岡 ただ単に無知だっただけですね。それだけ。独りでも行けんじゃないのって。なので、山岳会に入ったとき、何にも知らずに怒られてましたよ。安全確保の方法も知らなかったし。万が一、足を滑らせても滑落しないようにセルフビレイって自己確保、高所作業でもやるんですが、ロープをカチャッとかけるんです。それすらも知らなかったんです。

――それって「非常識」なわけですか。

倉岡　そうでしょうねえ、山やるんなら。先輩から「何でセルフビレイ取らないんだ」って言われて、言ってる意味がわからなくて……ボロクソに怒られました。

――何人かのパーティで山を登るのと、独りで登るのとでは、やっぱり違うものですか。

倉岡　独りは、すごく自由なんですけど、山のレベルが上がると危険度がぐっと増してきます。あの天才のユージだって、単独では絶対に登らないですから。絶対パートナーと登ってる。

――でも、パートナーどころか、ロープすら使わずに登ってる人もいらっしゃいますね。

倉岡　フリーソロ、ってやつですよね。これは……ぼくの意見ですけど、あれはねえ、命がいくつあっても足りないです。

――落ちたらおしまい……ですものね。ドキュメンタリー映画なんかにもなっていますけど、ちょっと怖くて見ていられない感じが……。

倉岡　それに、ロープを使っていないと、それだけでメンタルプレッシャーかかるから、ロープを使ったほうが難しい場所に挑戦できると思う。

――倉岡さんが単独で登っていたとき、どうやって……そのときはロープなしなんですか。

倉岡　フリーソロは、簡単なところではけっこうやりましたけど、単独でもロープを使って登ってくやり方があるんです。仮に滑っちゃったら、けっこう下まで落ちるんですけど。ただ日本の山は岩が脆かったり草が生えていたりして、自分ではミスをしていなくても滑落する危険性が高いんですよ。だから、いまは絶対にやらないです。

――必ず、ロープを使う。

倉岡 使います。それに昔は「あ、ヤバい、落ちる」と思った瞬間に、反射神経でリカバーできたんですけど、年齢とともに落ちると思ったら落ちますから。

――そういうものですか。

倉岡 落ちますね。ＮＨＫの番組でも、ミャンマーに撮影に行った帰りにジャングルの丸木橋を渡ってたら足を踏みはずして、落っこちて。お尻を打って、ひどい目に遭いました。

――どれくらい落ちたんですか。

倉岡 高さ自体は大したことないんです。丸木橋の上からツルンと滑って、三メートルくらいかな、下の川原に落ちちゃったんですよ。

――三メートルだって、十分高いですが……。

倉岡 仲間には大丈夫大丈夫って言って、先に行ってもらったんですが、どんどん痛くなってきて……歩けなくなって、結局、翌日の朝まで動けませんでしたね。だから、山登りではなおさら。絶対ロープは使わないとダメです。

――倉岡さんが山岳ガイドのお仕事で過去九度も登頂されたエベレストなどは、じゃあ、当然、超危険な世界なんですよね。

チベット側、エベレスト8750メートルよりチベット高原を望む
105～172ページ、プロフィールを除くすべての写真提供：倉岡裕之

倉岡　いや、ま、そこまでじゃないです。きちんと準備しておけば。

――そうなんですか？

倉岡　少なくとも、お客さんにとってはね。ぼくたち山岳ガイドやシェルパがルートをつくってますから。フィックスロープをベースキャンプから山頂まで張り、しっかり固定するんです。お客さんは、そこを機械を使って登っていく。

――なるほど。

倉岡　荷物はシェルパがあげてくれるし、酸素ボンベも背負ってますからね。逆にそういうことをしない場合、天気が荒れたりしたら、ふつうの人では死んじゃいますが。でも、大きな山になればなるほど登山客が集まってくるので、相対的に安全は保たれています。難しいルートとか、あんまり人が行かないところでは、パートナーと二人で大きな荷物を担いで行って、それらをいちいち回収しながら登っていくんですけど。アルパインスタイルと言いますが。その点、ぼくの仕事は高所のガイド……エベレストとか七大陸の最高峰にお客さんを連れて行くという、比較的、楽な仕事なんですよ。

――楽……ですか。

倉岡　だって世界中には難しい山っていっぱいありますけど、その中でエベレストをはじめセブンサミッツ、七大陸最高峰は、比較的安全な山ですから。そうでもなかったら、そんなに何度も行けないです。

——そうかもしれませんけど。

倉岡 中でも、エベレストがいちばん楽。去年、三浦雄一郎さんと登ったアコンカグアも難しくはないです。

——アコンカグア。南米最高峰の山。

倉岡 十四回、ガイドしてるんですけど。

——そんなに！

倉岡 あそこはね、ワインは美味しいし肉は美味いし。天国ですね。

——たしかに天国には近そうですけど（笑）。お肉とか美味しいものを食べて、ワインに舌鼓をうちながら登ってらっしゃる……わけですか。

倉岡 まあ、たしなみ程度に（笑）。でも、高所に慣れてないお客さんは絶対に飲んではいけません。

——そんな標高の高いところで飲んで、悪酔いとかしないんですか。

倉岡 酸素が少ないので、効くのは早い。だから安上がりです（笑）。そのかわり、限度を知らないと命がヤバいです。脳卒中を起こしちゃったり。ぼくは「飲み方」を知ってるんで、大丈夫なんですけど。若いころは八〇〇〇メートルで飲んでました。もう歳も歳なんで、そんなに高いところではさすがに飲まないようにしてます。

――八〇〇〇……ってほとんど世界の頂上で乾杯ってことですね。

倉岡 そうです（笑）。酸素が三分の一くらいしかないんで、ほんのちょっと舐めてもバッチリ効くんです。危険ですよ～。

登頂一回一千万円

――本の表紙の写真で登山にあこがれて、丹沢からはじめた少年が少しずつステップアップしていって、最終的には八八四八メートルの高みにたどり着く。そういうものなんですか、山登りって。積み重ねというか、段階的というか。

倉岡 最初は縦走登山をやって山に慣れたら、トレーニングを積んで、まず日本のクライミングの山に行って、次はヨーロッパへ、次は北米のヨセミテへ……って、大きな山に挑戦していくんです。そういう意味では段階的なんですけど、逆に言えば、いつまでもちいさな山ばっかり登っていても身につくことは限られてきますね。

――大きな山は、世界とか常識が違う。

倉岡　危険を読む力なんかについては、大きなフィールドで経験を積まないと。昔は、日本の山をひと通り終えたら、ヨーロッパのアルプスへ、みんな挑戦しに行ったもんです。三大北壁と呼ばれるアイガー、マッターホルン、グランド・ジョラス。でも、ぼくらの時代でさえ、ヨーロッパの山々は「ちいさい」って。アラスカか、ヒマラヤに挑戦しなきゃダメだって言われてました。

——へえ……。

倉岡　実際ぼくも、ハタチのときにヒマラヤの新ルート開拓へ行きました。だから必ずしもきっちり段階を踏んで、じゃなくてもいいんです、いまは。道具の性能も飛躍的に上がってますし。もちろん先を急ぎすぎたらダメですが。とくに高所の場合、若い人って、けっこう「弱い」んです。

——若いのに、弱い？

倉岡　自分自身を過信して、体力で押し切ろうとしちゃうんですね。そうすると、高山病が出やすいんです。その点、お年寄りは体力ないのがわかってて無理しないから、死にそうになりながらも（笑）、あんがい最後まで登れたりするんです。

——はー……山登りの話って、いろいろと示唆的なことが多いです。

倉岡　若いころって、自己顕示欲も強いしね。いいところを見せたいってがんばって、無理にガンガン登ってたのが夕方には高山病で死んじゃったりとか。

——わわわ。

倉岡 死なないためには下りるしかないって、いくら説明しても高山病で潰れないとわからないんです。ダメになる人はほとんど自分は強いから大丈夫だと思ってます。まあ、そういう経験をしておくと、二回目からは少しはマシになりますね。何回も行ってると慣れてくるんです。高度順応にもノウハウがあるので。

——いま、エベレストに登ろうと思ったら、いくらくらいかかるんですか。

倉岡 一千万くらいですかね。

——おおお、そういうお値段。

倉岡 せっかくそれだけのお金をかけるなら、その前に他の八〇〇〇メートル級の易しい山を経験してきてほしいんだけど。そんなに仕事の休みも取れないって、みなさん、いきなりエベレストに登りたいと言うんです。

——予行演習の山には、そんな時間もお金もかけられないと。

倉岡 さっきも言ったように、装備の能力も飛躍的に増しているしルートも整備されているから、いきなりエベレストでも、もしかしたら登れるかもしれない。でも、はじめてのエベレスト登山は、たいがい何かが起きるんです。酸素ボンベの使い方からはじまって、極地の寒さや恐怖心、山登りにはいろんなストレスがあるんですけど、エベレストではそういうものがいっぺんに来ちゃう。高所でメンタルをやられちゃったときは、過去に経験があるかどうかがかなり大きな分かれ目になると思います。

――なるほど。

倉岡 日本の人ってけっこう粘るんですよ。アメリカ人なんかは、ちょっとでももうイヤだと思ったら「オレ帰る」って言うんだけど。いくらお金を積んでいようが、そんなの関係なく。帰ると言ったら、帰る……人が多いですね。

――登頂に、執着しない？

倉岡 そういう人が多いと思います。その点日本人は、比較的にですが、ギリギリまで諦めない。だから、本当に死にそうになっちゃうんです。だからぼく、アメリカ人好きですよ。諦めが早いから（笑）。経験上、日本の高齢の女性は「粘る」傾向にある気がする。

――高齢というと……。

倉岡 六十代以上とか。そういう人たちって山での経験を積んできていたりして、大きなお金もかけているし、引き返しちゃもったいないという気持ちが働くんでしょうね。

――一生に一度みたいなことですもんね。

倉岡 ガイドのぼくが客観的に様子を見て「もう下りないと危ないですよ」って言うんだけど、「いや、大丈夫です、行けます」って言ったりする、高山病の影響で。

――ああ、ようするに、理性的な判断ができなくなってもいるわけですか。

倉岡 そうなると記憶も曖昧なので、山から下りてきたら忘れてるんです。自分が上でどうだったかを。だから最近は、上でのやり取りを動画で撮ってます。そうしないと下りてきてから「何でベースキャンプにいるんだ」「頂上へ登れたはずだ」って怒られちゃったりするんです。でも、そこで「あなた、上で高山病にかかってておしっこは漏らすしゲーゲー吐くし、大変だったんです」っていくら説明しても「覚えてない」って言うんです。

――そんなふうになっちゃうんですか。

倉岡 映像があれば、わかってもらえます。自分が本当にヤバかったときの姿を。

――倉岡さんは、高山病になったことは。

倉岡 いちどだけ、アコンカグアで。七人の中年の女性をお連れしていたんですが、濁流を七回、ひとりずつ女性をおんぶして渡ったりしてたんです。そういう息を止めちゃう行動って、けっこう危ないいんですけど。

――そうなんですか。

倉岡 そのあともボルダリングやったり、川に流れさたストックを走って取りに行ったりとかしてて、夕方ベースキャンプで十張りくらいテントをひとりで張ってたら、だんだんヤバくなってきまして。すぐにドクターに診てもらったら、おまえ、肺水腫を起こしかけているからいますぐ下りろ……って。

山での食事は、ナッツ類

——高山病というものは、肺水腫とかを引き起こすんですか。

倉岡 高山病って具体的な病名で言うと、肺水腫か脳浮腫なんです。肺とか脳に水がたまってしまう。すぐに適切な処置をしないと二十四時間以内に死んじゃいます。頭痛だとか吐き気、目眩なんかは急性高山病といって病気としての高山病とは別物です。

——酸素が薄いことが理由で、そんなことになっちゃうんですね。

倉岡 だから急いで登ると危険なんです。一日に五〇〇メートル以上は、登っちゃダメだと言われています。三〇〇メートルって言う人もいる。登っては下りて登っては下りてを繰り返して、身体を高所に慣らしていかないと、人間、本当にすぐ死にますね。だからエベレストって登るのに二ヵ月くらいかかるんです。

――それだけの時間をかけて、人間の身体を高さに慣らしていく。

倉岡 それも、そのほとんどの時間を三〇〇〇、四〇〇〇、五〇〇〇、六〇〇〇の高さに身体を慣らすことに使うんです。七〇〇〇まで登っちゃえば酸素ボンベを使うので、そこからは楽になるんだけど。

――人が、ふつうに生きられない。それが極地ってことなんですね。

倉岡 たまに急性高山病で頭痛や吐き気や目眩があってもがんばっちゃう人がいる。でも、そんなことしたら危険だし、何より登ってて楽しくないと思うんです。

――楽しいことは、重要ですか。

倉岡 重要です。ウウッとか言って登るのが好きなマゾな人もたまにいるけど、二ヵ月それじゃ、続かないですよ。だから、ゆっくり行きますよって言ってるのに、若者って走ったりするんですよ。

――エベレストを走る！　まさに「若気の至り」という気が。

倉岡 ぼくの言うとおりに登ってもらえばそうそう高山病は出ないんだけど、若者は試したいのかなあ、自分を。一千万円を棒に振るよ……って、いつも言ってるんですが。

――若者ってどういう人が来るんですか。そんな大枚を積んで来る「若者」って。

倉岡 んー、外資系の会社員が多いですね。長期休暇の取れる人というか。エベレストは楽ですとは言ったけど、経済力がないときついです。三百万円くらいで安く登れることは登れるんですけど、十人に一人くらい死んじゃう。

――その……お値段の差は何ですか。

倉岡 酸素の量や、サポートをしてくれるシェルパやポーターをケチるとか。いちばんやっちゃダメなのは、食事を適当にしちゃうことですかね。食べる物は、重要です。安いツアーの場合、二ヵ月間揚げ物しか出なかったりするので。そんなもんばーっかり食べてたら、ベースキャンプ着いたころには体調最悪で登山どころじゃない。

――食べる物の質が、身体に、てきめんに出るんですか。

倉岡 ぼくたちはオリーブオイルひとつにしたって厳選して持っていきます。食べる物に、いちばん気をつかってると思います。

――最悪の場合、死んでしまう場所……ですものね。

倉岡 山登りの技術うんぬんより体調管理のほうがよっぽど重要。水あたりをしない、よく手を洗う。そういう基本的なことから、食事をする際も自分の箸では絶対に取らないように気をつけて。

――新型コロナウィルスの感染防止でクローズアップされた習慣が、山では、いわば「常識」だったんですね。

倉岡 風邪をうつされたら治らないから。四〇〇〇メートル以上になると。

――治らないんですか。

倉岡 治りません。山から下りない限り。お客さんには、風邪をひいたまま日本から出ないでくれと言います。出ちゃった場合には、せめてカトマンズで治してくれと。

――なんで治らないんですか。

倉岡 酸素が少ないということが、すべてにおいて関係してますね。山から下りてリカバーするときに高圧室というところに入ったり、酸素を吸うといいって言われていますが、それって血液中の酸素濃度を上げることで傷んだ身体を癒やすんですね。

――そうか、高所ってその逆だから。

倉岡 治らないです。もう顕著にダメ。万が一風邪をひいてしまった人は、いったん山から下りて、治して、また戻ってきてもらうか、それが無理ならずーっと酸素を吸わせ続けるか。

――薬というより、酸素。

倉岡 ですね。酸素です。

――新田次郎さんの『孤高の人』では、伝説の加藤文太郎さんが、干した甘納豆と油で揚げた小魚をポケットに入れて、ポリポリ食べていたという描写が印象的なんですが……。

倉岡 ええ。

――倉岡さんは何を食べているんですか。山では。

倉岡　クルミとアーモンドと、マカデミアナッツと、ピスタチオ。ナッツ類の油のエネルギーって、めちゃくちゃ長持ちするんですよ。米の場合、一時間半で血糖値が上がって下がるんですね。つまり一時間半後にはお腹が空く。朝ごはん、十時のおやつ、お昼ごはん、三時のおやつ、夕食。そのタイミングって血糖値の上下に合わせてるんです。

――ちゃんとした理由があったんだ。

倉岡　でも、山では糖質を摂らなければ一日一食で大丈夫。血糖値が上がらないので血糖値が下がらない。そのために、お腹が減るってことが、ない。かわりに満腹感もないですけど。

――動けるんですか、それで。

倉岡　動けますね。ぜんぜん。一時間半しか保たない炭水化物や糖質にくらべると、油は二十時間くらい保つんです。だから、ナッツ類を食べていれば、丸一日くらいは食べなくても平気。

――そうなんですか。意外！

倉岡　標高八三〇〇の最終キャンプからエベレスト登頂して、さらにそこからベースキャンプへ下りてくるのに、十八時間かかるんですけど、ぼく食料を持ってってないです。

――力の出そうな肉とかをめっちゃガッツリ食べてるのかと思ってたんですが、むしろ「食べない」んですか。

倉岡　ええ、食べなくても大丈夫なので。喉は渇くから、水を五〇〇くらい。その間ずっと動きっぱなしでも大丈夫です。もうここ五〜六年は、自宅にも米や砂糖は置かなくなりましたね。いつしか炊飯器もなくなりました。

――それはつまり、食べないから?

倉岡 その生活、ぼくのような人間にはすごくいいんです。高所でも頭がキンキンに冴えてるし、お腹が空かないから二十四時間食べなくても平気だし。

――それ……奥さまからクレームなどは、出ないのでしょうか。おうちでは。

倉岡 奥さまは教師をやっているので給食で炭水化物を摂ってるんです。お菓子も好きなので、そのへんにたくさん入ってますよ。ただ、目の前に出されちゃったら、ぼくも嫌いじゃないんで、たまにパクッと食べちゃうんです。アイスクリームとかね。

――おいしいですもんね(笑)。炭水化物とか糖質って、やっぱり。

倉岡 すると、たちまち、頭がボーッとしてくるんですよね。てきめんに。そういう身体になっちゃってます。

エベレスト、アイスフォールにて。2013年、ミウラエベレスト隊

天気予報を「売って」いる

――倉岡さんほどエベレストに登ってらっしゃると、登頂を断念したことも……。

倉岡 あります。去年がそうです。エベレストの天候が非常に悪くて、登頂日前日、最終キャンプ入りする日に撤退を決めました。天気も予報は晴れだったんだけど、吹雪いてきちゃったんです。そうなると、もうね。お客さんを危険に晒すわけにはいかないので。

――諦めて、帰りましょうと。

倉岡 他の国の人は突っ込んでいったんですが、同じベースキャンプにいたスイスのおじさんが亡くなったり、ロシアの人たちも全員「顔面凍傷」で帰ってきたり。

――目の前の山頂を断念する決断って、大金を払ったお客さんには納得してもらえるものなんですか。

倉岡 ぼくも、それがすごく心配でした。スイス人の有名な登山家と一緒にガイドしているんですが、天気予報も、ぼくら、三つくらい買っていて……。

――天気予報を「売ってる」んですか。エベレストでは。

倉岡 売ってます。百万円を払って、アメリカ、ヨーロッパ、あとスイスの会社から買ってます。

——そんなにするんですか！　でも買わなきゃ天気がわからない。

倉岡　そう、わからない。もちろん無料の天気予報もあって、あんがい当たるんですが、でも「説得力に欠ける」んですよ。

——あー……なるほど。たとえば「撤退します」ってときの「説得力」は重要ですものね。

倉岡　無料が当たって、有料が外れるってこともあるので、難しいんですけど。去年のケースでは、スイスの天気予報に無線電話して「吹雪いてきちゃったんだけど」って聞いたら「わからない」って言うんですよ。

——有料の人も、わからない。正直なところなんでしょうけども。

倉岡　電話の向こうで「自分で決めろ」と言ってるんで「わかった」と。そこで、お客さんの様子を見たら、辛そうな人もいるし、行きたそうな顔をしてる人もいる。

——つまり、そもそもの天気予報は「晴れ」だけど、でも、あたりの状況は「吹雪」で。

倉岡　一瞬どうしようか悩んだんですが、「せっかくここまで来てみなさん登りたいと思いますけど、これ以上は次のキャンプに着く前に凍死してしまうかもしれないんで、下りましょう」と。そうしたら、ふたりのお客さんが「ありがとうございます」って言ってくれたので、よかった。みんなが登りたいわけじゃなくて、これ以上は無理だという人も、やっぱりいるんです。最終的には、全員が納得してくださいました。

——どのへんで下した判断だったんですか。標高としては。

倉岡 七八〇〇メートルくらいのところ。七六〇〇がキャンプ2、最終キャンプ3が八三〇〇なんで、そのあいだですね。

——じゃあ、もう頂上はすぐそこ。

倉岡 翌日が確実に晴れるなら、がんばって行ったかもしれない。でも翌日も同じような予報でした。そもそも去年は、天気のいい日が二日しかなかったんです。

——え、ワンシーズンで、二日だけ?

倉岡 その貴重な二日間に、登山客が集中しちゃったんですよ。頂上のほうは雪がまったくなくて、ずっと岩場が続いて、歩くのに時間もかかってましたし。そういう事情を総合的に判断して、ここでやめよう、下りようと。

——その判断を下すことができるのもプロだからこそ、ですよね。

倉岡 たしかに残念ではありましたけど、結果的に指も失くさず、キレイな顔のまま、全員山を下りてこられたので。あの判断は間違ってなかったです。

——でも、あらためてですが、天気のいい日が二日間だけって、そんなものなんですか。

倉岡 エベレストって、五月の十五日から二十五日の間に平均三日か四日晴れるんです。春のシーズンで頂上に立てるのは、その間だけなんです。

——その数日に、人が集中する。

倉岡 そう、三年前は一週間くらい晴れの日があったんで、登山客が分散してとても条件がよかったんですけど。

——その何日かの間に、何人くらいが登頂するんですか。

倉岡 去年は、その二日間で、チベット側から二百人ぐらい。ネパール側からはたぶん、一千人くらいです。雪が積もっていなかったことで、ところどころ渋滞が起きてました。なにせ、待ち時間が五時間もあったんで。

——五時間。

倉岡 エベレストの頂上付近では渋滞のポイントが三ヵ所あって、そこに人がたまるんですよ。二番目のポイントがいちばんむずかしいんですけど、それぞれ、二時間、二時間、一時間。

——それで、合計五時間。標高八〇〇〇メートル超の道で、渋滞待ち五時間……。

倉岡 吹雪いてるから寒いんですよね。身体を動かしてないと。

——そういえば少し前に、エベレストへ登る渋滞の写真をネット上で見ました。ナショナルジオグラフィックか何かで、たしか。

倉岡 あれは、ネパール側からの渋滞。チベット側とは違って雪がたくさん積もっていたから、ネパール側の人に聞くと「問題なかったよ。渋滞はいつものことだし」って。

――雪のある方が、いいんですか。

倉岡　そう、ぼくらのチベット側って岩が露出していて、去年は本当に状態が悪かった。ぼくはトータルで十四回くらいエベレストに行ってますが、去年がいちばん悪かったと思う。

――十四回のうち九回、登頂されている。

倉岡　そうですね。テレビ番組の『イッテQ！』でイモトアヤコさんがエベレストへ挑戦したときも、ぼく、ガイドだったんですけど。結局、登頂を断念したんですが、あの年はアイスフォールって危険個所で雪崩が起きて、十四人のシェルパが亡くなった。そういう重大な事故が起きて、途中で撤退することもあります。

――そういえば、倉岡さんは、映画『植村直己物語』の撮影に同行されてたんですよね。

倉岡　はい、一九八五年です。

――撮影クルーのサポートで。

倉岡　あのときぼくは、主演の西田敏行さんのお世話役。なので、エベレストを目の前に登頂のチャンスはなくて、ベースキャンプのあたりで、ずーっと西田さんと一緒にいる役でした。

植村直己物語

──映画を手伝わないかというお話は、どうやって来たんですか。

倉岡 映画撮影前年の一九八四年の秋に、ギアナ高地にある「エンジェルフォール」っていう世界最大の滝を登ったんです。一〇〇〇メートルあるんですけど、その滝。

──一〇〇〇メートル……。東京タワー三本分ってことですか。そんな滝を「登る」んですか。

倉岡 はい、テレビの企画にクライマーとして参加したんです。で、そのときのカメラマンが阿久津悦夫さんという人でした。阿久津さんは山にも強い人で、植村直己さんが冬のアコンカグアを単独初登頂したとき、そのようすを頂上から撮っていたような人。その阿久津さんから「こんど映画の撮影があるんだけど」って誘われたんです。植村さんが遭難した直後なので、捜索も兼ねて……ということだったので、自分もぜひ行かせてくださいと。

──撮影は、植村さんがマッキンリーで消息不明になられた年の、翌年。

倉岡 そう、一九八五年です。その年の二月から四ヵ月かけてマッキンリーで撮りました。二月のアラスカって真っ暗なんです。太陽が出ないんですよね。でも、いちばん寒いのは、四月。頂上ではマイナス六十度くらい。オーロラが本当にきれいでした。ベースキャンプにいると、毎日夜中の一時半に出るんです。

――決まってるんですか、「出る時間」が。

倉岡 だいたいそれくらいでした。で、ぼく自身も、だいたいそれくらいの時間におしっこしたくなるんで、テントの外に出ていくと、目の前というか空一面に大きな竜のようなオーロラが。

――どういう気持ちになるんですか。実際のオーロラって、見上げると。

倉岡 畏怖……っていうんですかね。オーロラって何かカーテンみたいな感じでゆらゆらしてるイメージがあると思うんですが、ぼくが見たのは、空全体がオーロラなんですよ。で、ずーっと見てると、空全体を覆っていたオーロラがだんだん動きはじめる。その動きがどんどん速くなって、最後には消えていくって感じ。

――空全体を覆うほどの巨大なものが動き出して、どんどんスピードを上げて……消える。それは畏怖の念を感じますね。

倉岡 毎日毎日、寒かったんですけど、だんだん身体も慣れてきました。ベースキャンプではマイナス五十三度だったんですが、短パン・Tシャツでしたし。

――薄着すぎませんか（笑）。

倉岡 風が吹かなければ大丈夫です。ほら、水風呂なんかでもジッとしてたらそのうち大丈夫になってきますよね。あの感じですよ。

――それにしたって（笑）。

倉岡　まあ、寒さには強かったみたいです。その『植村直己物語』の撮影でエベレストへ行ったときも、最後にアイスフォールで記念写真を撮ったんです。みんな羽毛の上下を着てるのに、ぼくだけ、短パンTシャツ。変だよ、おまえって言われてた。

――映画でも、西田さん扮する植村直己さんが独りで登頂に成功したあと、隊のみんなが裸で踊ってるシーンがありましたよね。

倉岡　あそこ、ぼく出てますね。

――あ、ホントですか（笑）。

倉岡　エベレストへ登る前に、植村さんもゴジュンバカンって八〇〇〇よりちょっと低い山をやってるんですが、その登頂をお祝いするシーンですね。パーマ頭で眼鏡かけてる奴が、ぼく。

――もう一回、見てみます（笑）。撮影は、どんな感じだったんですか。

倉岡　撮影隊と登頂隊とに別れてたんです。群馬学連を中心とした登頂隊の人がルート工作などを担当して。ぼくは撮影隊のサポートだったんで、俳優さんたちのお世話をしてました。毎日一緒にいただけって感じですが、主演の西田さん、おもしろい人だったなあ。しょっちゅうギャグを言ったりして、周囲に笑いの絶えない人でね。

——いいですねえ。

倉岡 アクション俳優の倉田保昭さんって、ジャッキー・チェンより強いと言われてた人もいて、毎日山で空手教室を開くんですよ。

——そんな高いところで（笑）。

倉岡 おまえ、ナイフ持ってかかってこい、とかって言って、本当にかかっていった奴が一瞬のうちにボコボコボコと三発くらい殴られて、ウウーッと地面に伸びてましたよ。

——は、そんなことなさってたんですか。映画の撮影の合間に。

倉岡 でも、巨大なスズメバチに刺されて倒れちゃったんです。屈強な倉田さんでも、あんな大きなのに刺されちゃったらやられちゃうのかと。古尾谷雅人さんもいらっしゃいました。矢沢永吉さんが大好きみたいで、おまえも永ちゃんを聴かなきゃダメだぞとか言われたりしたんですけど、山ではけっこうつらそうでしたね。

——みなさんがいたのは、標高にすると何メートル付近ですか。

倉岡 ベースキャンプで、五三〇〇。アイスフォールという危険な氷の滝でよく人が死ぬところがあって、撮影自体は、そこへ向かう途中でやってました。五五〇〇か五六〇〇くらいかな。

——俳優のみなさんもそこまで登って、高所に身体を順応させて、その状態でセリフを覚えて演技して。

倉岡　でも、つらそうにしていた古尾谷さんも「よーい、スタート！」って監督の声がかかった瞬間、パッと役者の顔になるんです。それまではヘロヘロだったのに、まるで人が変わったみたいに、すばらしい演技を見せてくれた。

――さすがですね。

倉岡　本当にプロフェッショナルです。オッケーとなったらハァ～……ってなるんですけど、カメラの前では、別人。役者さんすごいって思いました。

――そういえば先日、西田さんが石丸謙二郎さんの山のラジオで、倉岡さんのことを話してらっしゃったそうですね。

倉岡　そうそう、石丸さんが「倉岡さんもこの番組に出てもらってまして」っておっしゃったら、「あ、倉岡くんね。彼には山の上で羊羹をもらった。俺は酒飲みだから羊羹とか食べなかったんだけど、あのときは疲れ果てて一本ペロッと食べちゃったんだ。あれから羊羹が好きになったよ」みたいな話をされてました。

――西田さんを羊羹好きにした人！

倉岡　ぼく、それ覚えてないんだけど。

――そうなんですか（笑）。

倉岡　でも、疲れ果ててたのは本当で、西田さん、エベレストで一二キロ、痩せてましたからね。すごくシャープな印象ですもん。ぼくの記憶の中の西田さんって。

帰国翌日、社会復帰可能

――昔は、エベレストに登頂するためのノウハウって、今ほどなかったわけじゃないですか。最初に人がエベレストに登ったのも、そんな昔じゃないでしょうし。

倉岡 七十年くらい前かな。

――じゃ、装備も酸素も食事もルートも、ここ数十年で、一気に進歩したっていう感じですか。

倉岡 そうですね。たしかに以前は大変だったんです。そもそも、植村さんが登った時代はワンシーズンにたった一つの隊しか入れなかったし。いくつかルートがあるんですけど、ワンシーズン、一つのルートには一つの隊しか入れなかったんです。

――いまは……。

倉岡 ネパールの収入を確保するために制限はありません。つまり、昔の登山家って自分たちの力でルートをつくって登らなきゃならなかったんです。今はシェルパがやってくれるんですが。たいへんさの度合いが違いますよ。酸素もなかったしね。

――シェルパのみなさんっていうのは、やっぱり高い場所に強いんですか。

倉岡　強いですね。もともとチベットの標高五〇〇〇メートルあたりに住んでいた人たちが、国境を越えてネパール側に入って、シェルパ族になるんです。今でもやっぱり四〇〇〇メートルくらいの高さに住んでます。ぼくらはゼロから八〇〇〇だけど、彼らは四〇〇〇から八〇〇〇。だから、倍ちがう。倍くらい身体が楽なんだと思う。

――日常生活が、富士山より上。

倉岡　もちろん、弱いシェルパもいます。シェルパが四十人いたら、十人は、ぼくより強いですけど、三十人は、ぼくより弱いかな。

――それは倉岡さんが「強い」ということですよね。

倉岡　たしかに昔は強かったですね。五〜六年前までは、自分でも強いなあと思ってました。最近はちょっと弱ってきたと思います。若いころは、無酸素で八〇〇〇まで荷上げしてましたし。ふつうはできないと思います。シェルパにも言われます、おまえ強かったよなあって。

――シェルパの人にそう言われるって、相当ですよね。日本人最強の山岳ガイドと呼ばれる所以ですね。

倉岡　山で自分がへばっちゃうのが、いちばんダメなんで。お客さんに気配りもできませんし。ま、現地へ行ってる回数も多いし強かったと思うんですが、これまで経験を積んできたので、いまは要領でがんばれている感じですね。

――経験ってすごいなあと思います。とくに極地では経験の有無って生死をわけるほどのものですよね。

倉岡　エベレストについては、だいたい理解しているつもりです。地形も知ってるし、天気もわかる。危険なポイントや考え方や行動が頭に入っているから、無駄な体力を使わないで頂上まで登ることができるんです。そういう意味でも、ぼくにはエベレストがいちばん楽なんです。

――世界最高峰の「その場所」って、どういう感じになってるんですか。

倉岡　実際の頂上、地球上でいちばん高いところはけっこう尖ってます。少し下った場所は広くなっていて、そこで待機できるんですが、頂上には……十人くらいは立てるのかなあ。

――あの……タルチョーでしたっけ。

倉岡　ええ、チベットの五色旗ですね。張ってありますよ、たくさん。アイゼンを引っかけて転がったら滑落しちゃうので、気をつけないと。

――あれって、誰が張ってるんですか。

倉岡　シェルパやチベット人ガイドです。チベット仏教の大事なお守りです。だから毎回、登頂したときに張っていくんです。それが溜まりに溜まって、いま、すごいことになってますね。

——昔はなかったんですか。

倉岡　ぼくは、二〇〇四年にはじめて頂上に立ったんですけど、そのときの写真を見てもタルチョーは写ってないと思う。たくさんの人が頂上に立てるようになったので、ここにも張っとくかみたいな、そういうノリだと思いますけど。

——たくさんの人が頂上に立てるようになった理由は、具体的には……。

倉岡　あらゆる装備の性能が上がってるし、天気予報は当たるし、人も多いんで作業分担できるようになってるし。酸素ボンベなんかも、どんどんよくなってきていますね。昔はよく故障したりしていたので、いまよりもきちんと高度順応やってたと思う。

——高所でボンベが壊れたときのために。

倉岡　身体をきちんと順応させておけば、万が一頂上直下で酸素が出なくなっても下りてこれますから。

——最近は、あまり壊れないんですか。

倉岡　信頼感は高くなってますね、相当。だから高所順応なんかしないで、ベースキャンプからずっと酸素を吸ってけばいいよね、みたいな考えのチームもあります。

——「常識」がどんどん変化するんですね。数年前、三浦雄一郎さんが八十代でエベレストに登頂されて話題になりましたが、あのときもガイドは倉岡さんですよね。

倉岡　三浦さんと登ったときは、息子さんが計画を練ったんですが、そのプランがけっこうハードで。八十歳という年齢を考えた場合、高度順応をしてしまうと、疲労の蓄積が勝ってしまいそうだったんです。そこで順応のための上下運動を極力減らしました。通常、高度順応で身体をつくったあとに出来るだけ……たとえば四〇〇〇メートルくらいまで降りるところを、酸素を吸ってもらって、疑似四〇〇〇メートルで高所疲労の回復を図ってもらったんです。

――なるほど。そういうときに倉岡さんは……酸素は？

倉岡　七〇〇〇以下で寝ているとき、たまに吸うくらい。酸素を吸うと、熟睡できるんです。

――酸素がないと、寝るのもたいへん。

倉岡　はい。酸素を吸わないと寝られないから疲労が溜まっていくんです。で、動いている昼間は、吸わない。それが自分に合っているので、しばらくはそのやり方でいこうと思ってます。

――酸素って、そんなに保つんですか。

倉岡　いっぱい持っていくんです（笑）。それだけお金もかかるんですけど、でも、お金で解決できるならそっちのほうがいいという人のほうが多いですよね。「帰国翌日、社会復帰ができます」というのが、ぼくのガイドのポリシーなんです。

――つまり、そういう登り方をしてる。疲労がたまらないような登り方を。

倉岡　お客さんには社会人が多いので。日本へ帰ったら仕事があるんです。それに、山好きという人以外でも、仕事のためにという人もいるし。たとえば、コンサルタントとしてビジネスの講義をやってる人がいらっしゃったんですが、エベレストに登頂成功していると、講義の説得力がぜんぜんちがってくるらしいです。

――へええ！

倉岡 そういう人が昔の登り方をしちゃうと、エベレストから帰ってきて三ヵ月ぐらいは廃人みたいになっちゃうんですよ。

――心身が、そこまでやられてしまう。それが、エベレスト。

倉岡 そう。

セブン・セカンド・サミッツ

――エベレストの次に高いK２って、とても難しい山だと聞きますが……。

倉岡 K２は天気が悪いし、テントを張れるところも少ない。切り立ったかたちをしてるから、難易度でいえば、エベレストより高いと思います。

——倉岡さんの感覚でも、難しい。

倉岡 エベレストとくらべて、どっちが難しいかと聞かれたらK2と答える人は、おそらく多いと思います。技術的な危険度は当然エベレストだって高いけど、K2は挑戦する人自体が少ないし、雪崩の発生頻度も高い反面、優秀なサポーターがパキスタンにはいないので、ネパールからシェルパを連れてく必要がある。

——じゃあ、お金もかかる。

倉岡 かかりますよね。エベレストよりは安いですけど。ぼくの知ってるお客さんは、去年K2に登ったんですけど、四年連続で挑戦して四年目にやっと登れました。その人はお金を持っているので四年連続で挑戦できたけど、ふつうの人じゃ、そんなに頻繁には無理でしょう。

——そうですよね。何千万円もかかってしまいそう。

倉岡 七大陸最高峰をセブン・サミッツって言うけど、セブン・セカンド・サミッツ、というカテゴライズもあるんですよ

——各大陸で、二番目に高い山？

倉岡 そう。アジア大陸なら、エベレストの次に高いK2です。アフリカ大陸なら、キリマンジャロの次のケニア山。総じてセブンサミッツよりセブン・セカンド・サミッツのほうが難易度は高いと言われてます。

――へえ、二番目のほうが難しいんですか。

倉岡 たとえば南極大陸で二番目に高い山はタイリーと言いますが、かなり高度な登山技術が必要で、まだ七回しか登頂成功していないんです。さっき話に出た、四度目でK２登頂成功したお客さんは登ってるんですよ。去年かな、登頂を達成して、セブン・セカンド・サミッツを登った世界で二人目の人になった。

――すごい！

倉岡 つまり「世界で二人」しか、存在しないんです。セブン・セカンド・サミッツを登った人って。

――はー……でもセブン・セカンド・サミッツという括り方も、呼び名もかっこいいですね。

倉岡 セブン・サード・サミッツもあって、これを制覇している人は、まだ一人。ドイツ人の登山家なんですけど。挑戦する人の数も少ないですけどね。個人的にはセカンドがいちばん難しいと思うな。

――倉岡さんも、いま名前が出たようなエベレスト以外の山へ行くことも、あったりするんですか。

倉岡 ぼくは基本ガイドしかやらないので、基本セカンドの山には行かないです。そういう山をガイドしてくれとも言われるんですが、やっぱり自信を持ってガイドできる山以外はガイドすべきでないと思ってるし、K２なんかは登頂できる可能性自体が低いですし。

――では、ガイドされているのは……。

倉岡　エベレスト以外は、マナスルと、チョ・オユーという山。

――どちらもヒマラヤ八〇〇〇メートル峰ですね。

倉岡　そのどれも、登りやすいんです。チョ・オユー山頂から見るエベレスト、最高ですよ。もう、めちゃくちゃかっこいいんです。

――見てみたい……。

倉岡　写真、ありますよ。このへんがチョ・オユーの山頂にある平らな部分なんですけど、ここから撮ったエベレストが……これ。

――うわっ、かっこいい！

倉岡　でしょ。

――かっこいいです……このエベレストを、チョ・オユーの山頂から見られる。

倉岡　最高です。

――倉岡さんがガイドのお仕事をはじめたのは、いくつのときですか。

倉岡　本格的にはじめたのは、二十六ですかね。はじめてガイドしたのは文部省の登山研修みたいなやつで、講師に欠員が出たので、おまえちょっと来いって言われて。それが、二十歳のとき。宝剣岳って山で、気象担当でした。天気図を描けって言われて、間違った天気図を描いて後から質問攻めにあったというね。

――そういうデビューでしたか。

倉岡 そのころは山専門の旅行会社に勤めていたので、海外はたくさんガイドしてたんですけど、クライミングで落っこちて骨盤を折っちゃったりしたんです。それでロッククライミングから離れたんです。

――でも、二十六歳からというと、ガイド歴は三十年以上にもなると。

倉岡 そうなりますね。

――それだけ長くやってらっしゃると、一言で山登りと言っても、いろんなことが変わってきてるんじゃないですか。

倉岡 もうね、ぜんぜん違ってますよね。設備も、常識も、考え方も……。

――転機みたいな出来事があったんですか、それとも段階的に進化している感じですか。

倉岡 一九九六年が、ひとつのターニングポイントです。エベレストで、大量遭難が起きたんです。のちに『エベレスト３Ｄ』という映画になったんですけど、たくさんの人が亡くなりました。

――あ、参加者のクラカワーって人が『空へ』というノンフィクションを書いてますね。

倉岡 そう、あの事故のあとくらいから、商業登山の在り方が……このままじゃいけない、となった。改善されてきたんです。山の登り方も天気予報の信頼性も、安全面をより重視して、かなり改善されてきたと思います。

チョ・オユー山頂から望むエベレスト

――倉岡さんが、はじめて八〇〇〇メートルの山をガイドしたのって……。

倉岡 けっこう遅くて、二〇〇三年のチョ・オユー。翌二〇〇四年に、はじめてエベレストに山岳ガイドとして登りました。

――そのときのこと、覚えてますか？

倉岡 覚えてる、覚えてる。覚えてます。まだ十六年前ですが、改善されてきていたとは言っても、いまとはぜんぜん違いました。酸素マスクはロシアの戦闘機のマスクだったし。

――え、軍の装備を民間に転用してたってことですか。

倉岡 レギュレーターもすぐ壊れるんです。

――いまは、さすがに登山専用ですよね。

倉岡 ええ、チェコの会社が開発してます。でも、それまではほとんどロシア製だったんですよ。なぜだかわからないけど。いまにして思えば、あのロシア製の異様に軽いボンベ、安全基準を満たしてなかったと思う。いつ爆発しても、おかしくなかったんじゃないかな。

――そのころ、倉岡さんの他にも、山岳ガイドさんっていたんですか。

倉岡 ええ、いましたけど、エベレストのガイドしますっていうめずらしい人は、まあ……日本には数人だけでしたね。

デスゾーン、死の領域

倉岡　あ、『植村直己物語』のときに使った酸素ボンベ、現物があるんですけど見ます？

――えっ、見たいです！　現地から持ち帰ってきたんですか。

倉岡　そうなんです。いまは飛行機の安全基準があって無理なんですけど、当時は別にうるさくなかったので。

――わー、すごい！　これですか。予想以上に大きい。というか長い。

倉岡　いまの酸素ボンベと比べてみると、ぜんぜんデカくて重いです。これ、空っぽの状態で四キロ以上、酸素を満タンにした状態ではさらに二キロ以上重くなります。

――じゃあ、当時は一本六キロ以上の酸素を背負って登ってたんですか。

倉岡　そうですね。

――どれくらい吸えるんですか、酸素。

倉岡　最近のボンベは最高に出して一本四時間強。登頂日には三本使います。ぼくはお客さんのぶんもあわせて五本くらい背負うこともあります。その場合は、酸素だけで二〇キロにもなります。

――ひゃー……でもあらためて、極地では「酸素を買う」んですよね。平地では、そこら中に無料で漂ってるものを。

倉岡 隊全体では何百本も吸いますから、酸素だけで「何百万円」です。酸素を運ぶヤクも高いんですよ。一回運んでもらうのに、五万円。それを……のべ千回とか。

――ヤク代だけで、五千万円！

倉岡 だから一人一千万円払っても、一つの登山隊で最低二十人は集める必要があるんです。

――倉岡さんはもう三十年以上山岳ガイドをされているわけですが、ガイド界にも、すごい人というのは、まだまだいるものですか。

倉岡 さっきの映画『エベレスト３Ｄ』に出てくるスーパーロシア人とか。ぼく、その人と一緒にチョ・オユーへ登ったんですけどね、強かったです、めちゃくちゃ。

――シェルパに「強い」と言われてきた倉岡さんから見ても、さらに強い。

倉岡 標高八〇〇〇メートルの猛吹雪の中、何人も救助してますから。しかも無酸素で……超人的でしたね。

――それはつまり、一九九六年に起きたエベレスト大量遭難のときに。

倉岡 そう。猛烈に吹雪いていて、キャンプ近くまで戻ってきたけど、暗くなってしまって、キャンプにたどりつけなくなって何人も亡くなってしまったんです。でも、その吹雪いてる真っ最中に外へ探しに出て行って、三人くらい助けてきてるんですよ。それも、酸素なしで。

――まさしく、超人的。

倉岡　お客さんを連れて登るガイドでも、その人、無酸素なんです。八〇〇〇メートルって言ったら、ぼくらガイドも酸素を吸わなきゃならないのに。ぼく自身は、チョ・オユーでは無酸素でしたが、さすがにエベレストは酸素を吸わないとガイドできないなと思っています。六〇〇〇メートルの差なんですけど。

――その差が、そんなに大きい。

倉岡　ぜんぜん違いますね。チョ・オユーだと、最終キャンプは七五〇〇なんです。その高さでは眠れないので、目を閉じて呼吸してるだけになる。

――疲れていても寝れないというのが、高所の過酷さを物語ってますね。

倉岡　でも、エベレストの場合、ネパール側で七九〇〇、ぼくが登っている中国側ルートは、八三〇〇が最終キャンプです。そこまでいくと、寝れないのはもちろんなんですが、呼吸しても呼吸しても、苦しい。

――それが「デスゾーン」という場所。人体の限界を超える、死の領域。ちなみに、エベレストの山頂って、どれくらい滞在するものですか。

倉岡　写真を撮ったら下りてくださいとお願いしてるんですけど、最近の人って個人にスポンサーがついてたりするんで、バナーなんかをたくさん持ってきてるんですよね。

――それを掲げて撮影したり。頂上でやる仕事が、たくさんあると。

倉岡 三十分くらい撮っている人もいて、いま酸素器具も高性能だし、やりたい人にはやってもらってます。ただ、待ってる側はたいへんです。寒いし。

――着ているものは……。

倉岡 いまはダウンのワンピース、つまり「つなぎ」を着てるんです。昔はズボンとジャケットの上下で、下着も着込んでるから腰まわりがどんどん着ぶくれして動きづらかったんですけど。

――ええ。

倉岡 おしっこするのも一苦労でした。

――そうでしょうね。

倉岡 でもいまは、パンツを履いたらその上にフリースのワンピース、さらにその上にダウンのワンピース、それだけ。腰まわりが軽くて、しかも温度が全身に行き渡って暖かいんですよね。

――つまりパンツを除くと、たった二枚しか着てないんですか。エベレストの頂上でも。

倉岡 酸素を吸っていれば大丈夫。無酸素だと寒いけど。

――予想以上に薄着……！　でも酸素で身体が温まるんですか。

倉岡 温まりますね。酸素を吸うと手足がぶわーっと暖かくなるのがてきめんにわかります。

エベレスト山頂、2010年

——いま、無酸素で登ろうという人は、いらっしゃるんですか。

倉岡　たまにいますよ。ロシアの人とか。

——ロシアの人、いちいちすごい。

倉岡　そうなんですよ……すごいんです。ただし、いまは無酸素で挑んでも、酸素ボンベを背負ってる人がまわりにたくさんいるから、もしもの場合「ちょっと頂戴」って。

——あ、わけてもらえる。

倉岡　だから、メンタル的な逃げ道はある。フィジカルは変わらず厳しいけど。

——無酸素で登頂するって、とんでもないこと……なんですね。あらためて。

倉岡　エベレスト無酸素は半端じゃない。日本人では、まだ五人だけです。これまで無酸素でエベレストに登った人は。無酸素は何より「寝られない」ことが、いちばん辛いところですね。ぼくは、チョ・オユーを無酸素で二回やったんですけど、七五〇〇でもきつかったですもん。

——そのときは、どうして、無酸素で登ろうと？

倉岡　酸素ボンベなんかウザいからって一緒の人たちに言われて。あ、そんなもんなのかなと思って。でも、そのとき一緒に行ったのが、さっきのロシア人の最強チームで。

——またロシアの人たち……。

倉岡　だからね、もう、たいへんでした。一九九六年の秋のことだったんですが。六〇〇〇メートルほどのところで意識を失って、たしか朝の八時だったはずなのに、時計を見たら、夜の十時。

――えっ……。

倉岡 半日ぶら下がってたんですよ。意識をなくしたまま。

――十四時間も……？

倉岡 で、目が覚めてしばらくしたら、上からカザフスタンの奴がニヤニヤしながら下りてきて、「おまえ何やってんだ、そんなとこで」「荷物持ってやるよ」って……。

――はああ。

倉岡 そうやって助けてもらって、七〇〇〇のキャンプまで、ようやく。山頂から滑ろうと思ってスノーボード持ってってたんですが、そんなのぜんぜん無理。でも、カザフの奴ら、それ使わないんなら貸してくれって楽しそうに滑ってました。とんでもない強さでしたね、彼らは。

二十七時間の彷徨の末に

――他に、危ない目に遭ったことって、あったりするんでしょうか。

倉岡　エベレストではないんですけど、エルブルスで一回、遭難したことがあります。

――ヨーロッパ大陸の最高峰ですよね。ロシアにある。

倉岡　そこで、二十七時間さまよいました。

――二十七時間！

倉岡　ガイドとして、お客さんを連れて三時間半で頂上まで登りました。頂上へ着いた瞬間、ガスが出てきたんです。あの山だだっ広いから、ガスると戻ってこれないんですよ。でも……コンパスを持ってたんで、それを頼りに下りてたら単独のロシア人に出会ったんです。で、そいつが「仲間に入れてくれ」と言うから「いいよ」って言って、みんなで下りはじめたんですけど。

――ええ。

倉岡　コンパスで、たぶん正しい方向に下りてたんです、ぼくは。でも、吹雪いてきて、視界がまったく効かなくなって、三〇センチ先も見えなくなった。そしたら、そのロシア人が、そっちじゃないって言うんですよ。

――それ、どういう根拠で……。

倉岡　「コンパスはこっち指してるけど」って言ったら、「いや、エルブルスの山頂ではコンパスなんか効かない。オレは前にも登ったから知ってる」と自信満々に言うんで、「じゃあ、おまえを信じるからな」って、ついて行ったんです。

――おお……。

倉岡 そしたら、一時間くらい下りてったところでパァッと一瞬、視界が晴れた。そしたら、まったく正反対の側のヤバいエリアにいたんです。氷河のクレバス地帯に、出ていた。

――わあ。

倉岡 ぜんぜん違うじゃないかと言って戻ろうとしたんですが、また猛烈に吹雪いてきちゃった。方角を見失って、爆裂火口のあたりに出ちゃったり、お客さんも高山病が出てきちゃったりもして。

――聞いてるだけでドキドキする……。

倉岡 調子の悪いお客さんを肩に担いで下り続けました。胸くらいの高さで雹が雪崩のように流れてくる中を。

――雹……が、雪崩みたいに？

倉岡 ものすごい量の丸い氷の粒々が斜面をザーッと流れてるんです。雪じゃないから軽いんで、その中を歩けはするんですけど。

――ようすをイメージできないです。

倉岡 そういう状況の中をロシア人と四人で歩いていたとき、若い人が「ぼくは、もう、ここでいいです」って言うんです。

——えっ。……「いい」って？

倉岡　「どういうこと？　ここで死んじゃうの？」って聞いたら、「もうそれで大丈夫です」って言うから「いやいや、死ぬも生きるも、最後までがんばったほうがいいと思うよ」って言って、はげまして。でも「寒くてもうダメです」と言うんで、ダウンジャケット貸してあげたり。

——壮絶すぎる。状況的に。

倉岡　みんなでクレバスに何度も落ちながらそれでも歩いてたら、明け方に、そのロシア人が「ここでビバークする」と言うんですよ。

——雪洞を掘って、寝ようと。

倉岡　そんなことをしたら死んじゃうと思って、もうおまえとは組まないと言って、ぼくたち日本人だけで下りたんですね。それが朝の四時くらい。その後、まるまる二十四時間後の翌日の朝方四時に、雪上車の通り道に、ポンと出た。

——お、おお……！

倉岡　よかった、これで助かったと思って、さらに三時間、歩いて山小屋に着いたんですけど、ロシアって国はすごくて、もう遭難してるのがわかってるんです。ヘリを飛ばしてたんですよ。

——倉岡さんたちを、捜索するために。

倉岡　でも、ぜんぜん焦ってないんです。つまり、それが日常茶飯事なんで、エルブルスって山の。

気象遭難がしょっちゅう起きてて、本当に人が死ぬんです。次々と。

――はああ……でも、みなさん無事で。

倉岡 はい。

――よかったですね……。

倉岡 五本の指が、真っ黒でしたけどね。

――凍傷で。

倉岡 ええ、山小屋で手袋をはずしたら真っ黒けになってました。でも、痛みを感じたので「大丈夫、まだ生きてるな」と思って。

――治ったんですか。

倉岡 やられたのは表面だけだったから。そのうちペロッと剥がれましたよ。

――ちなみに……こわごわ聞きますが、そのロシア人の人は、そのー、どうしたんですかね……その後。

倉岡 あ、何日かしてから、ぜんぜん遠くのクレバスのなかから救助されてました。

――はあ……よかったです……。

倉岡 ま、だいぶ前の話で、そのあと極地の経験も積んできていますし、もう無闇には突っ込まないので、いまではそんなことは起こりませんけどね。自分にとっての「早めの判断」が、お客さんの限界なんだって、そのへんの塩梅がわかってるので。

――あの、エベレストに登るのにはネパール側からのルートと、チベット側からのルートがあるとおっしゃってましたが、それってどう違うんですか。

倉岡　ぼくはネパール側から四回、チベット側から五回、登ってます。で、アイスフォールが危ないから、ネパール側からは登らないことにしてます、いまは。チベット側の方が難しいんだけど、安全なんです。

――難しいけど……安全というのは？

倉岡　難しいということと危険であることとは、違うんですよ。ネパール側にあるアイスフォール、それって一〇〇〇メートルくらいの氷の滝なんですが、そんな巨大な物体が、いつ崩壊するかわからないんです。六階建てのビルみたいな氷の壁がいきなりドカーンと来る。で、来たらもう終わりですから。

――潰されちゃう？

倉岡　そういうこともありますし、直撃を食らわなくても、ものすごい爆風に巻き込まれます。三、四年ほど前のネパール側では、地震で雪崩が起きて、ベースキャンプのテントの中にいた人もテントごと爆風に飛ばされて亡くなってます。二キロ先で崩壊したら、爆風がやってくるのは約一分後。一瞬ですよ。ロシアンルーレットみたいなもん。

——はああ……ちなみにですが、そんな場所に毎年通い詰めている倉岡さんが、こんなにずーっと日本にいるのも、かなりめずらしいことですよね。

倉岡　ガイドの仕事が多いときは一年で一ヵ月半しかいない年もあったりしましたからね。

——本来ならば、いまはいない時期。

倉岡　エベレストが六月の頭に終わって、七月からはロシアのエルブルスをやって、ケニアでロッククライミングして、ついでに、キリマンジャロとか登ってますね。で、秋になったら、ネパールの難しい山へ登ってるし、十一月はニューギニア島のセブンサミッツ、年末年始を使って南米最高峰のアコンカグアに二、三回続けて登ったりしてると、もう次の年のエベレストがくる。

——そんな生活だったんですものね。はやく戻りたいですよね、山に。

倉岡　まあ、戻りたいけど、たぶん一年くらい山に行けないし、どうしたって、勘が鈍っちゃうと思うんですよ。だから、戻れたときには、これまで以上に注意して登ろうと。いまは、そんなふうに思ってます。

（2020年6月29日　我孫子にて取材）

エベレスト、ネパール側ヒラリーステップ

その後の倉岡さん

十回目のエベレスト登頂に成功しました

――倉岡さん、みごと「十回目」のエベレスト登頂を達成したそうですね！　おめでとうございます。

倉岡　ありがとうございます。でも、その前に左足を怪我しちゃいまして。

――えっ、大丈夫ですか。コロナ禍、でしたけど……？

倉岡　はい、去年（２０２２）の十二月まで海外へ一歩も出れなかったんで、国内でガイドの仕事をしてたんです。といってもロッククライミングとか、将来エベレストに登りたい人へ向けたトレーニングとかなんですが。まあ、プライベートの旅行やクライミングへも行けたし、よかったっちゃあよかったんですが、北海道でアイスクライムしてたら五〇メートルくらい落っこちちゃって。

――ごっ、五〇メートル!?

倉岡　そう。で、左足を粉砕骨折。去年の九月まで八ヵ月くらい動けなかったんです。神経をやられちゃって、痺れて、歩けなくて。でも、九月に神経の手術をして復活しました。術後三ヵ月の十二月にアコンカグアへ行ったら登れたんですよ。そこで「あ、エベレストも行ける」って。それで今年（２０２３）、登ってきたんです。

――歩けない状態から復活して、十回目のエベレスト登頂成功。ひゃー……あいかわらず、すごい。どうでしたか、久々のエベレストは。

倉岡　まず、円安の影響で価格がだいぶ上がりました。以前は八百万から一千五百万円くらいだったのが、

「一千二百万プラスその他諸々」くらいになってます。ま、エベレストへ行きたい人にとっては、それほど大きな問題じゃないみたいですけど。それより今年は、とにかく「寒かった」です。

——そうなんですか。条件が良くなかった。

倉岡　亡くなった方が「十七人」で史上最悪の人数。凍傷で入院した人も百五十人以上かな。天気はよかったんだけど、風の強さが半端じゃなくて。登れる日はたくさんあったんで、渋滞なんかはあまり起こらなかったんだけど。

——大変なシーズンだったんですね。でも、お怪我のほうは、もう大きな問題もなく？

倉岡　はい。来月からケニア、ネパール、ベネズエラ、アルゼンチンです。来年五月のエベレストまで、けっこう予定が入ってます。

——すごい。ケニアって、ケニア山ですか？

倉岡　ええ、いちばん好きな山です。クライミングしないと登れない箇所もあって、おもしろいんですよ。

——倉岡さんは「七大陸最高峰」いわゆる「セブンサミッツ」って、合計で何回くらい登ってるんですか？

倉岡　ん〜、六十五回くらいかな。もちろん、七つの山すべてに登ってます。エベレストが十回、アコンカグアが十七回、エルブルスが二十五回とか。

——エベレスト以外もすごいんですね（笑）。

倉岡　で、ケニアのあとがネパールのアマダブラム。六八〇〇メートルくらいかな。その次が久々のベネズエラ。来年エンジェルフォールに登りたいって言ってるお客さんがいて。今回はその下見で、滝の上までヘリで行って懸垂下降で降りて来るんです。

——エンジェルフォールって、ギアナ高地にある世界最大級の滝ですよね。倉岡さんたちが初登攀（とうはん）に成功した、一〇〇〇メートルもの瀑布。どれくらいで降りてくるんですか、懸垂下降って。

倉岡　二日かかります。

――じゃ、途中で寝て。

倉岡　中間あたりにテラスがあるんです。ジャングルみたいなところなんですが。そこで一泊。懸垂下降ツアーは何度もやっているみたいで、五〇メートルごとにケミカルボルトで安全が確保されてるんです。だからまあ、そんなに危なくないんじゃないかな。

――そのエンジェルフォールを「登る」場合は、何日かかるんですか。

倉岡　ぼくらのときは、三週間。

――そんなにかかるんですか！

倉岡　かかりましたね。初登なんでルートがあったわけじゃないし。ぼくらが登りはじめたのは雨季だったんですが、頭上から落ちてくる水量がものすごいんですよ。

――滝、ですものね……。それも「世界最大級」の。そんなところを「登る」って。

倉岡　毎日毎日、台風のなかをクライミングしていた感じです。ただ、後半戦で乾季に入って滝もちっちゃくなったんで、一気に登りやすくなりました。

――登っている間に季節が変わっちゃった（笑）。でも「三週間」ですか……その間、登って、食べて、排泄して、寝て、起きてまた登って……ですよね。それらをすべて「空中」で。

倉岡　ポータレッジといって、岸壁に吊るフラットなベッドがあるんです。めちゃくちゃ快適なんで、そのあたりの苦労は、そうでもないです。

――え、あの空中ベッド、個人的に絶対に寝たくない場所のひとつなんですけど「快適」なんですか……（笑）。

倉岡　爆睡できます。エンジェルフォールに登ったとき二十三歳で、ぼくがいちばん下っ端でした。寝るときはポータレッジを縦に三つ重ねて吊すんだけど、いちばん下は、つねにぼく。なぜなら、ぼくが全員ぶんの食事をつくるんです。で、「できましたよ

〜」って声をかけると、上からロープがスルスルと降りて来るシステム。ただトイレもポータレッジからだから、もうね、何かこっちへ飛んでくるんです(笑)。

——飛沫などなどが(笑)。過酷だ!

倉岡 つねに嵐のど真ん中みたいなところにいたし、そんなには気にならないんですけどね。

——そのギアナ高地のテーブルマウンテンのなかでも有名なロライマ山に、洞窟探検家の吉田勝次さんが行きたいって言ってるんです。関野吉晴さんの著書『ギアナ高地』に、ロライマで「恐竜を見た」という仙人みたいな人が出てくるんですが、そのくだりに感銘を受けて、ぼくも恐竜を探しに行くんだ……って。

倉岡 仙人ってライメさんですよね。ははは、いるかなあ、恐竜。いたら大発見ですよね。吉田さん、あいかわらずおもしろい人ですね。

——ちなみになんですが、倉岡さんが「五〇メートルも落ちちゃった」のって、どういう状況だったんですか。

倉岡 氷の壁を登ってたら落ちちゃったんです。スクリューを打ちながら登攀していたので、最終的には「壁に宙吊り」になって止まりました。突起した岩もない垂直の壁だったから、そこまで危なくないはずだったんだけど、落下直後に氷の出っ張りがあったんです。そこに左足のシューズのアイゼンが引っかかっちゃって、「パン!」ってはね上げられて。

——わあ。

倉岡 左足首粉砕。落ちてる最中に「あー、折れたな」と思いました。でもレスキュー呼ぶのもかったるいんで、そこから匍匐前進で帰ってきたんです。

——匍匐前進というと……。

倉岡 まず、痛み止めの薬を死ぬほど飲みました。しばらくしたら痛くなってくると思ったんで。で、靴をナイフで切って捨てて、そこへ雨具なんかをぐるぐる巻きにして、地面を這って降りてきたんです。レンタカーのところまでたどりついたら、自分で運転してニセコの病院へ。その日のうちに仮手術をしてもらいました。

——地面を這って……というのは、いったいどれくらい？

倉岡 最初のうちは斜面が急で、途中で滝もあって……標高差は二〇〇メートルくらいかな。そこは雪が深かったので、おしりをついて進みました。そのうち海岸沿いの道へ出たんですけど、そこから「匍匐前進、二時間」とかですね。

——なんと……。

倉岡 その間は痛み止めが効いていて、痛くなんなかったんで、よかったです。

——生き延びる力がすごい。

倉岡 アドレナリンが出てたんでしょうね。ただ翌日、飛行機で帰って来てすぐ救急外来へ行ったんだけど、すでに仮手術をしてあるから救急外来では受け入れられません、予約してくださいって言われて。で、二週間後に入院して、きちんと手術をしました。ここ、ここなんですけど。

——わー、何だか太いし、ギザギザの傷跡があります。

倉岡 結局、神経をやられて痺れちゃったんで、その処置の痕です。足首がうまく回らなくて、先生は「もう戻んないかもね」とかって言うんだけど、でも、靴を履けば大丈夫です。

——エベレストも登ったわけですもんね、すでに。

倉岡 うん、ぜんぜん平気。

——去年の一月に「左足首を粉砕骨折」してから十二月にアコンカグアに登るまで、一年ないくらいですよね。そのあとさらにエベレストまで登頂しちゃうなんて。

倉岡 復活できなかったら生活していけませんから。その「追い詰められた感」がモチベーションになったんです。

――絶対に復活してやる、と。

倉岡 そのときの精神状態、楽しいって言ったらヘンなんだけど「俺はどうやってこのどん底から這い上がっていくんだろう?」みたいな。自分自身の挑戦を客観的に眺めているような感じで、おもしろかったです。

――何かもう、ほとんど「冒険」のようです。快復の過程も。

倉岡 そうですね、ある意味では。いままでやってきた怪我のなかでも、いちばん酷いと思うし。なにしろ痺れがすごかった。地面に足はつけないし、歩けない。何かがちょっと触るだけでも激痛が走るんです。半年間は、リハビリもままならなかったくらい。

――一時は「歩けない」状態からヒマラヤへ戻って、十回目のエベレスト登頂……。

倉岡 自分は絶対に復活するんだという目標を掲げました。でも、復活するためには日々努力して、積み重ねていく必要がある。寝てるだけ、休んでるだけじゃ目標は達成できないと思ったんです。だからたしかに、怪我を克服していく過程もまた、ひとつの「冒険」だったのかな。思い返すと、そんなふうに感じますね。

(2023年8月25日　我孫子にて取材)

04

もうひとりの冒険者。

映像カメラマン・前田泰治郎さんの話

三浦雄一郎さんの、関野吉晴さんの、星野道夫さんの傍らには
「もうひとりの冒険者」がいた。
映像カメラマンとして、名だたる冒険家や探検家たちと行動をともにしてきた前田泰治郎さん。
他の誰かを撮るという仕事柄、
極地での前田さんご自身の写真は、ほとんど残っていないそうです。
でも、お話をうかがってみたら、
前田さんの人生こそが、ダイナミックな冒険者のそれでした。
冒頭の南極の話からびっくりします。

前田泰治郎　まえだ たいじろう
１９４６年生まれ。70年より映像制作会社にて撮影に従事。80年、フリーランスカメラマンとして独立。81年より14年間、ＮＨＫ制作技術局撮影部山岳撮影研修の講師を務める。87年、撮影を主とする株式会社タイムを設立。名だたる冒険家たちと共に南極や最高峰などを旅し、テレビ各局の番組を２５０本あまり撮影する。２０１５年以降、ドローンによる撮影も手掛け、２０１８年からは６Ｋ映像も手掛ける。２０２２年逝去。

三浦雄一郎さんと、南極へ

——前田さんは、映像のカメラマンとして、三浦雄一郎さんや関野吉晴さん、星野道夫さんと一緒に、世界各地のさまざまな場所へ行かれています。過去のお仕事のリストをザッと眺めるだけで、すごい人生だなあ……と。

前田 いえいえ(笑)。

——どういうきっかけで、このような。

前田 はい。学校を卒業して入ったところが、カーラリーをやってる会社で、オーストラリアへ行ったり来たりしていたんですけどね。ワールドカップが十四戦あって、サザンクロスラリーっていうんですが、年に四回か五回、現地へ行って取材をしていたんです。で、そこの会社の社長さんが三浦さんの友だち……って言いますか、最初のエベレスト滑降のとき、カメラマンを務めていた人なんですよ。

——じゃ、その会社への入社がきっかけで。

前田 そうですね。おまえ、オーストラリアへ行くんならコジアスコって山に三浦雄一郎という人と登ってみないか、と社長に言われたんです。シドニーとメルボルンの間にある、標高二二二八メートルの低い山。七大陸最高峰のひとつではありますが。

——それ以来、三浦さんとのお付き合いが。

前田 ええ、スタートしたんです。結果的にエベレストを除く六大陸の最高峰を一緒に登りました。

——最初は、おいくつくらいの……。

前田 ぼくより十四くらい年上の三浦さんが三十代半ば過ぎだったから、ぼくはまだ二十代の前半ですかね。その後、一九八三年には三浦さんと南極大陸の山に登りまして。

——それがテレビ番組になった、最初のお仕事。

前田 そうです。ヴィンソン・マシフ登頂・滑降の記録。このときは、世界から集まった七人が合同隊を組んで行ったんですが、そのうち日本人は三浦さんとぼくの二人だけでした。いまでこそイギリスの会社がチリ空軍に頼んで南極への定期便を飛ばしていますけど、当時、南極へ飛んでいく手立てはなかった。ヴィンソン・マシフへ登るために、三浦さんが友だちを集めて、お金を出しあって行ったんです。大きなスキー場を経営している人とか、当時のワーナー・ブラザースの社長とか、有名な登山家、イギリスのクリス・ボニントンとかね。

——そんなすごい人たちが集まって。それ、行こうって言い出したのは……。

前田 もちろん、三浦さんですよ。当時、ちっちゃな双発プロペラ機の鼻の先っちょにプロペラをもう一個つけた、トライターボＤＣ３型という飛行機があったんですけど。エンジンを三発にして、安全性を高めた機体なんです。でも、実際はガタガタの飛行機でした。隙間風が入ってくるような（笑）。

――すみません、南極へ飛んで行く手段が存在しなかったって、つまり飛行ルートがなかったってことですか。

前田　はい。ない。

――じゃ、操縦してくれる人を雇って……。

前田　そうですね。操縦したのは、イギリスで民間パイロットをやっていた男でした。

――その人に南極まで飛んでくれないかと。

前田　そう。それがね、またおもしろい男で。この仕事に専念するからとか言ってあっさり会社を辞めて、トライターボを南極用に改造する段階から携わって、飛んでくれたんです。

――練習とか……できないわけですよね。

前田　そんなのは、そうです。

――じゃあ、本番一発で？

前田　だからね、おもしろかったですよ。南極大陸の上をグルグル飛びながら「どこへ降りようか。このへんかな」とか言って、ドアをビャーっと開けて……。

――空を飛んでる飛行機のドアを！

前田　発煙筒をポーンと二つくらい投げて、風の感じをたしかめて「よし、あのへんに降りるぞ」って。機体にスキーはかせて、ポーンと着陸したんですよ、南極に。

――ポーンと投げ、ポーンと着陸（笑）。映画のヒコーキ野郎とかに出てくる、賞金稼ぎのパイロットみたい。

前田　そういうのに、乗っかって行ったの。チリの空軍基地から。ま、そんなふうにしてヴィンソン・マシフの近くに降りて、そこからは荷物を背負って頂上を目指しました。一週間くらいかかりましたけど。

――降りてから、さらに一週間……。

前田　もっと小さな飛行機で行ってたら、もう少し高いところに降りれそうな場所があったんだけど。まあ、そんなのは行ってみなけりゃわかんないからね。「なんだよ、このへん降りれたよな」「いや、降りたところで上がれない」とか、そんなこと言い合いながら。

――すごい話ですね……。その、お金持ちのお友だちの方々も、みなさん、ひるまずに。

前田　ぜんぜん平気ですよ。ま、落ちたら落ちたで……みたいな、そんな感じなんです、全員。ワーナー・ブラザースの当時の社長も、冒険野郎みたいな人で。それから五、六年後かなあ、その社長、家族とスキーへ行く途中、ヘリコプターで行方不明になっちゃったんですよね。

——えっ……。

前田 エクストリームスキーって言って、スキー場じゃない、誰もいないところを滑るスキーをやるんだって言って。ヘリで山の頂上へ向かってる最中、行方がわからなくなっちゃって。

——それ、どこかに墜落……。

前田 たぶん。

——はあ。

前田 話がズレましたけどね。

クレバスに落ちて、間一髪

——ヴィンソン・マシフって南極大陸の最高峰だということですけど、標高と言いますと……。

前田 以前は五一四〇メートルとされていたんだけど、計測し直したら四九〇〇メートルくらいになったのかな。

——その山を、一週間かけて登った。

前田　南極ってのは、大陸の上に二〇〇〇メートルくらいの氷が載ってるんです。なので、飛行機で標高二五〇〇メートルくらいのところに着陸して、そのあとはえんえん平地を歩くんです。カメラの機材とスキーを背負って二日間。シェルパなんかいませんから。

――ぜんぶ、自分たちの力で。

前田　あれにくらべたら、エベレストは楽です。三食昼寝付き、ロープ付き、酸素付きで。ま、お金があれば、という話ですけどね。

――先日、高所山岳ガイドの倉岡裕之さんも同じようなことをおっしゃってました。じゃあ、移動の最中も動画撮影しながら。

前田　飛行機の中から撮ってました。南極にポーンと着陸して、荷物降ろしてパッキングして、ソリに積んで……。途中で、巨大な壁に出くわしたんですよ。最大傾斜四十五度くらいの。

――四十五度って、感覚的にはほとんど「絶壁」って聞きますが。

前田　そう。もう、ソリじゃ無理な傾斜なんで、荷揚げをするわけです、自分らで重たい荷物を背負って、全員で。そんなのが、三〇〇メートルくらい続きましたね。

――アイスクライミングってやつですか。

前田　そうです。八ヶ岳とかでやってるような完全な垂壁じゃないですけど、それでも、おっしゃるように、四十五度ってほとんど垂直に感じますよ。大変でした。

――当時のヴィンソン・マシフには、ルートも何もない状態だったんですよね。そもそも南極への飛行ルートがなかったわけだし。

前田　何もないです。過去に一回だけ、アメリカの登山隊が登ったという記録はあったみたいですけど。

――じゃ、その次が、前田さんたち。

前田　だから、だいぶ苦労しましたね。ぼくらのあとはだいぶ楽になってます。いまはお金さえ払えば、チリ空軍が「いらっしゃい、ビューン」って（笑）。

――つまり、ルートが開拓されたから。

前田　はい。

――ルートのない極地へ踏み込んでいくのは、どういう感じなんですか。

前田　ワクワクしますよ、そりゃあもう。すごく、おもしろいです。だって「果たして行けるの？」ですから。全員が全員、半信半疑なんだから。そもそも飛行機が降りられるかどうかさえ、わかんなかったわけだし。仮に降りることができたとして、離陸できるかどうかわかんないんですよ。こんどは、帰るときに。

――そうか。片道切符になってしまう恐れが。

前田　パイロットのやつも、あとになってから「やると言ったはいいけど、帰ってこれるかはわかんなかった」って。それ先に言っとけよ〜、みたいな（笑）。

――降りられるかどうかがわからない場所で降りられても、帰って来られるかどうかわからないって、はじめて月へ行った人たちと、そんな変わんない心境じゃないですかね。

前田 まあでも、地球ですからね。降りる場所については空からいろいろリサーチして決めました。

――ちなみに、行き帰りの燃料って……。

前田 それは、チリ空軍にお願いして、帰りの分をドロップしてもらったんです。C－130で。

――えっ、すごい（笑）。米軍とかでも有名な輸送機ですよね、それ。

前田 ずいぶん大げさだなあ、って（笑）。ドロップってつまり空中投下してもらったんです。ドラム缶で十二本くらいだったかな。

――すべてが聞いたことのない話（笑）。チリから南極まで飛んでいくのって、どれくらいかかるんですか。

前田 チリの突端、プンタ・アレーナスってところからドレーク海峡を挟んで、三時間半くらいだったかな。スピードの遅い飛行機で、たしか一八〇ノットくらいでした。時速三五〇キロくらい。

――前田さんは、それまでも、当然、雪山のご経験というのも……。

前田 学生時代、山岳部だったんで。

――じゃあ、昔から、山にはずっと親しんできたんですね。

前田　そうですね。スキーがうまいわけじゃないけれど、北海道生まれなもんで、まぁ、三浦さんと一緒に滑ってても絶対に転ばないというくらいです（笑）。

――相当お上手でしょう、それは。

前田　たぶん、そのあたりを三浦さんが見越してくれたんですね。かっこよく滑る人はそこらじゅうにいると思うんだけど、それだと長く滑れないらしい。三浦さんが滑るようなところは。すぐに息切れちゃうそうです。ぼくはもともと山屋だから、重たい荷物を背負って滑るってのは仕方ないと思っていたから。

――なるほど、そっちに慣れていたんですね。

前田　ただヴィンソンのときは条件が悪すぎて、ぼくはスキーを途中で放棄しました。ヒドゥン・クレバス……って言って、そこら中に見えない穴ぼこが開いてるんですよ。それ、スキー履いててもズボッといくことがありますから。

――わー……。

前田　実際、一回、腰まで落ちましたし。

――えっ。

前田　でも、そのときぼくはスキーを放棄してアイゼンを履いて、ザイル背負って、テント背負って、リュックサックいっぱいの状態で、カメラを担いでいたんです。危険地帯を過ぎたなというあたりで、三浦さんが上からピューッと滑ってきて、フレームアウトしてOK、次へ行こうと一段下がったら、ストーンと落ちた。

——わあ。

前田 リュックが引っかかって助かったんです。あれ、落ちてたら今ぼくいないです。クレバスって、どんなに浅くても一五メートル、二〇メートルはありますから。落ちたら絶対、出てこれないですね。

——よかったです……。

前田 はい。三浦さんも「あぁ……生きててよかったなぁ!」って言ってました(笑)。

人を裏切らないということ

——前田さんは、現場では、スチール写真も撮影するんですか。

前田 いちおうニコンのフィルムカメラに単焦点レンズを一本、フィルムを一本だけ持ってました。

——じゃ、写真は三十六枚だけ。

前田　たくさん持って行けないし。映像のフィルムも、そんなにたくさんは持ってかない。予備分を含めて、16ミリフィルムを二十四本なんで。

――それでどれくらい撮れるんですか。

前田　一本で三分。

――えっ、そんなもんなんですか！　じゃ、予備分までフルに撮ってもたったの……七十二分。

前田　まあ、それくらいなものです。三浦さんのポケットにも何本か入れてもらったりして。いったん出たら、行った先でデポしてくるんです。

――デポというのは、つまり、フィールドに置いてくる。

前田　長い竹竿を持っていって、ピッケルで穴を掘って埋めておく。天然の冷凍庫ですよ。竹竿って細いから風がいくら吹いたって折れないし、ちっちゃい旗をつけておけば、絶対に埋めた場所がわかるんです。

――そうやって工夫しながら、たった二人で番組をつくっていた、ということですか。テレビの。

前田　三浦さんの番組は、ほぼそうです。あんまり予算なかったんで。

――冒険家の三浦雄一郎さんというと、八十歳でエベレストに登ったとか、ぼくらからすると伝説的な方なんですけど、近くにいた前田さんから見て、どういった部分がすごいなあって思われますか。

前田　はい、ぼくが思うに……いちばんは「この人とだったら一緒に南極にでも行っていいなぁ」って思える部分です。つまり「人を裏切らない」ところ。

——おお。フィジカルなことじゃなく「人を裏切らない」のが、すごい。

前田　大きいのはそこかなあ、やっぱり。

——大事なんですね。南極みたいな場所では、とくに。

前田　大事ですね、ものすごく。技術云々より、まずはそこですよ。まあ……いろんな人がいますけど、三浦さんだけは絶対に人を裏切らないって断言できます。

——それほどの信頼感が。

前田　あとは、深刻にならない（笑）。

——楽天的？

前田　わりと。

——そのことが重要だということは、なんとなく、わかります。

前田　たとえば食い物がなくたって、三浦さんってあまり悲観的にならないんです。肉とかが切れちゃってても、単なる「おじや」みたいなのを、ズルズルやってたりするし。

——そういう食事情でも文句もなく。気に病むことも、なく。

前田　ぼくがメシをつくるんですけど、食料がなくなってキャンプまで取りに行かないと、なんて言ってると「いいよ、いいよ。カスあるか」って言って、野菜のカスを集めて鍋に入れて、お湯を足して、お茶漬けにしてまたズルズルと。

――新田次郎さんの山岳小説『孤高の人』を読んでいますと、雪の冬山の中で、ポケットに入れた乾燥甘納豆を、ポリポリかじってるだけ、とか。

前田 そう、そう。

――それが、すごく意外だったんです。雪深い真冬の山なんて、もっとパワーの出そうなものを食べているのかなと思ったら、先日お話をうかがった高所山岳ガイドの倉岡裕之さんも、木の実だけだとか……。

前田 ぼくらも同じですよ。ナッツは日本で買うと高いけども、チリなんかでは「貧乏人はナッツ食ってればいい」と言われるくらい安い。しかもおいしいし、動けるんです。

――はい、そうなんだって聞きました。行動食として極めて優秀だと。

前田 だから厳冬期の雪山へ行くときは、いろんな木の実をごっそり持って行ったもんですよ。日本のものだと、もちろんイリコ。三浦さん、大好きでね。軽いからたくさん持って行って、おじやに入れたり。おやつは羊羹は高いから甘納豆で。

――やっぱり、甘納豆はすごいんだ。

前田 でもね、甘納豆を持っていったら、外国の人たちがみんなポイポイ食っちゃうんです。これうまいな、とか言って（笑）。

——貴重な食料が！（笑）甘納豆がヒマラヤで大人気ですか。

前田 あとは、乾パン……とかですかね。パイロットブレッドという、ビスケットの味のしないようなの。チリで売ってるんですけど、それを鍋で煮て、グズグズにして食べたりしていて。そういうものをつくってたんですが、三浦さん、文句言わないどころか「おいしい、おいしい」って言って食ってくれるんですよ。うまいわけねぇだろうと思うんだけど（笑）。

——極地という場所ではとくに、そういった「人としての部分」が重要なんでしょうし、仲間から信頼されるということにつながるんでしょうね。

前田 そうですね。やはり生命に関わる場所なんです。自分本意な行動をしてしまったり、言ってることとやってることがちがう人がいたら、険悪になってそのぶん危険も増してくるけど、三浦さんにはそういう部分がない。ぼくが少し疲れちゃったときにも「タイジくん、寝てろ。荷物は俺が揚げてくるから」って、二〇キロのリュックを一人で揚げに行ってくれたりとか。

——そうなんですか。

前田 なかなかできないですよ。三浦さんは体力もあるし、身体を動かすことをいとわない。北海道大学の獣医学部の出身で。バンテリンって、ありますよね？

——ええ、筋肉痛のときに塗るやつ。

左が前田さん。撮影場所など不明。173ページとも、写真提供：前田泰治郎

前田　あれって、そもそも馬に塗る薬だったらしいんですよ。

――馬。

前田　馬に塗ってたんですよ、競走馬とか。三浦さん、それを持ってきてくれて。馬の毛の上からこれを塗ってさすってやったら、気持ちよがるんだよなぁとか言って。ぼくらも塗らしてもらって「おぉ！」とか何とか（笑）。

――馬用……って言われたら、めちゃくちゃ効きそうな気がしますね。

前田　いやあ、効きましたね。てきめんに。

さすらいびと、関野吉晴さん

――探検家の関野吉晴さんとは、ギアナ高地のロライマという、有名なテーブルマウンテンへ。

前田　そこで、はじめてご一緒しました。ぼくはずーっとテレビ朝日の「ニュースステーション」に携わってるんですけど、ディレクターの大谷映芳さんに誘われたんですよ。

――当時、関野さんって、すでに、有名な人だったんですか。

前田　いや、まだだったと思います。

――あの「グレートジャーニー」より……。

前田　うん、ずいぶん前ですから。ギアナ高地のロライマへ一緒に行って。途中で現地の人に洋服を盗まれたりしたんだけど、関野さんはスペイン語ができるんで、あの若いやつが盗んだってわかってるんだからとか言って、交渉しに行って、みごとに取り返してきてくれたりね。

――そういう場面でも頼りになる人。ギアナ高地のロライマって、どういうところだったんですか。

前田　ベネズエラの奥にあるんだけど、そこだけ地面がポンと隆起して、そのまま下界と隔離された状態で、いろいろ残っちゃったんです。

――生態系も特殊なんですよね。

前田　恐竜時代からの生き残りと言われるカエルがいたり、異様にツルの長いランが生えてたり。二〇メートルとか。

――なんか、ちょっと怖い感じ……。

前田　関野さんとは、その「ニューステーション」の中の正月特集で、ギアナ高地シリーズを二年やりました。

――関野さんがギアナ高地を歩いて、前田さんが映像を撮って、その他には。

前田　ディレクターの大谷さんと、早稲田の山岳部のキノくんて学生さん。

——四人で。意外に少人数ですね。

前田　少人数でないと無理なんですよ、主にお金の問題で。ギアナ高地のロライマって、ヘリコプターじゃなきゃ行けないから。下界から上がろうとしても道がないんです。でも、ぼくらはまだ若かったし、どうせおまえらヘリコプターで上がったんだろうって言われるのが癪だったんで、二回、登りました。関野さんと一緒に。

——登れるところもあるんですか。

前田　岩稜を辿ってくと、そのうち着きます。二〇〇〇メートルくらいですから、途中で一泊して、二日あれば行けます。

——それは、山登りのような感じで？

前田　最初は山登り、だんだん険しくなって、最後の方になるともう崖登り。ロッククライミングですよね、完全に。

——じゃ、ロープで確保したりしながら。

前田　そうですね。エンジェルフォールっていう名前の、一〇〇〇メートルもある世界最大の滝を登ってくツワモノも、いるみたいですけど。

——倉岡裕之さんとかですね（笑）。でも……ギアナ高地のロライマって、そういう場所だったんですね。

前田　地元で雇ったポーターの男に、村でロライマに自力で登った人って誰かいるのかと聞いたら、誰があんなとこ登るかって（笑）。

——そんなやつはいません、と（笑）。

前田　で、上に着いたら着いたで、拠点としてテントを張ったんですけど、雨が多くて流されちゃうんです。

——え、テントが？

前田　そう。雨がすっごい勢いで降るんです。テントの中も、洪水みたいになる。

——テントの「中も」ですか。

前田　そう。

——それだと、テントの意味が（笑）。

前田　本当に、どんどん水が流れてくるんですよ。雨が上から降ってこないで、地面をドバドバって流れてくるんです。だからつねに大洪水で。

——異界感がスゴいです。

前田　天気のいいときもあるんだけど、三日くらい雨が続けて降ったりすると、そんなふうになるし、寒いし。テントの中では、こんな大きいエアマットの上に座って、そこだけ水に浸かってない状態。

——ゴムボートで漂流してるみたいですね。テントの中で、なぜか。高地という言葉から、なんとなく乾燥してるのかなと思ってたんですが。

前田　ぜんぜん、ちがいました。

——そこに住んでる人……いないですよね。

前田　二年で何度も行きましたけど、人間は、上では一人も見なかったです。いちばん近い集落で、歩いて三日。実はそこで村の人を歩荷（ぼっか）として雇ったんですよ。そしたらあまりにもキツくて荷物を置いて逃げちゃいました（笑）。

——つまり、地元の人でも、あまり行かないような場所なんですね。関野吉晴さんの著書『ギアナ高地』には、ロライマの麓に独りで住む仙人みたいなおじさんが出てきますけど。

前田　上には、いませんよね。「おまえら、なんであんなところ行くの?」みたいな感じでした。地元の研究者が来たことはある、とは言ってましたけど。ぼくら二年間取材していましたけど、誰にも会わなかったなあ。

——前田さんからご覧になる関野さんって、どういう方ですか。

前田　さすらいびと。

——おお。

前田　そんな感じがするなあ……関野さんは。

——三浦雄一郎さんは、極地という「サミット」を目指す、星野道夫さんはアラスカでカリブーを撮影したり、現地の人の話を聞いたりする。関野さんの場合は、単純に「移動する」ということも目的のひとつなんでしょうね。

前田 「グレートジャーニー」というものが、まさしくそれですものね。だから「さすらいびと」だと思う、やっぱり。フィリピンのほうから、ふら〜っと船でやって来たりして。我々は何処から来たのか、我々は何処に行くのか……ってね。関野さんは、そんなふうにして、自分を見つめているのかなあって、彼の姿を見て思っていました。

星野道夫さんと、アラスカで

——星野道夫さんと一緒に、二百五十日間アラスカにいらしたこともあるそうですね。

前田 はい。

——星野さんが写真を撮っているところを、前田さんが撮影する。

前田 ええ、星野さんのことは、一年以上にわたって取材していました。

——じゃ、フェアバンクスに住んで。

前田　いえ、ぼくは通ったんですよ。

——アラスカまで「通い」ですか！

前田　住もうと思えば住めたんですけど、編集作業もあったし。年に十回以上、行ったり来たり。

——じゃあ、その間は、そればっかりで。

前田　他のことは、ちょっと無理でしたね。その仕事も「ニュースステーション」でしたが、ぜんぶ任せてくれました。

——関野吉晴さんとのギアナ高地取材で、すでに信頼を得ていたから。

前田　ええ、細かいことは何にも言わずに「金は出す。いいものをつくれ」って、その一言でした。

——九〇年代のはじめくらいというのは、まだ、そういう時代だったんですね。アラスカの地の星野道夫さんには、どういった印象を抱きましたか。

前田　人間的な魅力にあふれた人ですね。なんと言っても。いちどお付き合いすると、こう……どうしても惹かれちゃう。星野道夫という人間に、引きずり込まれる感じがあります。

——星野さんが書いて残した文章にも、その感じが出てますよね。ご本人はよく喋る人なんですか。

前田　これが意外と、喋るんですよ。肝心なときは黙ってますけど。ぼくね、彼の写真が好きなのは「広い大地の中に動物がいる」ところ。アラスカという雄大な情景の中で、そこに住む動物たちを捉えていたんです。その場面を丸ごと写しているから、動物たちは当然ちっちゃくなるんですけどね。

——はい。

前田 そこにグッと来るんですよね。たった一頭のカリブーが、あの広い荒野の中に立っている姿とか。デナリ国立公園の奥にあるワンダーレイクという湖で、水草を食んでるムースだとかね。本当に、いい画を撮るんだなあ。それで、その画を撮るためにどれくらい苦労したかってのが、わかるわけ。取材してるから。

——ずーっと待ってるんですよね。カリブーの群れが現れるのとか、オーロラが出現するのとかを。

前田 そう、滅多に撮れないからね。秋の紅葉の季節にワンダーレイクって湖が見えて、その奥にデナリが見えて、そこでムースが水草を食む場面なんか、撮れるチャンスが年に三回くらいしかないんです。

——その瞬間を、待っている。

前田 実際にそういう写真があるけど、あれを撮るのに、五、六年かかってるんじゃないかな。

——すべてがそろう数分間を、何年も何年も待ってたんですね。

前田 まあ、聞いたわけじゃないけど。たぶん。

——でも、カリブーの群れを待って、かなり長い間、フィールドにテントを張って待ち続けていたと聞いたことがあります。

前田 そうそう、そのときはぼくも一緒でした。カリブーってね、歩くたびに足の関節が鳴るんです。カキカキ、カキカキ……って。カリブーの群れになんてそうそう出会えないんですけど、何千頭っているわけです。ずーっと何日も待ってようやく遭遇するわけですけど、遠くからカキカキ、カキカキ……って音が、どんどん大きくなってくるの。

――わあ。

前田 そしたら星野さん、カメラを三脚に据えたまんまで、撮ろうとしない。じーっと、見てるだけなんです。

――せっかく出会えた群れなのに。

前田 カリブーの群れを「感じて」いるんですよ、ただただ。

――まさに、その同じ話を星野さんの担当編集者だった方から聞いたことがあります。

前田 だから、ぼくも三脚にカメラを載せてたんだけど、星野さんにつられて撮らないで終わっちゃったりとか。

――わ、前田さんも撮らずで（笑）。

前田 そういうことが、ありましたねえ。あ、いまの撮らなきゃなんなかったんじゃないかなってディレクターに言ったら、その人も「そうだな」って（笑）。

——それほど圧倒的な光景だった。

前田　ぼくはハッと我に返ってあわてて撮るだけ撮ったんだけど、でも、何を撮ってるんだか、何にもわからなかったくらいです。

——星野さんが、クマの事故に遭われたときは……。

前田　ぼくは、近くにはいませんでした。連絡をもらって知りました。八月八日が命日になるんですけど、毎年かならず墓前に線香をあげに行っています。

——そうでしたか。

前田　生前、星野さん、言ってたんです。「俺、死ぬとしたらクマかもしれないなあ」って……聞いたんだけど、直接。

——星野さんは『クマよ』という写真絵本も出されているし、母子なのか、グリズリーの親子を愛らしく撮った写真もありますよね。

前田　ええ。

——それらの作品からは、クマに対して語りかけているような、星野さんの親しみのような気持ちを感じます。

前田　そうですね、だから……。ぼくは、この写真が好きなんです。

——あ、星野さんがセルフタイマーでご自身を撮った写真。記録帳に貼ってるんですか。

前田　そう、なんかね（笑）。

――持ち歩いてるんですね、こうして。

前田　そうなんです。なんだか。

――素敵な写真ですね。

前田　うん……そうですね、いやあ、なんかちょっと変なのを見せちゃったかなあ（笑）。

イギリスから日本まで、ヨットで旅した

――これまでおうかがいしてきたように、前田さんは、いろんな方の冒険や探検に同行して、旅してらっしゃいますけど、やっぱり「おもしろい」ですか。

前田　いやあ、おもしろいですねえ。三浦さんや関野さん、星野さんみたいな人たちと一緒に世界を回れたことは、本当にしあわせだったと思う。

――そうですか。そうですよね。

前田　そういったみなさんのおかげで現在のぼくがあるんだし、反対に、ぼくの記録したものが、少

しは彼らの力になったんじゃないかと思ったら、これほどうれしいことはないし。

――エベレストのてっぺんとか、ギアナ高地とか、極寒のアラスカとか、どうして人は、そんな場所へ行くと思いますか。

前田 うーん……じつはね、いまだに、こんな歳になっても、フラフラ～っと、どこかへ行きたくなる気持ちが湧いてくるんです（笑）。この気持ちって何なんだろうと思うんだけど、自分でもわからないんですよね。

――理由はわからないけど、行きたくなる。

前田 そう。

――誰かの同行とかでなく、ご自身でも旅されてたんですか。

前田 海と山と両方、行ってましたね。ただ、歳を重ねてきたら、山はきつくなってきました。往復八時間だったものが、十時間になって、十二時間になって、もうちょっと無理だなと思ったら、下から眺めておしまいにしようとか。

――海は、どういった感じで？

前田 若いころヨットに乗ってたんです。で、あるときにチャーチル首相も乗っていたという九六フィートの古い名艇をイギリスから日本へ回航するとき、記録を撮っておく係で、雇われて。

――航海の撮影担当として？

前田　ええ、一年ほどヨットに乗ってました。

――一年も⁉

前田　イギリスのサウサンプトンの港を出て、ドレーク海峡を南下して、パナマ運河を渡って、太平洋に入って、それからトンガとかイースター島とかそのあたりを回って、ギルバート諸島、最後は小笠原に寄港して、横須賀まで。

――すごい旅をなさってたんですね。もともと。

前田　いやぁ、おもしろかったですよ。それこそジャーニーでした。だから、ぼくもみんなと一緒で、あんまり人のこと言えないなと思ってる。

――具体的には、何歳のころですか。

前田　学校を出てすぐ、二十六から二十七歳。サザンクロスラリーで、オーストラリアへ通っていたあと。もう、四十七年も前のこと（笑）。

――というと……一九七三年ですか。堀江謙一さんがヨットで太平洋横断したのって、一九六二年でしたけど。

前田　そうですね、だから当時は堀江さんが超有名人でね。ほんのちいさなヨットで神戸を無断出港したんですよね。一九フィートだから、ぼくらのヨットの五分の一です。

――そうか、大きさが違うんですね。じゃ、前田さんたちは、その名艇へ何人かで乗り込んで。

前田　キャプテン、エンジニア、航海士、四人のイギリス人と、ぼくを含めて日本人のクルーが四人でしたね。

――イギリスからだと、大西洋を越えて、太平洋も越えて。

前田　そう､寄港するたびに､そこから撮影の済んだフィルムを日本へ送ったりしながら。各地で、フィルムを補給しながら。それを使って、フジテレビが三十分番組を五十六週やったんです。

――その当時のフィルムって……。

前田　どこへいっちゃったんだろうなあ。もうぜんぜん手元にないです。当時のぼくは、あんまり何かをとっておこうという意識がなかったのかもしれない。

――前田さんご自身も、若いころそんなに大きな冒険をされていたんですね。

前田　いやいや（笑）、ぜんぜん大したもんじゃないです。自分としては、ただの遊びだと思ってましたし。

――遊び。

前田　ヨットに乗って仕事になるんなら、それも一年も……みたいな単純な気持ちで「ハイ、ぼく行きます！」って手を挙げたのが運のツキで。

――当然、大変なこともありますよね。一年も海の上で暮らすのって。

前田　船の座礁も経験しましたしね。

――わぁ。

前田　潮を読み間違って、出港時間がズレちゃったんですよ。そしたら、ものの見事に座礁して、たちまち非常事態宣言、キャプテンが「All hands on deck!」……と。

――いまのは……。

前田　つまり「手伝え」という意味です。船で「All hands on deck」って号令がかかったときは、総員何があっても駆けつけなければならないんです。ただ、ぼくは特別に許されていて「お前は自分のことをやれ」と。

――つまり「撮れ」と。

前田　そうです、そのようすを撮れ、と。でも、そんなの撮れないんです。機材が水浸しになる寸前なんです。

――おおお。

前田　だから、何とか浸水から守ろうと、機材を担いで、陸までの二〇〇メートルくらい、海の中を三回、往復して。沈没こそしなかったですけど……、ああ、沈没もしたなあ。

――えええ。

前田　沈没したことある、パタゴニアで。

もうひとりの冒険者

前田　そうだった、そうだった……そう。パタゴニアで船が沈没したこともあったんです。たしか関野さんと一緒のときかな。そのときは完全に沈没しちゃって、カメラ機材ぜんぶパーになったことがありましたね。

――そのときは……どうして沈没を。

前田　雇った船がいい加減だったんです。つまり騙されたんです。やけに安いなあと思ったんだけど。実際に乗ったら、何十年前につくったんだって船で、あいつ騙したな〜ってことになったんですが、すでにもう遅いわけですよね。エンジンの馬力がまったくなくて簡単に潮に流されて、岩にガーンとぶつかって浸水して、あっけなく沈没しちゃったんです。

――どうやって、助かったんですか。

前田　逃げたんですよ、ぜんぶ捨てて。とにかく飛び降りろって。いますぐに全員だ……って。そういうキャプテンも、必死の形相で飛び降りてました。

――ぜんぶ、沈んじゃったんですか。

前田　ぜんぶ沈んだ。でも深い場所じゃなかったんで、潮が引いていったら、沈んだ船が姿を現すんですよね。

――でも、機材は全滅。

前田　もうどうしようもないですよね。カメラはダメになったけど、やっぱり生命の方が大事だから。

――ヨットで一年の旅をしたときの話に戻りますけど、イギリスから日本への回航中に座礁したということですが、船体自体は、そのあとも航行できる状態だったんですか。

前田　穴が空いたんで、直したんです。ぼくスキューバをやってたんで、海の中に潜って。

――潜って……どうやって?

前田　水深二メートルくらいのところ、そこにボコッと空いてる穴に、綿を詰めて応急処置して、その上から板を打ち付けました。

――そんな仕事を、水中で?

前田　なかなかうまくいかないんです。水の中でトンカチを打つのって、難しいんですよ。ピューンピューンって逸れて、トンカチの狙いが定まらないんです(笑)。打っても打っても。

――でも、浸水は止まったんですか。

前田　あるていどは、止められました。そのあと、どこか途中の港でちゃんと修理をしたんですけど。

――そうやって長いあいだ一緒に旅をした仲間たちとは、その後、会ったりとかするんですか。

前田　ええ、つい最近、会ったんですよ。二年くらい前かな。そのシナーラ号っていうヨットは、退役したあと観光船をやってたんですけど、いよいよだめになって、マストも外して、三浦半島で陸に上がってたんです。

――ええ。

前田　でも、そのあと所有する会社が変わったときに、イギリスの有名な船をこのままにしておくのは忍びない、レストアして蘇らせようっていうことになって。再生するにあたって航海当時の話を聞こうってことで、イギリスに住んでいるキャプテンを呼んだんですよ。それで「みんな、集まれ！」って。

――「All hands on deck!」ですね。

前田　そうですね（笑）、そのときに、ぼくにも声がかかったんです。で、行ってみたら、「おお、いるよいるよ」って（笑）。

――何十年ぶりの再会ってことですよね。それでも、わかりましたか。

前田　わかる、わかる。わかりますよ。だって顔は一緒だもん（笑）。

――思い出話に、花が咲いちゃって。

前田　もちろん、キャプテンは船の再生に協力するために来たので、ここに傷が入ってるとか知ってることをぜんぶ教えてくれました。

——あ、つまり「修復歴」を。なるほど。ちなみに木の船というのは、そんなにも「もつ」ものなんですね。

前田　いや、もちますね。手入れさえよければ何百年ももつ。なんだっけ、マホガニーじゃなくて、ローズウッドじゃなくて……忘れちゃったけど、ナントカって稀少な木を使っていて。

——木の船、すごいです。

前田　木製のヨットは最高です。アルミを貼りあわせてるような船は、嫌な音がするんです、水の上を進んでいくときに。木製のヨットって音がしないんです。

——風と潮の流れで、動いてるから。

前田　聞こえるのは、波の音だけ。シャーッ、シャーッ、シャーッって、シナーラ号って本当にいい音がするんだ。

——さすがは名艇。

前田　夜、ウトウトしていると聞こえてくるんですよね……波音が。舟板一枚下は地獄なんて言いますが、でも「一枚上」は天国だった。気持ちのいい旅だったなあ。

——名だたる人物の冒険を記録してきた前田さんですけど、そもそも、ご自身が「冒険者」だったんですね。三浦雄一郎さんの、関野吉晴さんの、星野道夫さんの傍らには「もうひとりの冒険者」がいたんだ。

前田　いやいや。

――前田さんは、いまも映像のお仕事を。

前田　ええ、やってます。ほとんどリタイアに近い状態ですが、じつはね……。

――はい。

前田　今回のコロナのことで、だめになってしまったんですけれど、星野さんのその後をたどろうみたいな企画が、あったんですよ。

――すごい、星野道夫さんの歩んだ道の「その後」を、前田泰治郎さんが、撮る？

前田　でも、体力的にきつくなってるんで、これが最後の仕事だと思って、今年ならがんばって行けたんだけど……。もし来年以降ということになったら、むずかしいかもしれない。

――星野さんと前田さんのエピソードを聞いた身としては、ぜひ前田さんに……とは思いますが。

前田　どうでしょうねえ（笑）。体力がね。気持ちはもちろん、ありますけどね。

（２０２０年８月20日　外苑前にて取材）

関野吉晴さんに聞く、前田さんのこと

カメラを持つとプロの目になる人でした

この本の制作にとりかかる直前、たいへん残念なことに、前田泰治郎さんが逝去されました。そのため「その後の前田さん」を取材することができませんでした。そこで、ギアナ高地をはじめ、前田さんと多くの時間をともにしてきた探検家・医師の関野吉晴さんに「在りし日の前田さん」についてうかがいました。関野さん、前田さんって、どんな人だったんですか？

——関野さんは、前田さんと一緒に世界各地へ行かれてますね。

関野 はい、いまの「報道ステーション」が「ニュースステーション」だったころ、お正月の特集でギアナ高地を取材したのが最初かな。それ以来の付き合いです。

——一九八七年から四年連続で放映された秘境シリーズ。

関野 プライベートでも、前田さんご家族と琵琶湖へ遊びに行ったりね。人間的な魅力にあふれた人で、とっても真面目。よく真鶴でカヤック出したりしてたんだけど、ビーチが汚れたりしていると、きれいに掃除しちゃうんですよ。せっせとゴミを拾ったり。自然が大好きなんですね、やっぱり。

——ロケ現場での仕事ぶりは、どんな感じでしたか。

関野 自分の頭で判断する人です。ディレクターの言う通りにやってればいいって人じゃなく。遊びのときは寡黙で穏やかなんだけど、現場では真剣そのもの。

人が変わっちゃう。ふだんは飄々としているし、それほど自己主張もしない人なんだけど、カメラをかつぐとプロの目になるんです。他の人を押しのけてでも撮りたいものを撮りに行く、みたいなところがありました。

――おお。インタビューのときは静かに淡々と語ってくださった印象なので、ちょっと意外です。

関野 前田さんって、ムービーのカメラマンでしょ。ぼくがスチールの写真を撮ってると「自分ならこうするのに」とか、いろいろ言ってきたりとか（笑）。

――なるほど。関野さんにとって、極限的な場所で運命をともにする仲間って、どういう人が理想ですか。

関野 やっぱり、頼りになる人かな。そのために重要なのは、何をおいても「たがいの信頼関係」です。この人になら任せられる、と思えるような。さらに「一緒にいると楽しいな」って人なら最高。前田さんは、そういう仲間でした。

――前田さんも、関野さんと、テレビ朝日の大谷映芳ディレクターと、早稲田大学のキノさんという方とのチームで旅をしていたときのことを、とってもうれしそうに話してらっしゃいましたよ。

関野 うん、前田さんと大谷さんとキノくんとの旅はね、本当におもしろかったんですよ。いいチームだったな。本当に。

――ちなみにキノさんという方は、どういった……。

関野 木野広明くんと言って、早稲田の山岳部のOB。大谷さんの後輩なんです。のちに、エベレストで亡くなってしまいました。高山病で、残念ながら。前田さんのカメラの助手を務めてくれていたんです。

――なるほど……そうでしたか。旅先では、どんなことを話すんですか。みなさん。

関野 もうね、くだらないことばっかりですよ（笑）。まったく覚えてないんで、本当にバカバカしい、適当な話だったんでしょうね。ああ、みんなテレサ・テンが好きだったんで、よく聴いていたのを覚えてます。チリのアタカマ高地へ向かう車のなかでも、パタゴニアへ行くエンジン付きのゴムボートの上でも。

――世界の果てまで、テレサ・テン！

関野 そうそう（笑）。パタゴニアって、チリ側から入っていくとフィヨルドなんで、テクニックとか度胸とか慎重さとかが要るんです。前田さん、ボートの操縦が上手いっていうか、えらいスピードを出すんですよ。そんなところでも。競艇のレースみたいな感じで（笑）。

――関野さんは、秘境の中でもギアナ高地へ何度も行ってらっしゃいますが、そこってどういう魅力がありますか。

関野 基本的には空からしか入れないんです、すごい滝があったりするので。

――はい。その滝を登っちゃったのが倉岡裕之さんですよね（笑）。

関野 はいはい、そうですね（笑）。で、空から接近していくと、だんだん景観が視界に入ってくるわけだけど、端的に言って「ここ、地球なの？」って感じなんです。それまでぼくは人間や人間の痕跡のない写真って、ほとんど撮ったことがなかったんです。でも、ギアナ高地では、人間の気配が皆無。まったくない。まさに無我夢中で写真を撮ってました。なにせ、コナン・ドイルの『失われた世界』の舞台ですから。

――関野さんと前田さんは歩いて入ったんですよね。ギアナ高地のテーブルマウンテンのなかでも有名なロライマ山に。前田さんは「どうせヘリコプターで上がったんだろうと言われるのが癪だったから」って言ってました。地元の人なら、まず徒歩で登らないような山を。

関野 あ、そうです。下界からえんえん登って行って、二日がかりで登りました。

――そのときの、前田さんのようすは……。

関野 いつもと変わらない。見たことのないような景色を前にしても。冷静なプロフェッショナルでした。ぼくや大谷さんは、どこか遊び半分なところがあったんだけど（笑）、前田さんの目はつねに真剣だった……最終的にはロライマを縦断したんだけど、あの山、真ん中に「三国国境」があるんです。ガイアナ、ブラジル、ベネズエラの。

――トリプルポイントというやつですね。それって、目印か何かがあるんですか。

関野 国境の碑が建ってます。「三国を分けるかたちで、こっちがブラジル、こっちがガイアナ、こっちがベネズエラ……って。二日か三日かかって縦断したんですが、ホワイトアウトに見舞われちゃって。視界不良のなかを進んでいたら、いつのまにかぐるっと一周してスタート地点に戻ってました。

――わあ、そうなんですか！　狐につままれたような感じでしょうね、そんなの。

関野 前後や上下左右の区別がつかなくなると、方位磁石なんか役に立たなくなるんです。その状態で歩き続けると、円を描くようにグルっと回っちゃう。

――その場合のホワイトアウトって「霧」ですよね。雪じゃなくて。

関野 そう。朝晩の気温差が激しいんです。だから、とくに明け方にはホワイトアウトするほどの霧が出てくるんです。

――五里霧中で進むと、どうして一回転しちゃうんでしょうか。

関野 パタゴニアでもホワイトアウトの中をスキーで歩いたんだけど、そのとき思ったのは、右利きの人の場合、右足のほうが大地を蹴る力が強いでしょう。それで左に回っちゃうんじゃないかな。

――へええ、そうなんですか。利き足の問題。でも、蹴る力と言っても「わずかに」ですよね。それで、グルっとしちゃうんだ。おもしろいです。ちなみにですが、関野さんの著書『ギアナ高地』には、テーブルマウンテンの麓に仙人みたいな人が住んでいて……というくだりがありますよね。

関野　ライメさん、ですね。変わったおじいさんがいるって聞いてたんだけど、実際おもしろい人でした。妻子は本国へ帰っちゃったのに、あのあたりにずっと独りで住んでいたんです。彼の家を訪ねたら、本棚にエーリッヒ・フロムの『自由からの逃走』やら『愛するということ』なんて本が並んでいて。どこか哲学的な人物だったのかもしれない。

——現金収入なんかもなさそうなのに、どうやって暮らしていたんでしょう。

関野　たまに来る旅人が心付けを置いていくとか、あたりを案内することもあったそうです。一九四九年に、ナショナル・ジオグラフィックがはじめてエンジェルフォールを計測しに来たときにもガイドしたと言ってました。

——で、そんな人が「恐竜を見た」……と言ったんですよね。

関野　そう。ぼく、なぜか彼に好かれちゃってね。テーブルマウンテンへ登ろうと誘われて、十日くらい山の上で一緒だったんです。アウヤンテプイという、ギアナ高地最大の山なんだけど、そのてっぺんに。そのときに「以前、俺は恐竜を見た」って。

——おお。

関野　そのへんの記述を読んで「関野さん、ぼくもギアナ高地で恐竜に会いたいんです」って言ってきたのが、洞窟探検家の吉田勝次さん（笑）。

——そうなんですよね。ぜひ実現してほしいんですけど……見つかりますかね、恐竜。

関野　まあ、ねえ……。仮に見つからなくても、あんまりガッカリしないでほしいですね。ライメさんによると、体長七〇センチくらいだったって話だから、小さくはない生き物だと思うんだけど。あのへん、コアリクイとかカワウソとかも棲んでいるし……。そういうのと見間違えたんじゃないかなあ。

――ただ、関野さんの『ギアナ高地』の写真を見ると、異世界感がとんでもないじゃないですか。固有種が七割以上を占めているんですよね。あんな場所に立ったら「いてもおかしくないかも、恐竜」とかって思っちゃいそうです。

関野 そうそう。そうなんですよ。その雰囲気はあります。コナン・ドイルの小説は、まさにそういう想定だもんね。吉田さんも、出会えるといいんだけど。で、ダメだったら、縦穴がいっぱいあるんで潜ってきたらいいんじゃないですかね。

――あ、吉田さんの大好物の洞窟も、たくさんあるんですか（笑）。

関野 ぼくも、アウヤンテプイで三六〇メートルくらいの縦穴へ潜ってきました。四〇〇メートルくらいのロープで降りて。さらにそこから横穴が広がって迷路になっていたりするから、おもしろいと思いますよ。

――すっかり吉田さんの話になってしまいましたが（笑）、前田さんとのお付き合いは、ギアナ高地のあとも続いていくんですよね。

関野 そうですね。正月の「ニュースステーション」の二年目のギアナ高地、三年目のパタゴニア、四年目のアタカマ高地。他の番組でも、ご一緒してます。ご病気で会ってなかったんですが、一時よくなられたんですよ。だから、ああ、よかったなあと思ってたら、音信が途絶えてしまって……昨年、急にね。

――そうでしたか。

関野 また会おうねって、言ってたんだけどね。二〇二二年の半ばくらいかな。

――そういえば前田さん、関野さんのことを評して「さすらいびと」とおっしゃってました。

関野　ああ、そうですか（笑）。さすらいびと、か。また一緒に旅をしたかったです。前田さんと。

（２０２３年11月7日　国分寺にて取材）

※本文中、前田さんが一九七三年にクルーとして乗船したシナーラ号のイギリスから日本への航海について、旅の行程や日数等の詳細が現在の記録と異なるところがありますが、ご本人に確認する術がないため、取材当時の発言のまま掲載しました。

関野吉晴　せきのよしはる
１９４９年東京生まれ。探検家、医師。武蔵野美術大学名誉教授。一橋大学在学中にアマゾン川全域を下り、以来南米に通い続ける。現地での医療の必要性を感じて医大に入り直し医師免許を取得。93年よりアフリカに誕生した人類がユーラシア大陸を通ってアメリカ大陸にまで拡散していった約５万３０００キロの行程を自らの脚力と腕力だけをたよりに遡行する旅「グレートジャーニー」を開始。10年の歳月をかけてゴールした。２００４年から２０１１年には日本に住む人々がやってきた三つのルートをたどる「新グレートジャーニー」をおこなう。前田泰治郎氏とはギアナ高地やパタゴニア、ロライマ山など世界各地を旅した。

05

幻の怪獣から謎のアフリカ納豆まで。

高野秀行さんの好奇心に憧れる

ノンフィクション作家として数多くの刺激的な本を書いてきた高野秀行さんは、早稲田大学探検部の時代から、絶えず休まず、地球の隅々に好奇心の矢をはなち、「おもしろそう！」を発見するや、ひょいっと飛んで、そこにあるものごとを丸ごと、見て聞いて喋って食べてきました。コンゴで幻獣を探した三十年前、アフリカで納豆を追う現在。全人生で探検している！　その好奇心と行動力に、憧れます。

高野秀行　たかの ひでゆき

1966年、東京都八王子市生まれ。ノンフィクション作家。早稲田大学探検部在籍時に書いた『幻獣ムベンベを追え』をきっかけに文筆活動を開始。「誰も行かないところへ行き、誰もやらないことをし、誰も書かない本を書く」がモットー。『謎の独立国家ソマリランド』にて第35回講談社ノンフィクション賞、第3回梅棹忠夫・山と探検文学賞を受賞。『イラク水滸伝』にて第28回植村直己冒険賞を受賞。その他の主な著書に『アヘン王国潜入記』『イスラム飲酒紀行』『謎のアジア納豆　そして帰ってきた〈日本納豆〉』『幻のアフリカ納豆を追え！　そして現れた〈サピエンス納豆〉』『語学の天才まで1億光年』など多数。

幻の怪獣を探して

——高野さんは、早稲田大学の探検部時代、当時ほとんど未知の領域だったコンゴという国へ「ムベンベ」という幻獣を探しに行かれて。

高野 ええ(笑)。「行かれて」って。

——その顛末を本に書いて、まだ学生のときにデビューされてます。まだ二十歳そこその人が書いたとはちょっと思えないほど、おもしろいじゃないですか。

高野 ああ、ありがとうございます。

——後輩に角幡唯介さんもいらしたという早稲田大学の探検部って、どのようなところだったんでしょうか。

高野 自分勝手な奴らの集まりですよ(笑)。誰かが「チベットの遊牧民に会いに行きたい」とか「俺は、アマゾンを彷徨ってくる」とか言い出して、それに賛同する人間がいたら、そいつらだけで行くってシステムです。

——誰も賛同しなかった場合は。

高野　そのときは一人です（笑）。

――ムベンベを探しに行かれたときって、企画したのが二年生で、三年生のときに下見に行って四年生で「本番」でしたよね。つまり大学時代のほとんどすべてを幻の怪獣・ムベンベに捧げたわけですね。

高野　まあ、一年生のときは別にたいしたことをやってないです。山へ登ったり、洞窟に潜ってったり、インドを旅したり、その程度。

――旅がしたかったんですか、もともと。

高野　いや、旅がしたかったわけじゃなく、未知とか謎とか正体不明とか、そういう何かを探したかったんです。秘境へわけ入って……というやつを。

――それで、探検部に。

高野　ええ、うっかり入っちゃったんです。でも、早稲田の探検部って、部室の場所がすごくわかりにくくて最初たどりつけないいんです。

――まずもって部室の場所が「秘境」だった。

高野　そう、一号館という古い建物の五階にあったんですけど、階段では四階までしか行けない。それでみんな「ない……」って首をひねりながら、そのまま帰っちゃうんですけど、裏のほうに別の階段があって、そこを登っていくとたどり着く。見つけられない奴は、入れない。

――部室へたどりつけるかどうかが、まず問われている……。

高野 だからぼく、入るの遅かったんです。何度も引き返したから（笑）。

――そうやって、それぞれの好奇心をそれぞれの方法で満たしている若者たちの中から、高野さんや角幡さんが出てきた。

高野 まあ、まわりの先輩たちが、サハラでもチベットでもタイの山奥でもふつうに行ってる環境だと、自分でもやれるような気がするわけです。とくに何かが優れているわけじゃない。体力はあったかもしれないけど、特別な技術を持っているわけでもない。そういう人たちが、とんでもないようなところへ行っては無事に帰ってくるんです。

――そんな中、高野さんの「幻の怪獣を探す旅」って、どういう立ち位置でしたか。

高野 誰もいなかったですね。そんなのをやりたいって変わった人は。ぼくのあとに同じような人間は現れたようですけど。つまり「邪道」です。

――では、王道というと……。

高野 辺境の民族を訪ねて生活を共にしたり、未踏の洞窟を探査したり、ナイル川全流を下ってみたり、地図の空白地帯へと出かけていったり。

――角幡さんがやったみたいな。

高野 そうそう。ただ、まだ人がいくらも入っていないコンゴのジャングルに謎の動物を探しに行こうなんて考えは、いかにも探検っぽいと思うんだけど。

――いや、本当にそう思います。川口浩探検隊みたいで。

高野 幻の怪獣がいるかもしれないって話は、当時、時代としてもギリギリのリアリティを持ってました。ちょうどソ連がゴルバチョフの時代で、ペレストロイカの情報公開を進めていた時代だったので。つまりコンゴも社会主義国でしたから、それまでは非常に閉ざされた国だったんです。

――なるほど、国自体が謎だったと。

高野 ジャーナリストや研究者を寄せつけず、どうなってるのか、わからない。それが一九八〇年代の後半になって、徐々に門戸が開かれていって、そこへ、ぼくらが入っていったんです。

――それは「もしかして!」という期待も高まりますね。

高野 海外には国際未知動物学会……という謎の学会があって、そこで、ものすごく注目されてました。

――謎ばっかり……(笑)。

高野 そうそう、もし、そんな未知の生物を自分たちが発見できたら言うことナシなんだけど、そうでなくても、いったい何なのかを知りたかった。ただ単にデッカいヘビやワニかもしれないけど、それならそれでいいわけ。

――正体不明の「正体」さえ、わかれば。

高野　とにかく「ムベンベって、何だ。知りたい！」という思いだけで行動していたんです。

台所から世界が拓く

――海外へ探検へ行くというのは、そう何度もできないと思うんですけど「次は、これをやるんだ！」と決めるのには、じゃ、たくさんの探検候補のなかから。

高野　まあ、つねに五個とか十個とかは何となくあるわけですけど。

――興味のある場所やテーマが。

高野　うん。ただ、どこまでリサーチできてるかはそれぞれなので、本やネットでけっこう調べていたり、人づてに聞いた噂レベルの話もあれば、ただ頭の中に引っかかってるものだけだったりとか。その中で、いちばんおもしろそうで、かつ実現できそうなテーマへ向かっていく。そんな感じですね。

――でも、そうやってはじめちゃったら、中途半端では終えにくいですよね。

高野　それは、まあ、いろいろですよ。行ってみないとわかんないことばっかりだしね。行ってみたけど「あー、これはダメだな」とか。

――そういうことも、あるんですか。

高野 あるある。ありますよ。単純にぜんぜんおもしろくないから本にならないとか。でも……逆に、そうじゃなかったら活動自体がおもしろくないでしょ。

――なるほど。おもしろいってわかってるところに行くよりも、おもしろいかどうかわかならい方が、ワクワクする、と。

高野 そうそう。

――でも、インターネットで検索すれば何でもかんでもわかるように思い込んでしまいがちな時代ですが、やっぱり行かなきゃわからないことって……。

高野 たくさんありますよ。もちろんネットで情報を集められるようになったのはたしかだと思うけど、でも、そこには偏りがあるというか。

――ネットの偏り。

高野 うん、検索結果の上位にくる情報にみんなアクセスするから、まったくスルーされてしまう情報もたくさんあるんです。現地へ行ってみるとイメージとぜんぜん違ったってのは、ネット時代でも、そんなに変わってない気がします。

――高野さんは、ゴハン関係というか、各地の食べ物に関する作品もたくさんありますが、昔から、その点にも興味があったんですか。

高野 まあ、どこへ行ってもメシは食うし、現地の人たちと一緒にいると、自然と、現地のいろんなものを食べることになるし。それと、俺、十年前から主夫になったんですよ。

――主夫。つまり、家事全般のご担当。

高野 以前は、出されたものを食べるのがほとんどで、自分でつくれたのはカレーぐらい。でも、主夫になったとたんに毎日の切実な問題になったんですよ。

――食事をつくるということが。

高野 最初は大変だったんだけど、だんだん興味を覚えていったんです。それで、その後どこへ行っても「どうやってこの味を出してるんだ」とか「この野菜、いったい何なんだろう」とか。

――主夫の視点で。

高野 現地の料理とか食事、食い物に対する興味の持ちかたも変わってきて。ちょっとつくりかたを教えてほしい……とかって言って話を聞けば取材にもなるし、家庭でのレパートリーも増えるしで一石二鳥なんです（笑）。

――じゃあ、世界で見つけたメニューが食卓に上るんですね。それも世界の「辺境」のメニューが、高野さんのご自宅では。

高野 それにね、料理に興味を持ってからおもしろくなったのは、現地の「女性の社会」に入れること。日本もそうだけど、アジアやアフリカとかの途上国ではたいがいが男社会で、基本、男が前面に出てくるんですよ。

――そうなんですね。

高野 ようするに、それだと男性としかしゃべる機会がないんですよ。

――なるほど。

高野 現地の人と話をしてきたと言っても、よくよく考えたら男の意見しか聞いてないわけです。

――ああ、それだと、本当には現地の人の話を聞けたことには……。

高野 最大に見積もっても「半数」ですよね。男だけなんだから。つまり、非常に偏りがあるわけです。

――そこで、料理を教えてくれと言って。

高野 キッチンへ入り込んでいくんです。そこは、女の人たちのホームだから、居間だと黙ってるおばさんも、すごく饒舌に話をしてくれるんです。よく見てなさい、ニンニクを先に入れなきゃダメなのよ、野菜を切ったら水につけておかなきゃ、とか指導されながら、そのうち村の人たちの噂話をしはじめたりとか。それまで見聞きしていたのとは、ぜんぜん違う世界があったりするんです。

――同じ村でも。

高野　同じ家でも。

――おお、おもしろい。

高野　台所でそういう関係ができちゃえば、外で会ったときでももっとふつうに接してくれるんです。だから、ぜんぜん違いますね。

――台所へ入るのと、入らないのとでは。

高野　新しい世界が拓くような気がします。

イラクの湿地帯をゆく

――いまはコロナウィルスの感染拡大で、高野さんも、日本国内にとどまることを余儀なくされていると思うんですが。

高野　ええ。

――直前までは、何をやってたんですか。

高野　イラクの湿地帯に、通っていました。そこで船旅をしようって。

――イラクの湿地帯……で、船旅。雑誌『オール讀物』で連載している「イラク水滸伝」ですね。

高野　イラクって砂漠のイメージですよね。でも、ティグリス川とユーフラテス川ってメソポタミア文明の生まれた川、その合流点のあたりが巨大な湿地帯になっているんですよ。大きいときは、東京都より大きくなるほどなんです。

――わー、そんなに。デッカい。

高野　そのあたりに「水の民」が住んでいて、ボートで移動しながら水牛を飼って暮らしているんです……という記事を、たまたま朝日新聞で読んだんです。以前に本で知ってはいたんですが、あらためて興味を惹かれて、記事を書いた朝日の記者に連絡し、時間をもらって話を聞いて、次はこれをやろうと思ったんです。記事を読んでから決意するまでに、まる二日くらい（笑）。

――すごい、ピンときたんですね。これはおもしろいぞと。

高野　前段階として、イラクに行ってみたいというのは二十年以上、ずっと思っていたんですけれども。

――でも、テーマがみつからずに？

高野　そうそう。

――通っていると言われていましたが、じゃあ、すでに何度か行かれてるんですね。

高野　二回、行きました。広大な湿地帯を船で旅するために地元の船大工さんに、七〜八人乗りのア

イラクの湿地帯。移動手段は船のみ。217～268ページ、プロフィールを除くすべての写真提供：高野秀行

ラビアンナイトみたいな伝統的な船をつくってもらいました。本当なら四月に行って、実際に湿地帯を巡る予定だったんです

——帆船ですか。

高野 いや、帆を張ることはできるけど基本は漕ぐ方式ですね。探検部のときの先輩といっしょにやってるんです。デカい船なんで二人だけだと漕げないんで、地元の若い衆も雇います。浮島みたいなのに住んでるんです。

——へえ……浮島。

高野 でも、現地の人って、もうみんなモーター付きの船を使って移動してるから、ぎょうぎょうしい昔の船で漕いでまわるつもりだっていうと、大笑いでみんな大ウケするんだけど（笑）。

——なんでわざわざ……と（笑）。でも、その人たちって、浮島の上に住んでいるんですか？　家を建てて？

高野 葦をアーチ状にして家にしてる。テントみたいなもんです。

——つまり、移動式ってことですか。

高野 そうそう、移動するときは、家財道具をボートに積んでいく。水牛も連れて。五千年くらい前からそういう生活をしてるらしくて。

——そんなに長い間、変わらぬ暮らしを？

高野　楔形文字で書かれている五千年くらい前の粘土板に、当時の人の家の絵が描かれて残っているんですけど、今のと同じなんです（笑）。

――その周辺は変化してきてるのに、湿地の民だけは、まったく同じ生活をしていると。その人たちがお金を稼ぐ手段は、水牛の酪農ってことですか。

高野　そう、乳を搾って、チーズやバター、クリーム類をつくって売ったり。魚をつかまえて売ったり、葦でゴザをつくったり……とか。

――そういう生活を、五千年も。

高野　コロナの騒動がなければ、今ごろもう取材を終えて本を書いてるはずでした。船は向こうに保存しておいてもらってるけど、どうなってることやら。

――葦といえばなんですが、知り合いに葦でつくった船で太平洋を渡ろうとしている石川仁さんという冒険家がいるんです。いま、その人のプロジェクトも、中断してるんですけど。

高野　うん。

――全長一三メートルの葦船に乗って西海岸からハワイまで風の力だけで行こうとしてらして。

高野　そんなに大きいんだ。

――おもしろいなあと思ったのは、葦船って、陸上で組み立ててるときに葦の中に虫が入り込んできていて、海へ下ろすと、その虫を食べようとして魚たちが寄ってくるそうなんです。

高野　へえ。

――だから、常に「入れ食い状態」で、道中まったく食料に困らないそうです。

高野　へぇ～、そうなんだ、すごいなあ。なんだその船（笑）。

その世界へ溶けていく感覚

――辺境の地にいるときと、こうして日本にいるときとでは、ご自分の中で、何か「違い」を感じたりもしますか。

高野　ぜんぜん違いますよね。ぼくの場合は辺境の地と言っても無人の土地に行くわけじゃない。必ず、誰か人が住んでいるところへ行ってるんだけど、そうすると結局、その人たちの文化だとか感覚の中で、過ごすことになるわけ。

――そうですよね。

高野　いちばん違うのは、他人との距離感。日本って、あらためてだけど、人と人の間の壁がすごく高いんです。電車の中で知らない人に声かけたり、ほぼしないじゃないですか。

――しないです。高野さんも……。

高野 ぼくだってしない、日本では。でも、人と人との壁がすごく低くて、知らない人にホイホイ話しかけるのがふつうな国は、けっこうある。目が合えば誰とでも挨拶をするようなところも少なくないです。コンゴとかも人との距離感が近くて「溶けていく感じ」がする。

――溶けていく?

高野 二度ほどコンゴで船旅をしてますが、基本、共同生活なんです。ずらーっと並んだ二段ベッドにみんなでゴロゴロ寝っ転がっていて。ちゃんと決めたわけでもないのに、誰かしらがメシをつくって、何の関係のないぼくも、そこへ呼ばれて一緒に食べたりして。やがて酒盛りがはじまり、ぼくにもお酒がまわってくるからついつい飲んで、いつの間にか酔っ払っているという。

――親戚の集まりみたい(笑)。

高野 そうそう、そんな感じ。そこでぼくは「外国人」を意味する「ムンデレ」と呼ばれ、すごい勢いで、その世界へ溶けていくのを感じます。

――ムンデレ。

高野 はじめのうちはなぜか船がぜんぜん出発しなかったり、急に動かなくなったり、そういうことにいちいちイライラしているのに、俺以外は誰も気にしてないんです。すると自分も、だんだん気にしなくなってくるんですよね。肩の力がスッと抜けるというのか、気持ち的に「その日暮らし」になっていくんです。ほっといても誰かのつくったメシが出てくるし、ベッドで横になってれば、「ムンデレ、おまえ寝てるのか」とか、いちいち絡んできてうるさいし。

――何がそうさせるんでしょうか。

高野 そういう生き方なんだと思います。自然が豊かで、時間の流れもハッキリしていない。生活は楽じゃないけど、そのぶん、みんなでわかち合って生きていかざるを得ないから、自分と他人の境界線がだんだん曖昧になっていくような。

――なるほど……。

高野 自分自身も……時間の感覚さえも、熱帯の暑さのなかへドロドロと溶けていくような感じ。ふだん「明日はどうしよう」とか、ぼくら、そんなことばっかり考えて毎日を生きているじゃないですか。

――明日どころか数時間先を気にしてるし、グーグルカレンダーが常に開いてます。

高野 先のことがどうでもよくなると、人間、考えることが激減するんですよ。あっちは、メシ食って、酒飲んで、ウンコして寝る……ということの繰り返しなんです。はたらくといったって、魚を獲ったり、畑仕事をしたりで、ストレスはそんなにないし。

――現代人って、たしかに予定が入りすぎているのかも……。

高野 ほんと予定ってのは良くないね。最近つくづく思います。コロナのステイホームのときとか、正直いって、ぼくは自分自身を快復しましたよ。イベントや取材、講演会なんかが一切合切キャンセルになったので。

——予定のほうの都合に人間が合わせるようになってきて、そのことにストレスを感じるんでしょうか。自分自身でつくった予定なのかもしれないんだけど。

高野 他人との距離をあるていど保つ必要のある社会って、おのずからルールとかマナーも細かくなるし、いい加減なことをやっていられなくなって、窮屈なんじゃないんでしょうかね。

——ああ、いい加減なこと。それって、ある意味で憧れですね。いまのお話を聞いていると。

高野 いい加減でいいって、いま、とても贅沢なことだと思います。

——高野さんが、どこへ行ってもスッと人の間に入っていけるタイプ、だということも、ありますか。

高野 そうかもしれない、それは。馴染んじゃうんですよ、その環境に。周囲の環境や人間に、非常に影響を受けやすいタイプです。

——ご著書を拝読していても、その土地の人々が食べているものなら、ふつうの日本人がビックリするようなものでも、パクッと食べちゃったり。

高野 そうそう。ゴリラの肉とか。

——妖怪みたいな魚とか……。ヤギの胃液の汁とか……。

高野　いろいろ食べてますね（笑）。

——現地に溶けやすい人だったんですね。もともとが。

高野　そうみたい。

本質が宿っているのは

——高野さんって、昔から、そういう性格の人だったんですか。

高野　高校まではとても協調性のある、真面目な子どもだったんですよ。で、これはヤバいなと思っていて。

——ヤバい？

高野　協調性があるし、どんな世界にも馴染んでしまうので、そこそこの会社に入って、そこそこ仕事して、そこそこ出世して、そこそこの定年を迎え、そこそこの人生を終えそうな予感がプンプンしてたわけです。

——高校のときに、そのことに気づいた。

高野　想像したら、ゾッとしたんです。

――そのとき「探検家」という将来像が、頭に浮かんだんですか。

高野　いやいや、ぜんぜんそんなことない。そもそも探検家なんて職業じゃないですしね。他の仕事をして、お金を稼がなきゃいけないわけだし。

――いつから知らない世界へ旅に出たい、という気持ちを、心に持つようになったんでしょうか。

高野　川口浩探検隊とかが大好きだったんで。とにかく謎とか未知の世界に興味があった。だって、ときめくじゃないですか。心がワクワクするんです……無性に。

――謎とか未知に挑むとき、「解けた、分かった」というような瞬間があるものですか。

高野　理解できる瞬間は、ありますよ当然。自分なりにですけどね。幻の怪獣ムベンベについては、結果としては正体を明かしたというようなことはないんだけれども、あの湖のほとりに行ったからこそわかったことって、ものすごくたくさんあったんですよ。

――たとえば……。

高野　ムベンベが棲んでると言われているテレ湖やその周辺は、現地の人にとってどういった場所で、そこで、ムベンベという幻の怪獣は、村人にとって、どういう存在なのか……ということとか。

――存在すると言われている理由、人々に、そう信じられている理由が「理解できた」ということですか。

高野 現地へ行かなければ、何がなんだかサッパリなわけだけど。

――つまり、単なる興味本位だけならば「姿かたちが、どんなか？」みたいなことに終始してしまうけど、現地へ行くことで「どういう存在か」が理解できると。正体を見ていなくても。

高野 そう。ぼくら、ムベンベのときって、新聞はじめマスコミが出発のときに大々的に取り上げてくれたので、帰ってきたあと本当にウンザリするほど「で、怪獣いたの？」とか聞かれたんです。だけど、すでに、ぼくらのなかでは、ムベンベがいたとかいないとか、そういうレベルの経験じゃなかった。

――と、言いますと。

高野 何せ、いろんなことがあったんです。コンゴのジャングルで、病気にかかったり、ケンカしたり、食べるものもなくなって、ゴリラやチンパンジーを食べたり……ヤバいトラブルに次々と見舞われて。

――そもそも湖に到着したのが、日本を出て四十日後とかですものね。ムベンベはいたのかいなかったのか、みたいな質問だけだと、あの探検が矮小化されてしまいそう。

高野 ムベンベを見たかどうかというより、それは、現地で「どういう存在なのか」。本を読んでくれた人は、そのことを理解してくれたんですよ。怪獣がいたかどうかについては、読者には一切、聞かれませんでした。

コンゴでの活動を終えて、協力してもらった村の古老と

——もっともっと、いろいろと過酷な事件や珍事が起きたとわかるから。たしかに、あの本を読んでいるとムベンベがどうこうより……そのうち、ムベンベのことは、ある意味どうでもよくなって（笑）。

高野 だよね（笑）。

——でも、そういう旅をしている高野さんにはモットーがありますよね。誰も知らないところへ行き、誰もやらないことをやって、おもしろおかしく書く……という。

高野 うん。

——あれ、すごくいいなと思うんです。実際は大変な旅でしょうに、いい意味で、すごく気軽におもしろく読めるし。探検の本もいろいろ読むんですが、「おもしろおかしい」というところが、とくにいいです。

高野 ああ、そうですか（笑）。ま、それでいろんな誤解を生んで「ふざけてる」「何だこいつは」とか……それが長く売れなかった理由だろうなと思ってるんだけど（笑）。

——つまり、探検記たるもの、マジメじゃなければならない……みたいなことですか。

高野 どれくらい盛ってるんですかとか、失礼なことを聞く人がたまーにいるんだけど、盛ってはいないわけですよ、ぜんぜん。おもしろおかしく……というのは、そういう描き方をするってことで、本の中身は、実際にあった事実なわけですから。

——そうですよね、ええ。

高野 シリアスなノンフィクションでも、現場ではマヌケなことも笑っちゃうようなことも、いろいろ起きてると思うんだけど。書かないことが多いですよね、そういうことは。

——高野さんはそれをいちいち拾って、丁寧に描いてきた。

高野 そうそう（笑）。

——笑っちゃうようなことにスポットを当てる理由は何ですか。

高野 本音に近いと思うからです。現地のリアリティとして。笑っちゃうようなことのほうに本質が含まれてると思ってるんで。

——たしかに、マジメばっかり、シリアスばっかりでは生きてないですもんね、人間って。

高野 マジメにやっていることにだって本音が含まれているだろうけど、ぼくは、これまでの経験から、笑っちゃうような経験やマヌケな出来事にこそ、ものの本質が宿ってると思います。

——なるほど。そして「おもしろい」という視点を大切にしている高野さんも、探検そのものは大マジメにやっているというのが、ステキです。

高野 そうそう。そうなんですけど、理解されるまでに二十年くらいかかったんだよなあ（笑）。

常識を揺さぶられたい

――未知や謎への興味というのは、尽きないですか。

高野 尽きないですねえ、意外と。すぐに尽きるのかなと思ったけど。

――素晴らしいですね！ 今後もガンガン探検してください。

高野 まあ、ネット社会になってからは地球上からどんどん未知の領域がなくなって、俺のやれることなんて、まだあるんかなあとは思いますが。でも、じゃ辞めるのって言ったら「でも、あれだけはやりたい」「ああ、あれもあった」とかって、まだまだ残ってるんだけど。

――料理ひとつとってみても、一生かかっても掘りきれないほど世界中におもしろさが潜んでるでしょうし。

高野 そうそう、そうなんだよね。たとえば、ソマリアの人たちのふだんの料理、どんなものか知ってます？

――知らないです。

高野 ずっと内戦をやってる国だから、研究者やジャーナリストはそれなりの人数いるんですけど、政治と戦争の話しかしない。暮らしの話とか料理の話なんか何にも出てこない。でも、ソマリアの人たちだって毎日何かを食べているわけで。

——それで、行ってみないと……と。

高野　ソマリアの首都モガディシオをネットで画像検索したら、出てくるのは戦闘で荒廃した町並みばっかり。あるいは痩せこけた難民の子どもとかね。

——報道写真的な画像ばかりが。

高野　でも、現地へ行ってみると、そんなことばかりじゃないわけ。そういう場所も当然あるけど、大部分は違って、ふつうに人々は笑ってるし、街は賑わっているんですよ。

——そうなんでしょうね。そこに「人間の生活」があるならば。

高野　たしかに、いつ爆発が起きるかわからないし、いつ銃撃戦がはじまるかわからない国ではあるんですけど、なんというか、それはそれ。そうじゃないときは活気があって、市場にはものを売っていて、長距離バスとかバンバン走ってて、空には民間機も飛んでるし、旅行会社も案外繁盛してたりして、ネットカフェだってあった。

——そうなんですか。

高野　ないのは政府くらいなもん（笑）。

——たしかに、そういう情報は、なかなか伝わってこないですよね。

高野　究極の民営化社会だったりします。民兵というかたちで、軍隊までが民営化されちゃってるから。

――鉄砲の弾がいつ飛んでくるかわからないけど、かといってずーっと沈んだ気持ちのまま生きているわけではないんだと。

高野 そんな人いないと思いますけどね。人間が暮らしを営んでいる以上、マヌケなことも起これば、冗談を言ったり、怒ったり泣いたりするのと同様に、みんな笑ってますよ。

――笑いだけ忘れる……なんてことは、なかなかあることじゃない、と。

高野 そうだと思いますけどね。

――一度しか行ったことのない場所に再訪したとき、たとえそこが何でもない街角でも、懐かしい感覚におそわれることが自分にはあるのですが、高野さんにも、ありますか。

高野 あるある。

――どこか親しみを感じる、みたいな。

高野 だから、世界中のいろんな場所に彼女がいるみたいな錯覚にしょっちゅう陥ってるわけです。あくまで錯覚なんだけどね（笑）。

――高野さんは、やっぱり、人のいる場所へ行きたいですか。

高野 ぼくは文化とか社会、それをつくり出している人たちに触れたいなと思ってる。文化人類学みたいっていうのかな、世界の人間の生き方を知って、自分の常識をグラグラ揺さぶられたいいんですよ。

――常識というのは、人間の数だけあるんでしょうしね。

高野 ここ七年、やっているのが納豆で。

――あ、『謎のアジア納豆』。

高野 日本の伝統食品と言われてるけど、ぜんぜん違うんです。アジアの辺境にあったんですよ。以前ミャンマーのジャングルでゲリラの支配区をゲリラと一緒に歩いていたときに、途中の村で真っ白いごはんと納豆を出されて、ビックリしたことがあって。

――ミャンマーのジャングルのなかのゲリラの村で、ニッポンの朝ごはん的な光景が。

高野 タイのチェンマイへ行ったとき……そのときもゲリラのアジトだったんだけど、そこでも納豆が出てきて。円盤状のせんべいみたいなやつ。

――ゲリラのみなさんが、とりわけ納豆好きってわけではないんでしょうけど。

高野 ようするにアジアの文化だったんですよね。納豆は日本独自の伝統食品だと言われるし、日本に来た外国人にも「ナットー、食ベラレマスカ?」とかって聞いてるけど、日本限定じゃなかったんだなと。

――発見ですね。

高野 それで、日本以外のアジアでは、どのへんで食べられているのか調べはじめたら、まあ……出てくるわ出てくるわ。ぼくが好んで行く辺境地域からザクザク出てきたんです。

――納豆が。

高野 そう。

納豆を追いかけて

――アジア各地の辺境地帯から、日本の食材だと思っていた納豆がザクザク出てきた……。

高野 内陸の山奥なんかでは、魚や動物の肉が手に入りにくくて、そのために、納豆がタンパク質の供給源だったんです。さらには調味料やダシの素にも使われていたり。海に近い場所だったら魚のダシをとることができるけど、山奥だと難しいでしょ。納豆って、グルタミン酸を多く含んでるので、旨味の素として調味料に使う民族が多いんですね。

――必然的な理由があるんですね。

高野 つまり基本の食材だったんですよ。彼らの食文化にとっては。

――つくりかたも、同じなんですか。

高野 ほとんど同じ。ただ日本では、伝統的にワラに包んでつくってきたので、納豆菌ってワラについているっていうのが、納豆関係者の認識だったんだけど、関係ないってことがわかった。アジアでは、バナナでもパパイヤでも何でも、大きな葉っぱならなんでもいい……みたいな感じでつくってました。

――成分的にも日本の納豆と同じなんですか？

高野 アジア辺境の納豆を、東京都立食品技術センターの先生に分析してもらったら「ほぼ同じ」という結果が出ました。東京の納豆菌と、大阪の納豆菌が違うくらいな感じ。

――じゃあ、やっぱり納豆なんですね。

高野 ただ、アジアの辺境地の納豆って、加熱して汁物に入れたり、揚げたり煮たり……日本よりもぜんぜんバリエーションが豊富なんですよ。だからアジアの納豆民からすると、なんで日本人はゴハンにかけてばっかりなのかと、いぶかしむんじゃないかな。

――でも、どうして、ニッポンならではの食べ物だって思われていたんですかね？

高野 納豆って自分の家で食べるもので、人に出さないからじゃないかな。

――ああ……お客さんに出さないもの。

高野 最近でこそ牛丼屋の朝定食とか飲み屋のつまみで見るけど、基本、レストランや食堂には出てこなかった食品ですよね。で、その事情はアジアでも同じで、外部の人間には、その存在が知られていなかった。

――なるほど……。

高野　言ってみれば、みんな「納豆」のことを、どこか身内のように思ってるんですよ。お父さん、みたいな。

――ちょっとにおう、お父さん……。

高野　そうそう、そういう感じ（笑）。わざわざ人が来たときに「ごちそう」としては出さないんです。でも反面、お父さんだから、好きだし、すごくプライド持っているんです。ウチの納豆がいちばんおいしいぞ、他の納豆なんてダメダメ、あんなのは納豆って言えないってどこへ行っても言うから。日本人にアジア納豆を食べさすと「日本の納豆のほうがうまい」って必ず言うんだけど、納豆民族みんな同じこと言う。

――高野さんご自身は、どこの国の納豆がお好きなんですか。

高野　いやあ……そうですねぇ、ぼくがすごいなあって思ったのは、ミャンマーとインドの国境地帯に住んでいるナガと呼ばれている人たちの納豆。つい最近までアジア最後の秘境と言われていて、数十年前まで「首狩り」やってた人たちなんだけど。

――えええ、そんな最近まで。

高野　彼ら、納豆が大好きで、納豆ばっかり食べているんですよ。囲炉裏の上の吊り棚に必ず納豆が

ナイジェリア・ハウサ族の納豆「ダワダワ」

置いてあるんですよね。

高野　そう、そこで燻すんですよ。で、一ヵ月くらい燻しておくと、じつにまろやかな納豆ができます。

――東北の「いぶりがっこ」みたいに。

高野　味も、納豆っていうより「上質な昆布」みたいな旨味がある。それを料理に使ってるんです。つい何十年前まで首狩りをやっていたなんて聞くと、さぞかし「未開」で、野蛮なものを食べているんだろうと思っちゃいがちだけど、納豆文化っていう点から見ると、彼らはぼくらよりも「深い」と思います。

――そうなんですか。まろやか納豆。

高野　そう、それについて書いた『謎のアフリカ納豆』という本が先日、出たんですけど。ザックリ言うと、アジアとは別の豆でつくっていて。ものすごくデッカいマメ科の木にサヤがザバーっとぶら下がってるんですけど、その豆を使って、つくっています。タマリンドって、見たことない？

――しかも、のみならずというか、アフリカにも存在したんですよね。納豆……が。

高野　そう、あんな感じの大きい豆を煮て、ひょうたんを切ったボウルにその煮豆を入れておくと、

――あ、巨大な落花生みたいな。

そのひょうたんに納豆菌がついていて、発酵するんです。

――おかめ納豆ならぬ、ひょうたん納豆。

高野 次の日にはもうネバネバし出して「できてるじゃん！」って(笑)。どこからどう見ても納豆なんです。

――そういう人たちに、日本の納豆を食べてもらったことはあるんですか。

高野 まだアフリカへ持っていったことはないんだけど、アジアの人には食べてもらいました。ああ、なるほどね、みたいな反応が返ってきますね、だいたい。ちょっとネバネバしすぎているけど基本同じねって。

――でも、うちのがうまいけどね……と。

高野 そうそう。なにしろ「プライド」持ってるから。「うちの納豆」に、みんな。

本音と建前の間の現実

――外部との接触がないような土地に探検家が入っていって、現地の人たちに親切にされた……みたいなシーンって、多くの探検の本に書かれていると思うんですけれど。

高野 ええ。

――そういうものなんですか?

高野 基本、親切ですよ。誰かに紹介してもらって行ったり、住民と一緒に訪れたり、そういうかたちで入っていくので。

――なるほど。仲介のかたがいるから。

高野 いきなり行ったら警戒されますし、大人数で押しかけたら敵意を持たれるかもしれないけど。向こうにしたって、わざわざ敵をつくるのは面倒です。ましてや戦うなんてことになったら大ごとでしょう。できるだけ問題を起こしたくない、仲良くしときたいというのは、人間の本性としてあると思います。

――現地にいると、そう感じますか。

高野 うん、平和じゃないとされているアフガニスタン、イラク、ソマリア、昔のカンボジアだとか、そういうつねに戦争しているような国ってモラルが崩壊していて、他人に対する敵意に満ちてるって思っちゃいがちだけど。ぜんぜんそんなことないですよ。気遣いがあって誠実な人が多い。そうじゃない人も当然いますけど、平和な国にだってそういう人がいるのと同じことで。

――戦争や貧困というテーマばかりで見てしまうと、気遣いがあって、誠実な人のほうが多い……

という当たり前の事実が見えなくなってしまいますね。

高野 悲惨な場面ばかり目にしてかわいそうって同情するだけだと、気持ちはどんどん「遠く」なっていくよね。

――どこかで「関わりたくない」って、思ってしまってるのかな、自分も。

高野 それも、ひとつの真実でしょうね。ただ当事国のほうでも、うちのほうが悲惨なんですというある種の競い合いがある。

――ああ……。

高野 援助やサポートを得るためには、そうせざるを得ないというのはわかりますから、それについてどうこう言うつもりはないけど。実際に現地へ足を運んでみると、地元の人たちからは「いや、悲惨だけじゃないんだ」「歴史や文化を、伝えてほしい」って言われるんです。そりゃそうだよね。自分たちのことを、ただかわいそうなだけの人だと思われるのは心外だもん。

――そうですね。

高野 自分たちは、自分たちの歴史や文化に対してプライドを持ってる、そのことを伝えてくれ……って。

――それこそ、納豆ひとつにしても。

高野 そうそう、そうなんです。援助が必要な部分はあるけれど、いつも「かわいそうな人」って見られてるなんて、絶対イヤだと思う。

高野 まあ、雑談のほうが多いけどね。さあインタビューとかもしますよね。——高野さんは、現地では、インタビューしますよって構えちゃうと、建前の話しか出てこないから。ただ、建前の話も、それはそれで聞く価値はあるんです。そのあと一緒にメシを食ったり酒を飲んだりすると、だんだん本音が出てくるでしょ。その建前と本音の間にあるのが、ぼくは、現地のリアリティだと思ってる。

——じゃ両方、聞いてみるってことですね。なるほど……おもしろそう。

高野 おもしろいですよ。いろいろわかって。

——自分は、冒険家とか探検家にはなれなかったので、高野さんみたいな人たちにはとっても憧れがあるんですけど。いろんな人のところへ出かけてその人の話を聞くのって、探検とか冒険みたいだなと思うことがあるんです。生命を落とす危険はないですが、有名な人でも、無名な人でも、人ひとりが抱えているものって、ジャングルみたいな底知れなさがあるものだなって。

高野 ああ、そうでしょうね。

——ドキュメンタリーを撮っている原一男監督にインタビューしたときに、監督は、人の話を聞くということについて、ふたつのことを言ってたんです。

高野 うん。

——ひとつは、自分がどういう人間なのかを知るために、インタビューをやってきた、ということ。もうひとつは、人にインタビューをしてきて感じるのは「人にわかられなくてもいいって本気で思っている人はいない」という……。

高野 ああ、わかる。

——どんなに寡黙なおじいちゃんであっても、真摯に聞けば、教えてくれる。なぜだかわからないけど、そのお話を聞いたとき、むやみに感動したんです。

高野 いや、それはね、いまぼくが考えてることですね、まさに。

ずっと探検し続けている

高野 ぼくも、人の話を聞くことが仕事みたいなところがあるので、「よく、こんな話を聞き出せたね」とか言われるんだけど、とくに何の苦労もないんですよ。原監督がおっしゃったことと同じ、話を聞いてもらいたくないなんて思ってる人って、たぶん、ひとりもいない気がする。

——ご経験から。そうですか。

高野　これまでの人生、世界中いろいろなところへ行って、たくさんの人と話したけど、みんな例外なく自分の話を聞いてくれと思ってる。もしも話してくれなかったときは、何か話せない理由があるだけで、本当は心の中では話したいわけ。

――なるほど。

高野　それって、人間にとって、普遍的なことじゃないのかなあ。

――原一男監督と高野さんは、まったく別の道を歩いてきたけど、同じような場所にたどりついたんですね。

高野　何も話さなくなったら、人間の心は不調を来すと思います。精神医学的な話じゃなくて、ぼくのなかのイメージなんですが、吐き出さないと、心がよどんでしまう気がする。

――わかります。

高野　生活の中で、さまざまなものが心に入ってくるけど、それらをどんどん出していくことで平衡が保たれているというかな。

――動的平衡、みたいな。福岡伸一さんのおっしゃってる。

高野　そう、あれと同じようなことが、心にも起こるんだと思う。

――心……。

高野　心には、つねに流れがあるから。それが流れずよどんでしまうと、人の心って調子を悪くしちゃうと思う。そういうことに、いま、すごく興味があるんです。

――自分でも、気づくとずーっとスマホを見てたりして、そういうときは何となく気分が良くないです。情報が過剰なんじゃないかなと、思ったりもします。

高野 入れるばかりで外に出さないと、しんどくなるよね。愚痴みたいなものでいいから外に出しちゃえれば、けっこう心は楽になるもんね。

――溜め込む、流れをとどめるって、何にせよ、いいことなさそう。

高野 だからスナックみたいな場所が、必要なんだと思うよ。会社の上の人がムカつくだとか、仕事がくだらねえだとか、給料が安いとか愚痴ってるのを、ママが「そうだね」って。

――聞いてくれる人の、ありがたさ。

高野 ま、実際ママのほうは、ほぼ聞き流してるわけだけど(笑)。

――でも、それでいいわけですよね。外に出せること、そういう場所があることが重要で。

高野 カウンセラーや心療内科とかの専門家と同じように、気楽に話せるスナックのママみたいな人にも、すごく助けられると思う。

――高野さんもそうだと思いますけど、旅をしてる人って流れてるじゃないですか、人生が。だから健康的な感じがするのかな。

高野 まあ、ぼくはぼくで、いろいろありますけどねえ(笑)。

——今は日本から動けず、ですけど。どうですか、このところ。

高野 こんなに日本にいたのは、十八歳以降ではじめての経験です。もう一年くらい外に出てないから。

——気づくことはありますか、何か。

高野 旅がルーティン化してたなあ、と。仕事って感じになってた。もちろん仕事ではあるんだけども、惰性的になってた気がする。

——なかば強制的に日本にいたことで、そのことに気づいた。

高野 新鮮です。行きたいって気持ちが強くなってるし。かつてないほど。予定しているから行くって感じになってたから、最近は。もちろんね、そこへ行きたいから行くんだけど、「予定」になっちゃうと、出発までにこの原稿を終わらせて、現地ではあれを書いて……って歯車みたいな感覚になるんですよ。

——歯車……。

高野 傍から見たら「どこが歯車だよ！」って思うだろうけど（笑）、自分ではね、そう思うんですよね。

——自分が自分の歯車になったような。ぼく、ギリギリ「水曜スペシャル」世代なんです。

高野 最高だよね。ぼくも大ファンです。ずっと本当だと思って見てたから。

——大人になってから文化人類学的な意味の探検とかを知っていくわけですが、はじめて「探検」を知ったのは、小学校のときの川口浩探検隊の番組だったんです。だから今回のシリーズで、ぜひ高野さんに……と思ったのも、ああいう、心躍る探検のイメージを、高野さんに、感じていたからで。

高野 早稲田の探検部に入ったときかな、先輩に「水スペ、大好きなんですよ」と言ったら「バカかお前、あんなのヤラセだ」って言われて、ものすごいショック受けたんだよ。

——あ、そうでしたか（笑）。

高野 でも、そんなの関係ない、水スペはヤラセかもしれないけど、俺は真剣にやればいい、自分の心が躍ることに、真剣に向かっていくんだ……って、ずっと思ってました。あとは、インディ・ジョーンズね。アレの影響も強い（笑）。

——ちいさいころって探検や冒険にあこがれて、探検ごっことか冒険ごっことかをやったりするじゃないですか。

高野 そこらへんの近所の、おどろくほど狭い範囲でね（笑）。

——でも、ほとんどの人が探検家や冒険家になることはなく。

高野 うん。

——だから、高野さんみたいに実際になっちゃった人への憧れが、強いんだと思います、自分は。

高野　いやあ、ぼくはただ、ずっと続けてきただけなんですよ。飽きもせず、諦めもせずにね。

——冒険に出たい、謎や未知を追いかけ続けたい、と。

高野　そう、その思いだけで、ずーっと。ちっちゃいころの友だちで未だに探検し続けているやつなんて誰もいないんだけど。

——ええ。

高野　俺は、いまだにひとりでやってるよ、これからもやり続けるよってだけですね（笑）。

（２０２０年８月７日　外苑前にて取材）

イラクの船大工に頼んで作ってもらった伝統的な船

その後の高野さん

イラクの本と語学の本を書きました

――新刊『イラク水滸伝』を拝読しました。まず、あんなに分厚くなると思っていましたか。

高野　えーっと、思ってなかったです（笑）。

――驚くほどスイスイ読めたので気にならなかったんですが、最初に「こういうサイズの本を書くんだ」と思ったら、ちょっと心が折れそうな厚みがありますよね。

高野　昨今ますます本が売れなくなってるし、紙の値段も上がっているので「まずいな」と思ったんです。分厚すぎる、と。そこで担当編集者に相談したんです。「このままだと、ものすごーく長くなりそうなんだけど……」って。

――ええ。

高野　そしたら「今回は書きたいだけ書いてください」って言ってくれたんです。それで「だったらいいか。書いちゃえ。俺のせいじゃないし」と（笑）。三十年以上やっていますが、そんなこと言われたのは二回目です。前回は『謎の独立国家ソマリランド』のとき。だから思いっきり書いたら……ああなりました。

――イラクで船を漕ぎ出す直前にコロナで足止めされていたわけですから、その間にふくれあがる「イラク湿地帯への思い」を存分に書いてほしいと、編集者さんも思ったのかもしれませんね。読む側としても、イラクについてはよく知らないし、湿地帯に特段の興味もなかったんですが、じつに「おもしろかった」んです。自分でもびっくりするほど。俺はこのテーマをおもしろがるのか……と、自分を新発見した気分でした。

高野 スティーブ・ジョブズが言ってますよね。自分が何を求めているのかユーザー自身にはわからない、だからわたしが提供するんだ……って。だからぼくもユーザーがまったく求めていないテーマの本を書いたんです。でも「イラク湿地帯に住む人たちの話」って、ジョブズ以上だよね（笑）。

――登場人物が魅力的です。

高野 そう言ってもらえると、うれしいです。ほんと、おもしろい人たちなんで。

――コロナで現地へ行けなかった期間って、結局……。

高野 二年ですね。船をつくってから数えると三年です。

――その間、他のところへ行ったりとかも、できず。

高野 ええ。二年間、日本から出られませんでした。この三十数年、半年以上続けて日本にいたことなんかなかったんです。だから最初の一年は永遠に日本にいるような気持ちになりました。ただ、それはそれで新鮮でしたね。すでに「ありがたみ」みたいなものを忘れかけていたので。行きたいところへ行けるってことの、ありがたみを。

――そのことに、気づくことができた。

高野 それともうひとつ、自分を振り返る時間ができたことも大きかった。取材へ行って帰って本を書く……というルーティンのなかでは、そんなヒマも動機もなかったんです。でも、いざ書くことがなくなって過去を振り返ったときに「あー、語学の本を書いてみようかな」って。

――タイトルからして素晴らしいです。『語学の天才まで1億光年』。

高野 無駄に壮大にしました。

――そして売れましたよね、すごく。

高野 語学って、みんな興味あるんだなあと思いました。ぼくはこれまで、新しい旅へ出るたびに、土地土地の言葉を覚えていたんです。でも、どれだけの言葉を勉強してきたのか、簡単には思い出せなかった。

——それで、書いてみようと。ある意味で、コロナ禍のおかげでうまれた本なわけですね。執筆期間は、どれくらいでしたか。

高野 二年くらいです。

——早稲田大学の探検部時代、幻獣ムベンベを見つけに行くためにフランス語とリンガラ語を……とか、これまでの高野さんの冒険物語を語学的観点から「変奏」するかのような内容で、「その手があったか!」という痛快さがありました。

高野 ああ、ありがとうございます。

——二十五以上の言語を独自の方法で学んできたということですが、やっぱり、言語によって習得する際の難易度なんかもそれぞれなんだなと思いましたし。

高野 そうですね。アフリカのリンガラ語とかインドネシア語なんかは、多言語地域の人たちが相互コミュニケーションを図るためにつくった共通言語なんです。つまり、人々の必要から生まれた言葉なので、シンプルなんですよ。発音にしても文法にしても。

——覚えやすい、と。

高野 母語によっても、外国語習得の難しさって変わってきますしね。英語ネイティブは日本語が難しいって言うけど、中国や韓国の人たちは、そこまで大変だとは思わない。韓国語は日本語と文法が似ているし、中国語は漢字が共通してますから。

——でも、そのつど「必要に迫られて」言語を覚えてきたわけですけど、「言語の本」を書こうとなると、また別の覚悟が必要だったんじゃないですか。

高野 まったく。自分の知らない言葉の話をされても、すぐには興味を持てないだろうと思ったし。どんなふうに書こう、というところからはじめました。ふつうの「語学の本」は、当然、ぼくには書けないので。

——あらためて、五〇〇ページ近い『イラク水滸伝』の前に『語学の天才まで1億光年』というベストセラーを挟んでいるところが、ものすごいです。コロナの期間って「長かった」とはいえ、それでも「三年」とかなわけですし。

高野　ただ『イラク水滸伝』を書くにあたっては「すごく難しい」ことがわかっていたので、けっこう悩んだんですけどね。

――難しい……というと？

高野　あまりに広大で、辺境で、取り留めがないにもかかわらず、何千年も前には世界の中心地のひとつであり、高度な文明が発達していたわけじゃないですか。イラクの湿地帯って。その「はじまり」を見据えながら書くとなると、気持ち的には「まったくゴールの見えない状態」だったので。

――なるほど。相手が悠久すぎて。

高野　とんでもない「沼」へ足を突っ込んじゃったなあって。

――湿地帯だけに。

高野　そうそう（笑）。悩んで悩んで……考えられることはぜんぶ考えた気がします。こうしたらどうだろう、ああしたらどうだろうって。自分の中へ、ずーんと沈み込んでいくような感じで。

――おお。

高野　イラク湿地帯やそこに住む人たちのことを伝えるには、どうしたらいいのか。時間だけはあったんで、死ぬほど考えました。いつもは、もっと勢いで書いちゃうんですけど。結果的には、それがよかったのかも。

――湿地帯が権力に対抗する拠点になっている……という話とか、すごくおもしろかったです。ふつうの人には移動さえ難しいという地理的条件が、権力による完全支配をかわすハードルになっている、みたいな。

高野　ぼくは、戦火に追われた人たちとか反体制派の逃げ込む場所が好きなんです、昔から。ミャンマーでいえば山岳地帯とかジャングルですけど、それが、イラクの場合は湿地帯だった。でね、結局、そういう場所を「理解する」ってどういうことなのか、考えることになったんです。もっと言えば「矛盾を感じるようになった」というか。

――えっと、湿地帯を「理解」することに対して「うしろめたさ」を感じるようになったということですか？

高野 つまり「理解する」って「他と区別して整理して把握する」ということですよね。それって、一種の「支配の方法」なわけです。そうやって民衆を統べてきたのが国家なわけだけど、自分も同じようなことをやろうとしてるんじゃないか、と。

――イラクの湿地帯を、こちら側のカタログや陳列棚に収めてしまうようなことになるのではないかと。何となく、わかる気がします。

高野 混沌であるからこそ権力や支配のくびきから逃れているのに、それを「文明的に」整理して理解して解釈しようとするなんて、自らを神になぞらえるような、傲慢で思い上がった行為なんじゃないかと。でも、他方で、抑えきれない興味がある。だから知りたいし、理解したい。そんな自己矛盾を抱えていたんですが……そのうちに「地元の人たちと仲良くなる」ことに収斂していったんですよ。自分のなかのベクトルが。

――なるほど。現地で生活するうちに。

高野 当然、最初は「よそ者」なんだけど、だんだん溶け込んでいって、あーだこーだ言って、ときには喧嘩したりしながら、仲良くなっていきました。そして、そういう関係性が築ければ「理解する」とか「整理する」とは別の次元で「わかる」んです。

――なるほど。「理解する、整理する」だけだと「外部の観察者」みたいな感じだけど、喧嘩したり仲良くしたりするのは、もう「友だち」ですもんね。高野さん、本のなかで「メシ食ってけ」ってしょっちゅう言われてましたし。

高野 考えられないほどホスピタリティが高いんです、イラクの人たちって。その代わり、お金では動かない人たちなんで、助手みたいな人をお金で雇おうとすると、かえって難しい。義理人情の世界なんですよ、つまり。

――その意味で「水許伝」なんですね。とにかく「食事」というのは、気持ちを伝える手段でもあるんだなと、読んでいて思いました。

高野 先日、イラク専門家の酒井啓子先生がおっしゃってくださったんですが、これまでイラクはじめ中東地域について「ふつうの人が、ふつうに生活している」ことを伝える本が、まったくなかったらしいんですよ。

――なるほど。湿地帯なんかなおさら、でしょうね。

高野 中東地域が語られる場合は「政治」とか「軍事」とか「難民」とか「人権侵害」とか、そういう話ばっかり。とても「ふつうの人が、ふつうに生活している」ような気になれない、と。イラク湿地帯の人たちだって、ぼくらと同じようにうれしかったらよろこぶし、おもしろかったら笑うし、悲しかったら泣くし、あたまに来たら怒るんです。めちゃくちゃ当たり前の話だけど。

――でも、そのへんが、伝わらない。たしかに、辛いことばかりで表情をなくしているんじゃないか……とか思ってしまいがちです。

高野 衣食住をはじめ豊かな文化も持っているし、何にもなければ楽しく暮らしてるんです。で、そういうことが伝わっていれば、いきなり空爆しようなんて思わないだろうというんです。

――そうかもしれないです。遠隔操作で空爆のボタンを押せちゃうのは、そこに「自分たちと変わらない、ふつうの人たちの、ふつうの暮らしがある」ことが、イメージできないから……なのかも。

高野 そうなんですよ。

――でも『イラク水滸伝』を読んだら、イラクの人全員にとは言わないまでも、少なくとも、本に出てきた人たちには親近感を抱いてます。

高野 そう感じてもらえると、書いた甲斐があります。いつだってぼくは、そんなふうに書けたらいいなと思ってるんです。集団としての「イラク人」とか、概念としての「市民」じゃなくて「ぼくがイラクで出会った、あの人たち」を書けたらいいなって。

――高野さんが、よくごちそうになっていた「鯉の円盤焼き」とか、めちゃくちゃ気になってます（笑）。

高野 あれね、背中からだと、鯉ってきれいに丸く開くんです。それを、そのへんに生えている葦でボーボー焼く。味付けは、塩だけ。めちゃくちゃうまいですよ。

――イラクの人たちとは、いまもつながりが？

高野 はい。もう、友だちになっちゃってるんで。ときどき電話かかってきたり、メッセージが届いたりします。うれしいですよね、やっぱり。

（２０２３年8月30日　神保町にて取材）

葦船の上の地球史観。

探検家・石川仁さんが考えていること

水に浮く草を束ねてつくった船に乗り、
アメリカ西海岸からハワイへ渡ろうとしている探検家がいます。
葦船航海士の、石川仁さんです。
風にまかせて進むから、どこへたどり着くかもわからない……とか、
自然と魚が集まってくるので毎日のごはんに困らない……とか、
葦船というもの自体に惹かれて出かけたインタビューだったのですが。
葦船の上で深めたジンさんの地球史観が、じつにおもしろかった。

石川仁　いしかわじん
１９６７年生まれ。探検家・葦船職人。23歳よりサハラ砂漠など極地へ向かい、厳しい場所で自然とともに暮らす先住民の在り方や、生きる知恵を学んでいく。１９９７年より国連の公式プロジェクトにクルーとして参加。大型の葦船で太平洋、大西洋をのべ1万３０００キロ航海。２００５年には自身のプロジェクトで高知県から伊豆諸島まで葦船で日本初の外洋航海を実施。各地で葦船を製作。葦船作りのワークショップなどを主宰し大小合わせて３４０艘の葦船を製作。新たな太平洋航海を目指しながら、葦船から学んだ美しい知恵を多くの人々とシェアするべく活動している。

生きた船が、海を渡る

――葦船って、名前は聞いたことはあったんですが、それがどんな船なのか実際はぜんぜん知りませんでした。

ジン あ、そうですか。

――いろいろうかがいたいんですけど、まず「おもしろい！」と思ったのが「食料に困らない」というお話で。なんでも、葦船という船は、そのまわりにお魚さんをたくさん呼び寄せるので、航海中のごはんに困らない……。

ジン そう。

――つまり、釣り糸を垂らしたら……。

ジン いわゆる「入れ食い」状態。つねに。

――それは、なぜですか。

ジン ようするに、葦船というのは草でできているので、それ自体にさまざまな生命を宿しているんです。まず船をつくろうという段階で、葦と一緒に他の植物も一緒に刈り取っちゃう。秋口に刈るので、いろんな植物の種が付いたまんま、船ができあがる。

ジン　それぞれの植物には、それぞれ微生物が棲んでいます。船体は陸で組み立てていきますが、その最中にも葦の束の間に虫が入り混んでくる。植物の微生物を食べるちいさな虫、そのちいさな虫を食べるアリ、さらにそのアリを食べるカミキリムシ……。

——ええ、ええ。なるほど。

ジン　人間たちが船をつくるそばから、その船そのものが、虫たちの住処になっていっちゃう。彼らは葦船に卵を産んでコロニーをつくっちゃうんですよ。葦の束を開けて見てみると、ものすごいことになってるんです。水に浮かべたら、ムカデがはい出てきたりする。さらにはこの船、どんどん「発酵」していくんです。微生物が熱を帯びて船自体があったかくなるんです。

——なんという……活性化していく船。生きてる船って感じですね。

ジン　そう、船が体温を持ってるんです。具体的に言うと「三十七度」くらい。

——人肌！

ジン　手を入れたらあったかいんです。水に浮かべても、束の中心部までは浸水せず、乾いたまんまであったかいから、ヘビなんかも棲んでたりしますよ。

——想像を絶する「船」です。

ジン　船ができたら港に一〜二週間、浮かべとくんです。すると、その間に、船底に、イソギンチャクやらフジツボやらムール貝やらがワンサカくっついてくる。

——養殖の牡蠣のまわりに、ムール貝がどっさりついてる光景を見たことありますけど。

ジン　そうそう、あんな感じ。船体と水面との境のところの、水がちゃぽちゃぽしているところには海藻のアオサが生えてきて、そこへちいさな魚がわーっと群がる。

——生命がまとわりついてくる、みたいな。

ジン　流木の陰には魚が隠れてたりするけど、葦船の下も、外敵である鳥から隠れることが出来て、しかも食べものがあるでしょ。航海が進むにつれて葦船自体が少しずつ腐ってくるから、微生物を食べるプランクトンもどんどん増えて、それらを魚がついばんでるんですよ。つまり、いろんな生き物たちが、ちょっとずつ船を食べているんです。

——その状態で海を進んでいくんですか。巨大な餌の塊みたいなものが、人を載せて移動していくわけですね。

ジン　葦船そのものが、微生物や虫や魚や貝がつくりあげた、ひとつの「生態系」なんです。どんどん、水族館というか、竜宮城みたいになってくるんですよ。ちいさな魚を食べに、カワハギみたいな魚がやって来て、さらにシイラが来て、ぼくたちがそれを食べて……内臓を捨てるとサメが群がってくるし。

——サメさんまで！

ジン　サメだけじゃなく、イルカも、クジラも、マンボウも寄ってくる。ウミガメなんかもついてきますし、空には海鳥たちが飛んでます。

――にぎやかだなあ（笑）。

ジン　だから、ぜーんぜんさみしくないの。しかも船の上にキノコとか生えちゃうんです（笑）。

――山の幸まで！　海の上なのに。

ジン　ただ、わざわざ食べませんけどね。食べられるかどうかもよくわからないので。

――魚をとり放題ですもんね。

ジン　A地点からB地点へ向かって人間が乗って移動するというのが一般的な船の概念だとしたら、葦船って、そこからはみ出している船なんです。つまり、ぎっしり生命を詰め込んで、それらが生きたまま旅をする。ある場所の生態系をカプセルにして、別の大陸や別の島に届ける……。

――なるほど。

ジン　生態系の宅配便みたいな船なんです。考えれば、考えるほど。

風に逆らうのは、ほぼ不可能

ジン　これ、以前つくった船です。

——わあ、そういう映画に出てきそう。このときは、どんな航海を？

ジン　高知県でつくって伊豆諸島の神津島まで行きました。全行程一〇〇〇キロくらいかな。日程的には二週間くらい。ホントなら十日くらいで着く予定だったけど、逆風に吹かれて浜名湖まで。

——戻された？

ジン　うん、二〇〇キロくらい。

——そんなにですか！

ジン　低気圧が来て、サァーッと。二〇〇キロなんて、あっという間。

——つまり抗えないいんですか、風に。流されるがまま……ということは。

ジン　エンジン積んでないし、後ろからの風だけを頼りに進む船だから、向かい風だとコントロールできないんです。前から風が吹きつけてきたら後退するし、横から吹いたら横に流れる。斜め後ろくらいから吹いてくれれば、ま、行きたい方向には行けるんですけど。

——じゃあ「斜め後ろから吹く風」を狙って、帆を上げることしかできない。

ジン　そうです。

——究極的に言えば、出発したが最後、いつどこへたどりつくか、わからない船。

ジン まあ、そうなりますかね。ただ、地球上の赤道付近というのは、基本的には東から西へ風が吹いてるんですよ。地球って自転してるじゃないですか。ぐるぐる回ることで、西向きの風が生まれてるんです。ようするに、地球が自転するかぎり、赤道の上下では東から西へと風が吹く。それを「貿易風」と呼んでいますが。

――学校で習ったはずの風ですね。

ジン そう（笑）、で、その風の流れが海流にも影響を及ぼしているんです。まるで「海の街道」みたいな感じで、クジラや亀もその街道沿いにピューッと移動してるんです。

――海流って風の影響が大きいんですね。

ジン 海の生物たちは、みんなそうやって旅をしてますよ。ぼくらの葦船も、つまりは動物たちと同じ。自然の流れに寄り添って進むんです。

――風に任せて航海する船とは、そこでもまた、生きものみたいです。いつごろから、あるものなんですか。

ジン 海の航海術が確立する遥か以前から存在したんじゃないかなあ。さっきも言いましたけど、船というものは、ふつうAからBへ向かって出すものだけど、葦船って、そういう意味でも一般的な「船というもの」の範疇に収まらないんです。

――船のかたちはしているんだけれども、ふつうの船とは、ちょっとちがう。葦船の歴史って、あ

高知から伊豆諸島までの実験航海のため、建設中のカムナ号
269～332ページ、プロフィールを除くすべての写真提供：石川仁

んまり明らかになっていないんですか。

ジン　まったくわからないんです。「モノ」が絶対に出てこないから、推定するしかないんです。

――そうか、痕跡が消えちゃうのか。

ジン　植物でできてるから、一年後には土に還っちゃうんです。

――ミステリアス。

ジン　あとには何にも残らないんだけど、唯一の手がかりとして、壁画だとか古文書に残されていることがある。メソポタミア文明の壁画にも葦船が描かれてます。それが紀元前四千年……かな。

――わあ、六千年も前。

ジン　エジプトのパピルス船の壁画も残されてるんだけど、そっちは、四千年くらい前。日本の古事記や日本書紀にも、イザナミノミコトとイザナギノミコトの最初の子どものヒルコに手足がなかったというんで、葦船に乗せたという記述があります。

――じゃあ、日本に住んでいた人たちも、遅くとも八世紀くらいまでには葦船のことを知ってたんですかね。

ジン　そうみたいですね。

――葦船というからには、葦を束ねてつくってるわけですよね。

ジン　それがじつは、そうとも限らなくて。葦船というのは「総称」なんですよ。水に浮く草でつくった船の。葦を束ねたら葦船だけど、パピルスを束ねたらパピルスの船、ガマの葉っぱを集めたらガマの船、い草の仲間だったら、い草の船。つまり、いろんな植物でつくった船というのが歴史上、世界中に存在するんですが、それらを総称してリードボート、日本語では「葦船」と呼んでるんです。

——ジンさんは、何でつくってるんですか。

ジン 葦、またはイグサの仲間でつくります。和名では「フトイ」と言うんですが。

——その草を選ぶ理由は……。

ジン いちばん浮力があるんですよ。強度があるのは葦なんです。でも、重たいので、太平洋を渡り切るための半年間なんて、もたないと思う。沈んじゃって。だから、浮力のある草を選んでいます。長い航海へ出るときにはね。

おばあちゃんのスピードで

——ジンさんは現在、どんな計画を立てているんですか。

ジン　サンフランシスコの湾のどこかで船をつくって、ゴールデンゲートブリッジを渡り、ハワイに向かおうかな……と。

――そういう航海の場合、葦船の大きさって、どれくらいに？

ジン　全長一八メートルくらい。

――うわー、でっかい！　それを手作業でつくるわけ……ですか？

ジン　うん、まず十人がかりでベースとなる草を束ねていきます。できあがったら積み上げて、ロープでぎゅーっと締め上げます。

――締め上げる……のは、何人で？

ジン　左と右で二十人ずつくらいだから、四十人とか五十人で「せーの！」で「ぎゅーっ！」と。人間の親指くらいの太さの草を束ねて、直径四〇センチくらいの束を重ねて縛り上げて、直径二メートルほどの太さにして……。

――直径二メートル！　つくる人たちは、現地で雇うんですか。

ジン　そうですね。チチカカ湖の葦船職人さんも呼んでね。

――えっ、葦船職人さんという人が……。

ジン　いるんですよ。南米のチチカカ湖のボリビア側にね、アイマラ族という人たちがいて、彼らは先祖代々葦船をつくってる。

――いまも「実用品」として？

ジン　ぼくがはじめてアイマラ族を訪ねた三十年前には、辛うじて一艘だけ使われていました。いまはもう観光客に見せるためだけのものになっちゃってますけど。

――葦船をつくるテクニックは伝承されてるんですね。期間はどれくらいかかるんですか。

ジン　刈り込んで、束にするところから数えたら、半年くらい。実際に船をつくりはじめてからは、二～三ヵ月かなあ。舵をとるところから小屋がついていますが、あとはマストが立ってるだけ。

――前進と後退も風しだいってことは、舵だって完璧には効かなかったり……とか。

ジン　そうですねえ、だいたいですよね。着いたところがゴールになります。

――なるほど（笑）。それはつまり、いま計画中の「サンフランシスコを出てハワイを目指す」という太平洋航海プロジェクトでも同じ。

ジン　そうです。船からいちども降りずに四〇〇〇キロ、ということだから、だいたい一ヵ月半くらいかかる計算。

――どれくらいの速度が出るんですか。

ジン　風に乗ってるときで、時速五キロ。

――人間が歩くくらいが、精いっぱい。

ジン　ふつうはもっと遅くて、平均すると時速三・六キロなんで、おばあちゃんがお散歩するくらいのペースかな。

――それで一ヵ月半で着くんですか。ハワイまで。

ジン ま、おばあちゃんのお散歩とはいえ、二十四時間お散歩し続けてるから。自然のスピードって「そんなもんだよ」とも言えるし、サンフランシスコからハワイへ、草の束の船でもじゅうぶんに行けるとも言えるし。もっとはやく着きたいんだったら、飛行機とか別の手段を使えばいいだけだしね。

――乗り心地って、どうなんですか。

ジン 最高ですよ。揺れないから。

――え、揺れないんですか。一見「揺れそう」と思ったんですが。

ジン 安定性は、ものすごくいい。ぼくらが船につかっている植物って、親指ほどの太さで、長さが三から四メートルあるんです。それらを一本一本束ねて、丸太くらいにしたものを水に浮かべると、はじめのうちは三〇センチくらいしか沈まないんだけど、徐々にグーッと水面下に入っていく。

――へええ……。

ジン それは、草が水を吸って重くなるから。で、い草の仲間って、水を吸うと膨らむ、膨張するんです。そうなると、草と草の間がピッタリとくっついてパンパンになって、逆に水が入りにくくくなるんですよね。

――東北のお醤油屋さんを取材したときに、お醤油の樽も時間が経つにつれて板の継ぎ目がピシーッとくっついて、頑丈になっていくと言ってました。だから、震災の津波で流されたけど樽自体は壊れなかったそうでして。

ジン 昔の木の船もそうですよね。濡れると板の溝がピシッと締まって、水が入らなくなる。で、い草が濡れてパンパンになると重心が下がるので、船自体がグーッと安定するんですよ。

――葦船のテクノロジー、すごい。

ジン しかも現代の船は波を受けたら、波の頂上までいったん上がって、そこからこんどは、波間の底へ下っていきますよね。

――ええ、坂道を上って下るみたいに。波に、木の葉のように翻弄されて。

ジン その点、葦船って、波の頂上で船体がグニャ～っと曲がるんです。波の衝撃を吸収するんです。それで、まるで芋虫みたいに「もよ～ん、もよ～ん」って感じで進んでいくんです、荒波の中を。

――海を渡る乗りものとして、すごく理に適ってるんですね。

ジン そう。船体に柔軟性があって、まず「ひっくり返る」ことはない。つまり沈没しないいんです、この船。

太古の感覚に近づくために

——毎日の食事は本当に釣ったお魚だけで間に合うんですか。

ジン　うん。まぐろでもなんでもどんどん次々釣れちゃいますから。釣れなかったことは、ない。裏の畑から野菜を穫ってきますみたいな感覚で、ザブンと潜って海から海藻やアオサを採ってきたり。

——海の家庭菜園。

ジン　で、ぼくら人間は食べたらウンチをするわけですけど、そこへまた魚が寄ってくる。わーい、ごはんだーとかって言って。気づくと足元にカワハギが何十匹も群がってますよ。

——ちなみに、おトイレの際は、はるかなる大海原へ向かって……。

ジン　ポトン、です。梯子みたいなものを水平に出して、その先っちょに便器みたいなものを据え付けて。

——ダイナミックだなあ（笑）。

ジン　船側のカーテンを閉めれば、誰にも見られない個室になるので。

——見渡す限りのプライベート空間（笑）。海のど真ん中でいたすって、いったいどんな気分なのか……。

ジン 気持ちいいですよーっ。

——……でしょうね（笑）。

ジン 最高です。

——人間のつくった便利な道具から離れて海だけに囲まれていると、どういう気持ちになるんでしょうか。

ジン 五千年前と二十一世紀のちがいが、わからなくなりますね。だって、どこを見たって大昔と同じ。ぼくたち、このまま五千年前にタイムスリップしてもふつうに大丈夫みたいな気持ちになる。

——文明の進化って何だったんだろうって、考えさせられちゃいそう。

ジン で、不思議なことに人間も昔っぽくなっちゃうんですよ。葦船の上で暮らしていると。だって、まわりの魚を釣って、海に潜ってアオサを採ってきて食べて、雨水を貯めて飲んで……まわりを見ればゴリラみたいなやつらばっかりで。

——なるほど……と言いますか（笑）。

ジン テレビも、ネットも、お金も必要ない。波を見て、今日の天気は、風の具合は、夜のごはんは……という生活。

——食事は三食、きちんと食べるんですか。

ジン 食べる食べる。超たのしみですもん。四回でも、五回でもいいくらい。

——さいとう・たかを先生の『サバイバル』というマンガのなかで、天変地異の後の生活では、食事と排泄とが何よりのたのしみになるという描写があったんですけれども。

ジン わかるなあ。まさにそれ。朝は、日の出とともに起き出して、水分をとったら、昨日の残りものをおじやにしたり、魚を焼いたり、刺身にしたり。で、もよおしてきたら、大海原にポトン。

——時間……「時刻」は意識しますか。

ジン ぼくのスペイン人の師匠の葦船にクルーとして乗って、大西洋・太平洋横断に挑んだときは、みんな腕時計をつけて、四時間ごとに見張り番を交代したり、お昼ごはんをきちんと十二時に食べたりはしてましたけど、今回は時計はナシでいこうと。

——どうしてですか。

ジン 時計がないと、よりいっそう太古の感覚に近づいていくんですよ。そのことが重要だと思っているので。

——船の上での日の出日の入りって……。

ジン 場所と季節によって変わりますけど、陸上の感覚で言えば、朝五時に日が出て、夕方六時に日が沈むって感じかなあ。

――太陽に起きろと言われて起き出して、太陽が沈んだら「やることもないし、寝ますか」と。

ジン 寝る。ま、昼間も寝てたりするけど。

――昼間も？

ジン いつでも動けるように、休んでおく。風向きが変わったら、みんなで大急ぎで帆を張り直したり、雨が降ったら飲み水を貯めたり、何か起こったときのために、身体をじゅうぶん休めておくんです。

――いま、船がどっちに進んでるとかは、スターナビゲーション的な？

ジン もちろん星の動きも見るんだけど、雲で星が隠れたときも、どっちが西なのかがわかるように、波が船体に当たる角度を憶えておいて、船の揺れをその角度に合わせて舵を取ったりしてます。

――進むも戻るも「風しだい」なのに、ハワイという太平洋の超ピンポイントな地点に到着できるものなんですか。

ジン サンフランシスコからハワイへたどり着くためには、まずは、とにかく南に下るんですね。下って下って下って……で、ある時点で西へ針路を取るんですが、ハワイは北緯二十度にありますから、次は「ホクレア」という北緯二十度に沈む星を目指していく。そうすると、遠くに雲が見えてくる。次は、そこを目指します。なぜなら雲って島の上に出るから。

――つまり雲が見えるっていうことは、その下に「島」がある、と。

ジン　ま、言ってみれば、それだけですね。北緯二十度といったって何十キロも幅があるし、おおよそこのあたりかという感じで進んでいって、雲が見えてきたらそっちを目指し、鳥が飛びはじめたら、夕方、彼らが飛んでいく方へ向かう。

――鳥のねぐらは島にあるから。

ジン　そう。

――そんなふうに微妙にチューニングしていきながら、幅を狭めていって……。

ジン　太平洋の上の一点、ハワイを目指す。

船が海で半分に割れて漂流

――食べるものには困らなくて、波に対しても柔軟で、どっしりと安定した船だってことはわかったんですけど、それでも何の動力も持たない草の船ですよね。少しずつ沈んでいくことでもあるし、「怖さ」って、ないんですか。

ジン　んー、あるとすれば、船から落ちてケガをしちゃうだとか、病気だとか、かな。ま、船が壊れる可能性はあるけどね。

――壊れる。

ジン　葦の束ってロープでグルグル巻きにしてるけど、水を吸うとどんどん束が膨張していくんです。するど、あるときに限界値を越えてロープがパツンと切れちゃうの。

――わー。

ジン　もっとも負担のかかる中心部から切れはじめるんだけど、そうすると他のロープも次々に切れていく。一回、ぜんぶ切れたことがあって。

――ぜんぶ。どうしたんですか、それ。

ジン　船がバラバラになっちゃう前に、もう一度ロープで結び直しました。でも、海の上で、船の大きさが半分になっちゃった。

――どういうことです……か⁉

ジン　南米チリから日本を目指していて二ヵ月半くらい、約七〇〇〇キロ進んだあたり……もう少しでゴールの、太平洋上で。

――航海中に船が真っぷたつになって、その半分を「切って捨てた」ってことです……か？

ジン　船体の前側の半分を放棄したので、前後をひっくり返して後ろを前にして航海を続けました。マスト三本のうち二本がなくなり、残った一本に逆さに帆を張って。

――それ……日本に着いたんですか。

ジン 着かない。そこから漂流がはじまったんで。

――漂流……。

ジン 切り取って捨てた前半分のほうに舵がついていたんで、思う方向に進めなくなって、漂流開始。

――ドキドキする……。

ジン 具合が悪くなって寝込んじゃう人も出てきたんだけど、でも魚は釣れるから死にはしない。その間にも船はさらに壊れていくので、何度も潜ってロープで縛っていたら。

――ええ。

ジン サメが寄って来たんです。

――いちばん関わりたくないお方が！

ジン ようすを探ってたのか何なのか、アタックしてきたんです。で、みんな潜ってくれなくなって、しかたなく、ぼくとイースター島のアニキとで、ふたりで潜って船を縛り続けました。

――イースター島のアニキ。いろんな人が出てくるなあ（笑）。

ジン ラパ・ヌイ人のアニキで、テバっていう名前の、ぼくが信頼している人とふたりで潜ってたら、怖そうなサメがシューッと来て。

――それはジョーズみたいなサメですか。ホオジロ的な、最恐系の。

ジン　いや、もうすこしちいさかったけど、でも、二メートルくらいはあったかな。テバがボーンって鼻っつらを叩いて撃退してましたけど。

――サメって鼻の頭が弱いんですよね。ロレンチーニ瓶という感覚器官が集中していて……って、だからといって、パンチで撃退ですか、テバ先輩！

ジン　でね、結果的にどうやって助かったかっていうと、一〇〇〇キロ風のままに進んだら島に着いたの。

――えええ、それってものすごい確率ですよね。太平洋で漂流して島に当たるって。

ジン　マルケサス諸島というところです。ＧＰＳはあったんで、一〇〇〇キロ先に島があることはわかってたんだけど、舵があってもコントロールが大変な船なのに、そのときは舵すら喪失してた。どうしたものかなあと思いながら、なすがままに進んでいたら、島が見えてきて……着いちゃった。

――奇跡的。というか、奇跡。

ジン　確率的には、まあ、ありえない話ですよ。一度でもズレたら着かないから。

――それって、いつごろの話ですか。

ジン　一九九九年。ぼくの最初の航海。

――うわあ、いきなりで、それですか。

ジン　うん、度肝を抜かれたと同時に、その体験を通して「島と葦船とが引かれ合った」ような、そんな気がしたんです。偶然と言っちゃえばおしまいだけど、さまざまな生命が暮らす島と生命を宿す葦船とが、たがいに引き寄せられたみたいな。

——へええ……ふしぎですね。

ジン　種のイメージって言えばいいかなあ。島が卵で、葦船が精子。種が、生きる場所を探して、島という「陸」にたどりついた……。

——ただの素人考えですが、どっちもが生きものの塊だとしたら、あり得ない話でもないような。

ジン　島が葦船を呼んだ……なんてあんまり言い過ぎるとオカルトみたいに聞こえちゃうけど、でもあのときは、感覚的には島と葦船が引き合っていると感じた。

——だから葦船というのは、人が海を移動するためのものでなく、生態系が移動するためのカプセルみたいなものじゃないかとおっしゃってるんですね。

ジン　そう。主体は人間じゃなく、生態系。人間は彼らを運ぶための道具、お客を乗せたバスの運転手って感じ。

——なるほど……。

ジン　ハワイって、古い島は五百万年くらい、一番新しいハワイ島が五十万年くらい前に海底火山の噴火で生まれたんですよ。生まれたときはただの岩だったのに、いつしかそこへ緑が生まれ、生命が宿り、色彩豊かな島になった。そのできごとの裏には、生命の持つ「広がろうとするエネルギー」みたいなものが関係してる気がして。

――誕生以来、地球の隅々にまで広がってきたのが生命ですけど、そのことに、葦船が一役買っていたかもしれない……と。

ジン あるときに、誰かが、「葦船」という生命のカプセルを海へ流したとしたら。それが、どこかの陸地か島にたどり着き、そこに多様な生きものの楽園をつくった、としたら……。そんなことをイメージしてしまう。葦船に乗っていると、どうしても。

葦船の上の地球史観

――葦船の航海には、何回くらい出てらっしゃるんですか。

ジン これまでに、五回かな。大西洋・太平洋横断に挑戦したのは、それぞれ一回ずつで、どっちも途中で終わっちゃったけど。

――太平洋横断……って、距離にすると。

ジン　一万二〇〇〇キロ。

――そんなに。

ジン　だから、なかなか難しいんだよね。葦船で太平洋を横断できた人、まだひとりもいないんで。

――葦船の耐久性って、そんなにも長距離、もつんですか。

ジン　うーん、どうかなあ。わかんない。誰もやったことないから。

――まさしく「挑戦」なんですね。

ジン　そう。

――次は、なぜハワイを目指そうと。

ジン　アメリカ西海岸からハワイまで、その距離なら葦船で行けるって思ったことと、もうひとつは、文化人類学的に言うと、両者間に民族移動はなかったとされているんです。古代の航海技術では、そこまでの距離は難しいだろうと。なので、ぼくらが成功したら、新たな可能性につながりますよね。

――ようするにジンさんは、アメリカ西海岸とハワイとの間には、人の移動があったかもしれない……と。

ジン　夏の時期にサンフランシスコから海流と風がハワイ諸島に向けて流れているんです。ヤシの実でも十分たどり着くような自然の流れが。葦船の文化も古代から伝わっているし、七千年前からアメリカ大陸で綿の布が発見されているので、帆を付けた葦船でポリネシア人より先に民族移動していた可能性があると仮説を立てました。

――なるほど。

ジン　仮に、船に人間が乗っていなくても、葦船だけが……つまり、生態系だけが移動したかもしれないし。

――ああ、なるほど。西海岸を出た葦船という「生命のカプセル」が、ハワイに逢着（ほうちゃく）しさえすればいい。

ジン　ロサンゼルスの北にあるサンタバーバラから南へ五〇キロ、チャネルアイランズという八つくらいの島があります。で、いまから一万年くらい前には、その島々の間を人々が行ったり来たりしていたらしくて。葦船の文化を持ち、人の移動の痕跡もあったとすれば、そのなかの船のひとつが、何かの拍子にぴょーんと流れて行っちゃって、ハワイにたどり着いた……みたいなこともあると思うんです。

――たんぽぽの綿毛みたいに。

ジン　ものすごーく低い確率かもしれない。でも、そんなことがあったとすれば、つまり葦船に載った種や生命が人間より先にハワイに着いていていたら。

――考えると、ワクワクしますね。

ジン 人類がハワイに到達したのは千五百年ほど前だと言われているんですけど、それより前に葦船が着いていた可能性だって、あるんじゃないかなあ。そういうふうに考えていくと、葦船って、人間が地球の生態系を整えることに一役買っていた、そういう時代の船なんじゃないかと。それから何千年も経った今になって、ぼくの目の前に、葦船のバトンがまわって来たという気がしています。

――葦船の上から見る地球史、みたいな。

ジン だから、これから先のぼくたちも、せっかく発達させてきた現代的なテクノロジーを人間のためだけに使うのではなく、地球の環境を整えたり、地球自身のために使うという発想をしたらどうかなと。

――これまで人間のつくり出した技術は、当たり前のように、人間のためだけに使ってきたけど。

ジン そのことに限界が来てるってことを、みんな、わかりはじめてるよね。これも葦船から学んだことだけど、今後は地球の生態系を整えたり、地球のバランスを保つために、人間のテクノロジーを活用していけたらいいなあと思う。

――テクノロジーを否定するのでもなく。

ジン そうですね。たとえば森を整えるためには、森がどうなりたいのかを、森にちゃんと聞くっていうかな。

――そのためにテクノロジーにできることって、いろいろありそうですね。

ジン また妖精おじさんみたいなことを言っちゃってますけど（笑）。

――いや、でも、わかります。自然とやり取りするってことですね。

ジン そう、葦船という航海術自体が、人間と船とがコミュニケーションをとって進む、そんなものだったんじゃないかと思ったりもするんで。こういう話、急に大人に言っても「はあ？」って感じだけど、子どもたちには通じるんですよ。その世界に生きてるから。

――ええ、ええ。そうでしょうね。

ジン 保育園や幼稚園の子どもたちに「お花としゃべったりするでしょう」って聞くと「うん、しゃべるよ」なんて言う。

――絵本や物語の世界に生きてますもんね、彼らは。先日、絵本作家の人がおっしゃっていたことなんですけど、ご自身が畑をはじめて十五年くらい経ったら、自然や野菜とコミュニケーションが取れるようになった……って。

ジン うん。

――それでようやく、野菜の絵が描けるようになったそうです。

ジン なるほど。

――ぼくら人間って、もともとは自然といっしょに生きていたわけで、だけど、現代の人間はその感覚を忘れている。でも、ただ「忘れている」だけで、自然とやり取りできると思うほうが本当のような気がするんです。

ジン　おっしゃるとおり。ぼくもそう思う。いろんな先住民の人と接していると、森としゃべることだとか、動物とコミュニケーションすること、それってあたりまえの教育のひとつだもんね。

――そのあたりが、人類が発達させてきたテクノロジーの使いどころかもしれないと。

ジン　そうね、捨てるというのも変だしね。だから何が足りないかっていうと、やっぱり「太古の感覚」だと思う。

――地球の声を聞く、感覚。

ジン　自分たちはどうしたい……じゃなくって、「みんなはどう思う?」って生き物たちとコミュニケーションをとる。そんな未来を、イメージしているんです。

――葦船の上で。

ジン　うん。

サハラを半年、さまよって

――ジンさんが「探検家になった瞬間」って、あると思いますか。

ジン　あるとすれば……「砂漠」だと思うなあ。あんなところに半年もいると、死生観がガラッと変わっちゃうんだよね。

――たしか葦船で海に出る前は、サハラ砂漠をさまよってらっしゃった……そうですね。

ジン　うん、次の街まで行こうと思って。

――次の街。

ジン　半年かかったんだけど。

――半年!?

ジン　そう。遊牧民といっしょに旅に出たんですよ。砂漠のことについて、いろいろと教えてくださいって、一週間。そのとき、砂漠を旅する方法だとか、ラクダの乗り方、いろんなことを教えてもらいました。あちらは部族語の「タマシェク語」で、こちらは日本語で、何を言ってるか、おたがいまったくわかんなかったけど。

――そこは、なんとなく感じ取り合って（笑）。

ジン　で、約束の一週間が経ったので、じゃ、今日からはぼくひとりで行くわ、先生サヨナラって言ってラクダを二頭連れて出発したんです。一頭はぼくが乗る用、一頭は荷物用で。そしたら、先生とわかれた最初の晩に、一頭に逃げられちゃったんです。

——えぇー。

ジン 足に絡まったロープを結び直そうとパッと離した瞬間、ピャーッと逃げていっちゃった。めちゃくちゃ速くて、必死に追いかけたんだけど無理だった。

——ラクダって速いんだ！

ジン 夜の砂漠を三時間以上探したんだけど、泣く泣く諦めました。で、そこでやめようと思ったんですよ。だって、死んじゃうから。でも、ひとまず次の街まで、残った一頭のラクダに荷物を載っけて歩いて行ったんだけど、着いたら着いたで、なんだか気分が良くなってきちゃって。

——おお（笑）。

ジン で、ちょっと次の街まで行ってみよう、そこでやめよう、あ、もうちょっと行けそうだなあ、そしたらやめよう……で、結局半年歩いちゃったんですよ。

——砂漠の街から次の街へ……というのは、距離的には、どれくらいなんですか。

ジン 遠いときは二〇〇キロくらいあるよ。五日間くらい、たったひとりで。

——荷物のラクダさんは、いるけれども。

ジン ヒマだよー。

——景色とか、まったく同じでしょうしね。

ジン 砂と空しかない。雲もない、カラカラ。茶色と青の繰り返しで気が変になる。生命の危険を感じたら、いつでもやめるつもりでいたんだけど。

――結局半年、砂漠にいらしたと。それって、いつごろのお話なんですか。

ジン 二十三歳のとき、大学を休学して行った。バックパッカーの旅じゃ物足りなくて、一年かけて、大きな旅をしてこようと。そこで、すべてが変わったと思います。

――具体的には、どのように。

ジン 毎日、死が、手のとどくところにあるんです。夜、たまに砂漠に生えてる木の根元で、ラクダを放すんですけどね。自由にして、エサを食べさせるために。で、朝になって起きると、いなくなってる。次の木のところへ向かってるんです。で、足跡を追って見つけに行くんです。

――それ、見つからなかったら……。

ジン 死んじゃうと思う。つまり、朝起きて、生きるか死ぬかの洗礼をあびるんです。半年間、毎日(笑)。

――それ、放さないとダメ……なんですか。

ジン ダメなんです。

――逃げられちゃった人もいそうです。

ジン いるいる。冒険家の上温湯隆(かみおんゆたかし)さんが書いた『サハラに死す』という本を読んで「ぼくも」と思ったんだけど、結局、上温湯さん自身、荷物とともにラクダに逃げられて砂漠の木の下で渇死しちゃったんで。

――砂漠という場所は、海と同じですね。

ジン　ブルーデザートとかって言うもんね、海のこと。「青い砂漠」って。

――砂漠の場合も、何かを目印に、ある方角を目指して進むわけですか。

ジン　追うのは、足跡とか、轍(わだち)。クルマが通った跡なら、あ、この先に街があるんだとわかる。たまに轍が二手に分かれてたりして、その場合はどっちに行ったらいいかわかんない。太い轍のほうに行くのが安全だけど、気分によっては、細いほうにも行きたくなるんだよね。

――あえて、人があまり行かないほうに。行くと何があるんですか。

ジン　なーんにもなかったり、ただ、遊牧民がいるだけだったりね。ぼく、本気で方向音痴なんだけど。

――そんな、探検家なのに（笑）。

ジン　行きたいところに着かないんだよね。

――それはいままでも、ですか。

ジン　うん。

――はー……。

ひとりで半年間、砂漠をさまよっていたころ

ジン　でね、方向音痴のいいところは、目的地に着かないことが、ぜんぜん平気、なんともないの。

——慣れてるから（笑）。

ジン　他のみんなは目的地に着かないと不安になるみたいだけど、ぼくは着かないのが日常だから。

——そういう探検家の人、他にいますかね。

ジン　あんまりいないと思う（笑）。

フンコロガシと親友になった

——そもそも、どうしてサハラ砂漠へ行こうと思ったんですか。

ジン　生きてるだけで十分なんだってことを細胞レベルで知りたかったから。明石家さんまさんが、よく「生きてるだけで丸もうけ」って言ってるけど、あの言葉の具体的な意味を、頭じゃなく、自分自身を形づくっている細胞単位で知りたかったんです。

——そのために、サハラへ。

ジン　何もない砂漠でそのことを感じて、もし生きて帰れたら、そのあと、何があっても大丈夫だと思った。

——生と死……といったものについて、よく考えていたんですか。

ジン そうかもしれない。砂漠ってところは、街で一本、羊の足を買ってラクダにくくりつけておくだけで、次の日には立派なジャーキーになっちゃうの。そんな極限的な環境に身を置くと、どうしても、いろいろ考えることがあるんです。ラクダの旅も、途中までは、やめたくてやめたくて仕方なかったんだけど。

——そうなんですか。

ジン 半年も砂漠を歩き続けているとさ、だーんだん、やめたくないって思うようになる。

——どうしてでしょうね。

ジン 最初のひと月くらいは、孤独でとにかく寂しいんだけど、そのうち、なーんにもないところに木が一本、生えてたりすると……そいつが友だちみたいに思えてくるんです。久々に出会う生命だからコミュニケーションしたくなって、話しかけたりすると、木もよろこんでいるのがわかって。

——へえ……。

ジン 話が盛り上がっちゃって、何時間も話し込んじゃったり。砂以外には何にもない、他に誰もいない状況に置かれると、人間、そんなふうになっていくんですよ。

――砂漠にひとりぼっちという体験は当然したことないですが、わかる気がするのは、なぜなんだろう。

ジン フンコロガシなんかに出会ったら、もう親友と話してるみたいになる。はたからみたら一方的にしゃべってるだけだけど、ぼくとしては、フンコロガシから返事が返ってきてる気がしてるの。

――人間というものは、どうしても「他者」を必要とする、みたいなこともあるんでしょうか。

ジン 砂漠にひとりぼっちだと思うから、さみしいし、孤独だし、辛くなる。でも、あんな砂漠のど真ん中さえ、考えかたひとつで「友だちだらけ」になるんです。そのうち「風」とも話し出したり。

――ジンさんの「葦船の歴史観」にも通じていそうな体験ですね。

ジン 自然や動物たちとコミュニケーションを取りはじめたのは、そこからだからね。人間のふりをするのが、だんだん、めんどくさくなってきたのかもしれない（笑）。

――ジンさんって人間じゃなかったんだ（笑）。でも、だからこそ、人間じゃないものとのやりとりのほうが。

ジン しっくりきたのかもしれない。まあ、コミュニケーションというものをどう捉えるかにもよるけど、ただ話しかけるだけでいい人もいれば、研究者として生き物を研究したりする人もいますよね。

――インディアンの古老に弟子入りして、ジンさんと同じように森とのコミュニケーションを学んだ女性の知り合いは、いま国立大学の先生になっています。

ジン ぼくの場合は「とにかく、自然のなかに入っていく」「そこで自然の仲間とおしゃべりする」のが、ひとつのかたちかな。

――先住民の人たちは、二十一世紀のいまも森や星や風や動物たちと話しながら、コミュニケーションを交わしながら、暮らしていますものね。

ジン それが生活のベースになってるからね。そうしないと生きていけないし。

――砂漠の次は、どちらへ探検に?

ジン 今度は寒いところへ行こうってことで、アラスカで、イヌピアットの人たちと暮らしました。クジラ漁の準備を手伝ったり、アザラシの革で海へ出るための船をつくったりしてた。

――そういうときのツテというかアテって、どうしてるんですか。どなたかに、紹介してもらうんですか。

ジン いや、ひとまず現地に行っちゃって、あっちで交渉したり、紹介してもらったりね。アラスカのときは、ホテルに泊まったら一〇〇ドル以上で絶対に無理だったんで、なんでもやるから居候させてくれって。

――そんな急に、日本からやって来た人が居候できたりするんですか。

ジン　できるよ。

――空き部屋に住まわせてもらったりして。

ジン　アラスカでは「ソリの上」だった。

――ソリの上……？（笑）

ジン　ソリの上にシロクマの毛皮を敷いた寝床。

――それ……寒くないんですか。

ジン　ガレージの中で、寝袋もあったからね。十分にあったかい。シロクマの毛皮にくるまれて眠るのは最高だよ。

――アラスカにはどれくらいいたんですか。

ジン　一ヵ月半くらいかあ。マイナス四十度の、まっしろな世界に。

――ちなみに……なんですが、大学を休学して砂漠への旅に出たということですけど、就職はしなかったんですか。

ジン　ぼく、ちっちゃいころから、ずっと学校の先生になりたかったんで、大学で教職を取ってたの。教育実習も決まってたりしたんだけど、砂漠で、ぜんぶ、ひっくり返ちゃって。もちろん先生は素晴らしい職業だと今でも思っているけど、自分は、就職してる場合じゃないなあと思った。

それはたぶん、ひとつには、人間って簡単に死ぬってわかったから。

——砂漠で。

ジン　学校の先生になる前に、もっともっと学びたくなったんです。だから世界中、どこへでも行けるチャンスがこうしてあるんだから、行きたい場所へぜんぶ行ってやろうと。世界中の自然とつながってやろうって、そう思ったんです。

十年間の「潜伏期間」

——じゃあ、大学を休学して行ったサハラ砂漠以来、ずーっと世界中を探検しているんですか。

ジン　潜伏期間もあるけどね。ぼくの航海中の判断ミスで、プロジェクトを中止せざるを得なくなってしまったことがあったんです。当然「赤字」になって、その借金を返済しなけりゃならなくなって。

——つまり、ふつうにはたらいて？

ジン　うん、建築現場に出てました。毎日、お弁当と水筒を持って出かけていく。借金自体は六年で返したんだけど、潜伏期間の合計は、十年。その間は、ちょっと大変でしたね。

――それは、おいくつくらいの……。

ジン 三十代から四十代にかけての、十年間。

――探検したい真っ盛りじゃないですか。

ジン そうなんです（笑）。仲間たちも探検のことは話に出さないし、ぼくも、すべてを封印して、ただ汗かいてはたらいて、お金を返して。

――借金を返したら、また……って気持ちで。

ジン そうだね。もういちど太平洋横断に挑戦したい。その気持ちが、自分自身を支えてくれて、耐えられた。

――自分が自分を支えた。探検家だ。

ジン 借金を返すのに六年かかって、そのあと二年をかけて、お金をつくった。そのお金でヨットを買って日本一周の旅に出ました。葦船で太平洋を渡るために、もっとスキルを身に付けなきゃと思って。

――葦船で何千キロも航海するスキルを。

ジン うん、キャプテンとして、海図の読み方、波の受け方、風の読み方・捉え方……そういった航海技術をもっと勉強しなきゃダメだなと思ってね。

――探検家というのは、職業名なんですか。

ジン　ぼくの場合は、やっていることを人に説明するために、そう名乗ってるだけ。探検家になりたいって思ったことは一度もないです。

――ただ、好きな旅をしてる。

ジン　海の上で半分になっちゃった葦船がちっちゃな島に着いた、あの出来事が一体なんだったのか、いつか解明してみたいと思ってる。その意味では、探求者かもしれない。

――やはり、その太平洋漂流の事件って、ジンさんにとって、砂漠と並んで、ものすごく大きな出来事なんですね。

ジン　ぼくにとっては「永遠のテーマ」です。比較するのはおこがましいんだけど、リンゴが落ちるのを見たニュートンが、万有引力の法則を発見したみたいに、舵のない葦船が島に着いた、あの「引き合う力」は何だったのか。

――ええ。

ジン　知ることができるなら知りたいです。それも「科学的」に。葦でつくった船と島が引き合うこと、それは、地球の生命エネルギーのせいなのか、環境がつくり出す力なのか。

――科学で説明できるかもしれないって思ってらっしゃるんですね。

ジン　オカルトやスピリチュアルじゃなく、あくまで科学的にアプローチしたいんです。

――でも、人間の感覚で感知できない何かって、科学的に、存在しますもんね。犬猫には聞こえる帯域の音だったり。

ジン　そう、自分ちの犬や猫となら意思疎通できるもんね、だいたい。言葉を介さなくても、怒ってるか、さみしがってるのか、腹が減ってるのか、警戒してるか。

――その実感はありますね。

ジン　それと同じで、クジラでも、ネズミでも、虫でも、木でも、森とでも、ぼくはコミュニケートできると思う。猫ちゃんに餌をあげるような感覚で、森に水をあげたり、木を植えたり、そんなふうにできたらいいと思うよ。

――まわりになんにもない海や砂漠にひとりでいるときって、あたまのなかは忙しいんですか。

ジン　自分自身とたくさん話をするから、最初、どんどんあふれてくる。ああしたいこうしたい……からはじまって、あのとき、あいつにちゃんと謝ってなかったなあとか、そういう記憶……心の奥にしまい込んでいた記憶があふれ出してくるんです。

――そんな、ずいぶん昔のことまでも。

ジン　うん、小学生だったころのことも。それで、砂漠の真ん中で「あのときは、本当にごめんな」って口にすると、心が安定してスッキリするんです。

――へええ……。

ジン まあ、時間はいくらでもあるんで、自分が納得するかたちで、そういうようなことを、ひとつずつ処理していくんです。毎日、それを続けて、半年もすればだいたい整理がつく。で、そういう状態に入っちゃうと、ふしぎなことに、今度は一切、何にも考えなくなる。何も考えなくてもよくなるんです。

——自問自答しまくった結果。

ジン 朝から晩まで丸一日、鼻歌をうたって終わったりしてね。

——何ひとつ、考えることなく。

ジン それまでに考え尽くしてるから。

——そういう経験って、進んで選ばないとできませんよね。

ジン あのサハラ砂漠の環境というのは、こういうと何だけど、事故にあったり、病気になったり、死の手前にある人が感じることと、かなり似ているものがあったと思う。ぼくは、そういう環境に身を置きたかったんです、たぶん。

——どうしてですか。

ジン 精神的にも肉体的にも極限的な場所で踏みとどまれたら、きっとこの先、自分は大丈夫だと思えるというか……。そこで、ちょっとやそっとでは自分は死なないって確信を得られたら。

——ええ。

ジン 生命のなくなるギリギリのところまで、恐れることなく、ぼくは進んで行けるぞと思ったんです。

自己が拡張していく感覚

――いままで何人か、探検をする人たちに取材させていただいてるんですが「どうして探検するのか」については人それぞれなんだなあって思うんです。

ジン いろいろな動機があるだろうしね。でもぼくの場合は、思うんだけど、プログラミングされてんじゃないかと。

――探検というものが、生まれたときから。

ジン で、その生まれつきの探検スイッチを砂漠が「オン」にしたんです。以前、文化人類学の先生と「人間は、見えない島に行くだろうか」という話をしたことがあって。その先生は「見えるから、行く。見えないのに、海へ漕ぎ出してくなんてありえない」とおっしゃってたんです。

――遠くにでも目的地が「見えている」からこそ、漕ぎ出せる。

ジン　でも、ぼくは、ちがうと思った。たとえ見えなくたって、行くと思う。

——おお……。行きそう……。

ジン　虫でも、動物でも、いま生きてる場所で暮らしていれば、エサだってあるだろうし、未知の危険なんかもないんだけど、どういうわけだか遠くのほうまで飛んでっちゃう奴が絶対いるじゃないですか。九九・九九九パーセントがいまの場所に残りたいと思っても、ほんの〇・〇〇一パーセント、種の生き残りへの保険をかけるべく、未知の世界へ出ていく奴が。

——ええ、なるほど。

ジン　そんなふうにプログラミングされちゃってる奴が絶対いるはずだって言ったの。なんでそんなこと言えたかというと、「ぼくがそうだから」。

——あー、ご自身の実感として。

ジン　話はそこで終わっちゃったけどね（笑）。

——ジンさんの得体のしれない説得力を、その先生もお感じになったのかも（笑）。

ジン　でもさ、結局、考えてみると、何のために砂漠へ行ったのかなんて、本当の理由はわかんない。さっきはもっともらしいことを言ったけどさ、自分で望んだというより、なんだか「そうなっちゃった」んだ。

——呼ばれた感じですか、砂漠に。

ジン　そう……そんなふうにして行った砂漠で、自然とつながった感覚を、旅の最終日にビリビリ感じたんだよね。半年間、考えに考え続けて、なんにも考えることもなくなった状態で、最後の日にパーンと外れたのが「今日、死ぬかもしれない」というプレッシャーだったんだよ。

――ええ。

ジン　食料もあるし、水もある、あそこまで無事に行けたら死なない、そういう状態で歩いていたら「着きたい」って気持ちを、そこまで強くは感じなかったんです。

――へええ、なんでだろう。

ジン　それまで生きるために必死の毎日だったから、音ひとつ聞くにしても、髪の毛とか産毛まで使っていたと思うんだけど。

――全身の神経を研ぎ澄まして、生きていた。

ジン　人間というのはおもしろいもんでね、そういう状態になると、実際のボディよりちょっと離れた「先」のほうにまで自分の感覚が届いてる気がする。

――自分が拡張している、みたいな?

ジン　どこまでが自分でどこからが砂漠か、境目が曖昧になってくる。

――周囲の自然と一体化する感覚ですか。

ジン　いや、一体化とはちょっとちがって、とにかく「あやふや」なんです。自分と砂漠のちがいって、絶対的にはないんじゃないだろうか。そんな感じ。それくらい境界線があやふやになる。

――はあー……。

ジン 自分は自分で存在してるんだけども、周囲の環境とも、ひとつながりにつながっている感覚……と言ったらいいかな。

――何か、ひとつの「境地」ですね。

ジン たぶん、大変な思いをして、半年かけて砂漠を歩いた最後の最後に「ご苦労さま、これあげる」ってプレゼントしてもらったものが、その感覚だったんじゃないかって思ってる。

――その感覚は、いまでも思い出せますか。

ジン いつでもぼくの真ん中にあるもの。だから次から次へ、いろんなところへ行きたくなるんです。

――世界中の自然と、つながりたくなる。

ジン うん。いろんな自然、地球上の極地、ぜんぶ見たいと思ってる。自分自身を区切ってしまってるのは、結局、自分自身の思考でしかなくて、その限界を取っ払っちゃえば、まわりの自然や生き物たちと「つながってる」って、ごく自然に思えてくるんです。

――そういうことを、探検から学んだ。

ジン そうだね。二十三歳のときにね。ならば学校で教えるんじゃなくて、まずは自分が学ばなくちゃと。それで暑いところへ行って、寒いところへ行って、鬱蒼としたジャングルに分け入って、高地民族の住む村を、訪ねて。中学と高校は新宿だったんで、都会も、ま、なじみはあるんですよ。

——両極端だなあ……というか、新宿もジャングルっぽいけど（笑）。

ジン 極地だよ、歌舞伎町なんかは。時代が時代なんで、ディスコ通いで。

——そっちの過去もお持ちってところが、ジンさんのおもしろさですね。

ジン 満員電車も平気。六年乗ってました。

——葦船も、東京の満員電車もイケる口。

ジン でも、お金を貯めなくちゃ……とか、家を建てなくちゃ、みたいな「ふつうの価値観」はサハラ砂漠ですっ飛んでっちゃった。いまは、自分は一体どうしたいのか、そのことだけを道しるべに、行きたい場所へ自由に行けたらいい。

——どこへ行っても生きていけそうです。

ジン それが理想。大げさな装備とか何にもなくたって、どこでも生きていけるのって、最強だから。

——そのジンさんの「身軽さ」は、どうやって、培われたんでしょうか。

ジン 最初っからじゃないよ、たぶん。死への恐怖に取り込まれないことで、人は「身軽になれる」んだと思う。それは「無謀」ってことじゃなくて、死というものが、どのあたりに存在していて、そこから先は踏み込んじゃダメだとわかっていれば、そこまでは自由にやれるじゃない。

20分の1のアマナ号の模型で帆走テスト

——なるほど。

ジン いろんな目に遭った経験が大きいね。生き切る……ということを意識して、自分の生をまっとうしたいんです。いまは、次の航海のために生きているという自覚があるから、葦船の太平洋横断を成功させるまでは、ぼくは、死なないと思う。そこで得たものや考えたことを、まわりのみんなに伝えるまでは。

人類最高の芸術だと思う

——今回の葦船太平洋航海プロジェクトは、いつから構想しているんですか。

ジン 二十年くらい前かなあ。十年の潜伏期間が挟まってるけどね。

——ようやく今年、はじめられる。

ジン テスト航海がスタートします。

——スケジュールは、どのような。

ジン まず、本番の船の半分の大きさの九メートルの船をつくって、サンフランシスコ湾をテスト航海。マストの位置だとか舵の大きさを、そこで決めようと思ってる。アメリカ先住民のスタイルを取り入れた、新しいデザインの船にします。せっかく葦船のバトンが回ってきたんで、現代の知恵をふるって、新しいデザインの船をつくろうと思ってます。

——葦船って、自分で設計するんです……ね。

ジン　もうできたよ。頭のなかで描いたものを設計図に起こし、模型に落とし込んで、実際に水に浮かべてみて、大丈夫だと思ったら、ハワイへ出発する。

——それが……。

ジン　来年二〇二一年以降、かな。今年はテスト航海をやったりだとか、デモンストレーションのツアーでいろいろまわって、航海の資金を集めなきゃならないんで。

——二十年をかけた準備期間も、終盤戦ですね。

ジン　テスト航海を三月から五月にやって、それが終わったら、葦の刈り取りをします。三千束。刈り取って、風や天候の具合を見て、今だ、ってときに出発です。夏の高気圧の吹き出しという風を利用して行くんだけど、その風の調子がイマイチだったら、次の年にずらします。

——ああ、季節の風に乗っていくから、その年がよくなかったら、まるまる一年延期になっちゃう。その場合、葦船は、つくって保管しておくんですか。

ジン　つくる前の束にして置いておく。

——行くぞとなったら、組み立てる。

ジン そう、草の準備さえしてあれば、つくりはじめてから三ヵ月後にはできあがるからね。

——クルーは、どういう人たちなんですか。

ジン 環太平洋の末裔の人たちが集まったら、いいなあと思ってるんです。

——おおー、かっこいい。

ジン ネイティブアメリカンのクルー、ハワイのクルー、ニュージーランドのクルー、ミクロネシアのスターナビゲーションの人たち、イースター島のアニキも、チチカカ湖の葦船職人も乗って。

——すごーい、オールスターですね。で、船長はニッポン代表のジンさん。

ジン 環太平洋の海洋民族たちの文化が、ひとつの船に乗って、旅をする。でね、そのようすをどうにかして、映画にしたいと思っていて。

——映画?

ジン 文化的背景も言語もちがう、環太平洋の海洋民族出身の人たちが、それぞれの旅を、それぞれの言葉や価値観で語る映画。

——おお、おもしろそう!

ジン でしょ。文化や言葉がちがったら、同じ旅なのに、ぜんぜんちがう物語になると思うんです。

——クルーの数だけ、物語がうまれる。自分たちの文化を通して旅に接して、自分たちの言葉で、航海で体験した物語を語る……って。

ジン　究極のオムニバスだと思う。

——観たいです、それ。船の定員は……。

ジン　大きさからして、七人くらいかなあ。

——葦船って、放っておけば一年後には土に戻るってことですが、廃棄するときは、ただ置いとけばそれでいいんですか。

ジン　積んどけば、そのまま肥やしになる。燃やしてもいいけどね。天然の素材で珪藻を含んでるから土壌改良にも使えるはず。

——葦船って、イメージとか見た目的に、そこまでの性能があると思えないところも、おもしろいです。

ジン　自然の力って、計り知れないよね。よけいなことをしなくても、微生物に任せておけば大丈夫的な。

——なかでも、やっぱり、生き物が寄ってくるっていうのが、おもしろいなと思いました。

ジン　もう、実際に見せてあげたいです。アートな部分もあると思う。

——いや、やってることが、めちゃくちゃアートだと思います。船の形も本当に美しいですけど、昔からこういう見た目なんですか。

ジン　これは、チチカカ湖のタイプだね。先が尖ってんのは、波を切るため。

――お話をうかがっていると、いろんな人たちとの出会いがあって、ジンさん、導かれるようにして、いま、ハワイへ向かっている感じがします。

ジン　そうだね、チチカカ湖の葦船職人もスペイン人の船長もイースター島のアニキも、偶然です。でも、偶然だけど、ふりかえったらすべてが必然だったような気もする。

――呼び寄せるんですかね、人の縁を。島が葦船を呼び寄せるように。

ジン　たぶん、自分の人生に嘘をつかずに生きていたら、どうしても出会う人っていると思う。

――人との出会いも必然的にやってくる。偶然のようなふりをして。ずっと探検し続けたいと思いますか。

ジン　気持ちの上ではそうだけど、探検には限界があると思ってるから、いずれ伝える側に回ると思う。航海は若い衆に任せて、イルカ語、クジラ語の語学学校とか、そんなのをつくってみたいな。七十歳とか、それくらいになったら。

――石川仁イルカ語・クジラ語学校。

ジン　ぼくは「生き切って終わる」のが目標。いまはそのゴールに向かってる途上。やることもぜんぶやったし、よしオッケー、次行こうって言って、生き切って死にたいんです。

――それは、理想かもしれないです。

ジン　人類のなせる最高の芸術だと思うよ。
――そうやって生きて死ぬこと、が。
ジン　うん。
――葦船って、すごいものですねえ。
ジン　こんなおもしろい遊び……ないよね。

（2019年12月12日　長崎にて取材）

2023年、摩天楼をバックにテスト航海中のアマナ号　©EXPEDITION AMANA

その後のジンさん

テスト航海を終え本番に備えています

――二〇二〇年でしたか、オンラインでおしゃべりしたときに「コロナ禍で思うように動けないけど、待つことには慣れてるから焦りはありません」とおっしゃっていたんです。世の中に不安や焦燥感が渦巻いていた時期だったので、ジンさんすごいなあと思ったんですが、いまは……。

ジン　どこまで話しているかわからないけど、結局、本番前のテスト航海の準備を進めていたんですが、テスト自体が延期になっちゃったんです。でも、今年（二〇二三年）ようやく三年ぶりにこっちへ戻ってきてプロジェクトを再開しました。今週ちょうど十二回のテスト航海を終えたところです。

――おお。本番の半分のサイズの九メートルの葦船で、ですよね。どうでしたか、首尾のほうは。

ジン　いい感じだと思います。見たかったのは「船体のバランス」なんです。というのも、次の船は新しいデザインなんですね。これまでの南米スタイルじゃなく、北米先住民の船を参考にしているんです。南米の船って大きな葦の束がふたつくっついたかたちなんですが、北米のデザインでは大きな束の両脇にちいさな束がくっついている。で、北米のほうが南米の船よりまっすぐ進むんです。

――なるほど。課題なんかも見つかりましたか。

ジン　いくつか修正しなきゃならないところはあったけど、思ったより、よかったですね。これなら本番もいけるって感触がつかめました。テスト船をつくるにあたっては、地元の人たちが延べ百人くらい集まってくれたんですよ。うれしかったです。

——じゃあ、その人たちと「葦を刈る」ところから。

ジン はい。ただ、刈り取り作業にいたるまで「三年」くらいかかってますけどね。

——三年？

ジン カリフォルニア州って自然環境に対してシビアなので、「葦を刈り取る」ことについても許可が下りなくて。州や郡の施設を訪ねて葦を刈っていいか聞いて回ったんですが、どこへ行っても「一本たりとも刈ってはいけない」と。もう駄目、駄目、駄目……って、えんえん断られ続けました。

——最終的に、どうなったんですか。

ジン ネイティブ・アメリカンの人たちにご協力いただきました。先住民の土地に生えている葦なら、彼らが許してくれさえすれば刈り取れるとわかったんです。州や郡とは関係なく。以前、こちらの葦船のお祭りに参加したりしていたので、彼らとは顔見知りだったんですよ。

——なるほど。

ジン 葦船プロジェクトのことを説明したら、それはいいねってことで、刈り取りＯＫと言ってもらったんですが、そこから三年かかったんです。

——え、「そこから三年」なんですか？

ジン そう。俺たちはいいと思うんだけど、いちおう長老に聞いてみようということになって。でも、その長老という人になかなか会えないんですよ。約束の日に行っても今日は親戚のところだ、次の金曜日に来てくれ……で、金曜日に行ったら、さっき病院に行っちゃった……とか。たぶんですけど、その三年の間、ずっと「見られていた」と思うんですよ、ぼく。

——つまり、時間をかけて人間関係を構築していく必要があった……と。

ジン ともあれ、ようやく最終的なＯＫをもらって、必要な量の葦を刈り取らせてもらったんです。そして、さあテスト船をつくろうというときに、コロナが来た。それで、それからさらに三年、動けなくなったんです。

――なるほど、そういう時系列でしたか。はじめての取材が二〇一九年でコロナの直前だから、あのときは、やっと刈り取った直後。で、その取材のあとすぐに「コロナ明け待ち」の状態になったと。

ジン だから今回のテスト船は、三年前に刈り取った葦でつくったんです。コンテナに保管していたんだけど、もしかしたら腐ってるかもしれないって心配してたんですね。でも、ほとんど大丈夫でした。

――本番の船づくりに着手するのは、いつごろなんですか。

ジン 来年（二〇二四年）から葦の刈り取りをはじめる予定です。テスト船は六百束で一ヵ月かかったんですが、本番の船では三千束が必要になります。

――想像もつきませんが……それは「めっちゃすごい量」ってことすね？

ジン 野球場くらいの広さを刈り取る感じかなあ。

――ひゃー、そんなに!?　じゃ、また先住民のみなさんのおゆるしを得て。

ジン それがですね、今回テスト船をつくったじゃないですか。半分の大きさとはいえ、実物があると「伝わる」んですよ。地元の人たちにとっては見たこともないものだし、先住民の人たちもつくったことのないサイズだった。そんな船をつくってテスト航海しているようすが、新聞やテレビに取り上げられたんです。そしたら、地元の人たちも積極的に声をかけてくれるようになって。

――おお。

ジン おかげで葦の刈り取りもオッケーだよって、管理局から許可が降りたんです。

――よかったですね！　葦の刈り取りは今年として、組み立ては？

ジン　最速で二〇二五年を想定しています。三千束が刈り取れているかどうか、きちんと資金が集まっているかどうか……とか、いくつか条件があるんだけど。すべてが順調に進んだ場合、出発は、その年の初夏。五月の終わりくらいが理想的だと考えています。

——それはつまり「風」の具合で。

ジン　はい。当初の想定より少し早いんだけど、その方がいいんじゃないかって、いま地元のヨットマンたちと話してるところ。

——目的地は「ハワイ」で、変わらず。

ジン　ええ。盛り上がってくれてます、地元の人たち。会うたびに「おい、いつやるんだ⁉」って（笑）。

——ジンさんがはじめてサンフランシスコへ行ったときは、知り合いなんかいなかったわけですよね。

ジン　ゼロですよ（笑）。

——どうやって仲間を見つけていくんですか？

ジン　アメリカ先住民の長老と知り合ったことが、大きなきっかけです。デニス・バンクスさんといって、先住民の権利や文化を守る活動をしていた方なんですが、彼が日本で講演会をやったときに知遇を得て、葦船のことを話したんです。そしたら大いに賛同してくれて、サンディエゴの先住民を紹介してくれたんです。

——なるほど。

ジン　ただ、その後出航地はサンフランシスコのほうが条件的にいいということがわかって、サンディエゴから移ってきました。でも、最初のきっかけをつくってくれたのは、デニス・バンクスさんですね。

——ジンさんの場合、知らない土地で協力者を見つけていくところから探検がはじまっている感じがありますよね。

ジン　だから、時間がかかるんですよね（笑）。現地へ通い続ける必要があるので。ただ、こうしてみんなが集まってきてくれるのも、葦船に「吸引力」があるからだと思うんです。

――みんなが、おもしろがっちゃう。

ジン そう。テスト船をつくっていても、たくさんの人が見にくるし、ぼくもわたしもボランティアで手伝いたいって言ってくれる。最初は誰ひとりいなかったのに（笑）、どんどん集まってきてくれるんです。

――今回、スムーズにいけば二〇二五年五月に出航して、ひと月半とかでハワイへ着く予定なわけですよね。探検の成果って、どんなふうに発信していくつもりですか。最初の取材では、ドキュメンタリー映画をつくりたいっておっしゃってましたが。

ジン はい、そのつもりです。アメリカ西海岸からハワイへの葦船の旅を、ひとつの映像作品にまとめたいと思っています。可能であれば、洋上からインターネットのライブ中継をしたり。そのときの状況をリアルタイムでシェアしてみたいですね。

――それは、楽しみですね……！　コロナ禍以降「動くこと」が信条の探検家・冒険家のみなさんは、いろんな困難に直面したと思うんです。動けないことで。でも、動けないながらも、それぞれ着実に歩みを進めている。そのことに、感動を覚えます。

ジン 難しいことや困った問題って、誰の身にも起きますよね。ぼくら探検家だけじゃなくて。でも、諦めずに挑戦を続けていれば、必ず、目的地へたどり着けると、ぼくは思っているんです。

――そうなんでしょうね。そう信じているから、コロナでも焦らず、地に足をつけていられる。ジンさんを見ていると、そう感じます。

ジン ちょっとやそっとじゃ、諦められないです。だって、もう人生そのものですから。葦船のプロジェクトは、ぼくにとって。

――ジンさんは「もう駄目だ」と思ったこととかって……。

ジン　ないです。もう駄目だ、おしまいだって本気で思ったことは、ないと思います。くじけそうになったことは数えきれないほどあるけど、もうやめようとか、絶対に無理だなと思ったことはないです。

――その言葉にジーンと来ます。ジンさんだけに……ってわけじゃなく。

ジン　はい(笑)。九九パーセント可能だと思えるプロジェクトと、一パーセントしか可能性のないプロジェクトがあるとしますよね。九九パーセントなんてほぼ成功するだろう、一パーセントじゃ確実に失敗だろうと思ってしまうかもしれない。でも、ぼくにとっては、どっちも同じなんですよ。一パーセントどころか「〇・一パーセント」でも可能性があるなら「不可能じゃない」わけだから。

――なるほど。

ジン　可能性の「数字」がちがうだけ。可能性が「ゼロ」じゃない限り、成功を信じて挑み続けられると思ってます。それに「可能性ゼロ」なんてこと、あんまりないと思うんですよ。どんなに難しくたって、「〇・一パーセント」くらいの可能性は、あるんじゃない？

（２０２３年8月9日　オンラインにて取材）

07

未踏峰を往く者の哲学。

世界的クライマー
平出和也さんの
経験と言葉

登山の世界のアカデミー賞と呼ばれるピオレドール賞に三度も輝いた、
アルパインクライマーの平出和也さん。

どうして誰も登ったことのない未踏峰、未踏ルートへ向かうのか。

山で生まれた問いへの答えは、次の山へ向かうことで得られる……と、平出さんは言います。

その繰り返しが、自分を成長させてくれるんだそうです。

哲学者のそれかのような平出さんの言葉に、引き込まれました。

平出和也　ひらいで かずや

アルパインクライマー、山岳カメラマン。石井スポーツ所属。大学2年のときから登山をはじめ、２００１年のクーラカンリ（東峰・７３８１ｍ）初登頂以後、難易度の高い数々の未踏峰・未踏ルートに挑戦し、優秀な登山家におくられるピオレドール賞を日本人最多の3度受賞。世界のトップクライマーの一人であり、山岳カメラマンとしても幅広く活躍している。著書に『What's Next? 終わりなき未踏への挑戦』がある。パキスタン・ティリチミール７７０８メートル未踏の北壁に挑戦した記録映像『ＲＯＰＥ』が、スペインの山岳映画祭「メンディ映画祭」にてBest Mountaineering Film賞などを受賞した。

未知への挑戦の、はじまり

──何年か前、NHKで平出さんのドキュメンタリーを見たときに「うわあ、こんな人がいるのかあ」と思ったんです。なにしろ、ぜんぜん知らない山にばっかり挑戦されていたので。

平出 玄人向けの内容でしたね（笑）。

──ぼくのような一般人には聞いたことない名前の山しか出てこなくて、それだけ過酷な挑戦をしているんだろうなあ……と。途中で、これ無理じゃないかとも思いましたし。

平出 あれ、ぼくが生きて帰ってきていることを知らなかった人は、追悼番組じゃないかと思ったみたいですね。

──平出さんは、同じヒマラヤでも、みんなが知ってる「エベレスト」ではなく。

平出 ええ、日本では「こんど、ヒマラヤに挑戦しに行くんです」と言うと「エベレストですね」って言われますけど、当然、ヒマラヤにはエベレスト以外の山もいっぱいあるんです。

──でも、エベレスト以外は、一般の人は知らないかもしれないです。

平出 エベレストのベースキャンプには、毎年二千人とか三千人の登山客が、訪れるんですが……。

——頂上付近では渋滞が起きたりするほど。

平出 でも、そこからそう遠くない場所に、まったく別の世界が存在しているんです。ほんのちょっと目線をずらすだけで、ぜんぜんちがう山、まったく別の世界があるんだということを、もっと知ってほしいと思って冒険してきたようなところもあるんです。

——そういった部分も含めて、海外などでは、冒険に対する意識ってもっと高いですか。

平出 国によっては、山岳ガイドがなりたい職業の上位に入ってたりします。フランスでは山岳ガイドは国家資格です。冒険家に対するリスペクトも高いし、職業としても、パイロットとか弁護士などと同じように、憧れの職業のひとつなんです。

——職業として、経済的にも成り立っている？

平出 はい、もちろんです。生きていく選択肢のひとつになってます。でも、日本ではまだまだ冒険を職業にすることはもちろんですが、スタートラインに立つことさえ難しい。

——平出さんの場合は……。

平出 ぼくは就職して登山を続けています。日本でもやろうと思えばできるんですが、海外であればもう少し苦労は少ないかもしれないです。

——冒険家という職業のあり方を、きちんと評価する価値観があるんですね。

平出 そのための社会のシステムも。冒険家の活動の意義を認めてくださって、お金を出してくださることで、冒険家は冒険を続けることができます。極地へ挑むということは、ものすごーくお金のかかることなので。たとえば北極や南極などで冒険をしようと思ってセスナを一機飛ばすだけでも、何千万円というお金がかかります。ぼく自身は、自分の登山に関して言えば、すべて自分のお金でやってきましたが、そういう難しさもあって、いまは冒険家を目指す若い人がどんどんいなくなってきているんです。

――そうなんですか。

平出 職業として難しいということもあるけど、いちばんは「ヒーローがいない」からだと思います。

――かつての植村直己さんみたいな？

平出 もちろん、すごい人はたくさんいますが。

――ええ。平出さんもそのおひとりですし。

平出 登山ってわかりにくいんです、そもそも。順位なんかもつかないし。ぼくは陸上をやっていたんですけど、競技スポーツをやってる人って、順位がつくことによって競争心や意欲が掻き立てられるんです。

――もっと速く、もっと高く……という。

平出 自分が最初にゴールテープを切りたい、その気持ちがあるから辛い練習にも耐えられるわけです。自分より速い人がいたら、いつか追い抜いてやるぞと思うことで。でも登山の場合……われわれ登山家は山や自然とは対峙してるけど、人間と競争しているわけじゃない。そういう意味では、あるていど人間的に成熟していないと、よし目指そうとは思わないのかもしれない。ぼく自身にしても、一番でゴールテープを切ることだけがすべてじゃないと気づいたのは、あるていど年齢を重ねてからなので。

——平出さんは、陸上でもかなり有望な選手だったわけですよね。

平出 強かったです。全国的に見てもなかなかの成績でした。でも、週末に兼業農家だった父親の作業を手伝うと、もうね、年老いた父親のほうが、ぜんぜん強い。

——へえ……畑とか、田んぼとか？

平出 そうです。単純に一〇〇メートルを走るだけなら、当然ぼくのほうが速いです。でも、ぐっちゃぐちゃにぬかるんでる田んぼの中をふらつかないで歩いたりとか、畑を耕すとか、鍬をふるうとか……が、まったく父にかなわなかった。

——かなわない……という感じ、わかります。自分の場合はフィジカル面じゃなく、気持ちや思考の器の大きさ……みたいなものですけど、農家の人を取材したりすると、広大な土地とか雨とか晴れの天候とか、相手にしているものが、めちゃくちゃ大きいなあって思いますし。

平出 本当に。ぼくがまだ小学校とか中学校のころには、競技大会で勝ってメダルやトロフィーを持って帰ってくる、それだけに執着してたんですね。でも、高校生になったころくらいかな、農作業を手伝ってみて、父はなんて人間的に強いんだと思った。そのことを思い知って、打ちのめされて。自分は、競技場を出たところで真に強い人間でありたいと思ったんです。

――なるほど。

平出 で、そのときに……まわりを見上げたら、たくさんの「山」があった。

――おお。

平出 それらの山へ登る……というところから、ぼくの登山人生ははじまりました。最初は、あくまで陸上のトレーニングの一環で、家から山の頂上まで走って登って帰ってくる……ということをやっていたんですけれど。

――走って登山……ですか。でも、山といっても、どれくらいの？

平出 二〇〇〇メートル後半です。

――えっ、そんな高い山に「走って」？　その「走って登山」っていうのは、行って帰ってくるのに、どれぐらい時間がかかるんですか。

平出 四～五時間から、半日くらいかな。よく、登山のときの地図にコースタイムが書いてありますけど、一時間かかるところを、十五分で帰ってきたりしてましたね。

――えええ。

平出 当時の自分は、コースタイムの「五分の一」だとか「十分の一」の時間で、行ってくるものだと思っていたので。でも、そうやって、ふつうの人の何分の一で歩けた……みたいなことで満足していた時点では、まだ「ただの競争」をやっていたんです。

——ああ、なるほど。

平出 なので、そのうちに登山道のないところに行ってみたいと思いはじめるんです。それが、二〇〇四年からはじめた「未知への挑戦」なんです。

満点以上取らないと無理

——その「未知への挑戦」をはじめたのは、おいくつのときですか。

平出 石井スポーツに入ってからなので、二十五歳か、二十六歳です。

——でも、それまでだって、ふつうの登山をしていたわけではないですよね？

平出 ええ。大学生のときには、すでに七〇〇〇メートルの未踏峰や八〇〇〇メートル級の山に登っていました。大学二年で山岳部に入ったんですけど、そこが競技者から登山家への転機でした。すべての責任を自分で負える活動をしたいと思ったんです。ちょうどヒマラヤ遠征があって、もう……飛びつくようにして参加しました。ただ、最初のころは、まだ競技者マインドの抜けきれない登山家だったと思います。

——と、言いますと?

平出 この地球上に標高八〇〇〇メートルを超える山って、エベレストを含めてぜんぶで十四座存在しているんですね。その十四座すべてをはじめて制覇したのは、メスナーというヨーロッパの有名な登山家なんですが、その後たくさんの登山家が同じように十四座を目指すようになって、現在では四十人とか五十人が登ってるんです。

——つまり、競技スポーツではないけれど「競うようにして登る」という側面が。

平出 そうなると標高八〇〇〇メートル超の山も、こなすべき「課題」になってしまう。学生のときに、チョ・オユーという八〇〇〇メートル級の山へ登ったんですが、実際に行ってみたら世界中の登山家が集まっていて、下から山頂までロープが張られていて、ただそこをたどっていくだけだったんです。

——それだってすごいことですが……。

平出 すると、自分の前を歩いている人がいたら追い抜きたくなっちゃう。まだまだ以前の価値観の中にいたんだなと、そこで、あらためて気づいたんです。

——競技場からは出たつもりだったのに。

平出　そう、もちろん登頂に成功はしたんですが、こういう山登りはぼくの目指す冒険じゃないなと思いました。で、翌〇二年に、バックパックを背負ってパキスタンへ山を探す旅に出たんです。

――え……自分が登るべき山を探すところから、はじめたってことですか。

平出　ヒマラヤを登りたかったんですけど、どの山を目指していいのかわからなかった。だから「山自体」を探しに行ったんですが、ある意味では、自分を探しに行ったような旅になりました。

――見つかったんですか……登るべき山は。

平出　地図を片手に、文献や資料をチェックして、さまざまな情報を集めて……人が登ったことのある頂を潰していったら、真っ白なエリアが出てくるんです。

――つまり、地図上の「空白地帯」？

平出　そう、そこがなぜ「空白」なのか……を、自分の目でたしかめに行こう、と。気象条件が厳しくて誰も登山していないのか、あるいは誰にも気付かれていないのか。何がどう「空白」なのか、行ってみなければ、わからないわけですよ。

――誰も登っていない山を探して……。

平出　まっさらなところ、空白地帯、そこがいったいどうなっているのか……を見たかったんです、自分の目で。その旅を続ける中で出会った山のひとつが、シスパーレだったんです。

――平出さんのドキュメンタリー番組の舞台にもなった、パキスタンの山。垂直の北東壁を有する、

2017年、シスパーレ登頂後のベースキャンプにて中島健郎さんと
333～398ページ、プロフィールを除くすべての写真提供：石井スポーツ

前人未踏の七六一一メートル……ですよね。

平出　世界四位のチョ・オユーという八〇〇〇メートル級の有名峰に登ったけど、そういう山には資料もたくさんあるし、登り方まで指定しているような文献もある。そのなかで誰がいちばん速いか……って登頂時間を競ったりするのは、そんなの冒険じゃないって思ったんです。

――それだと、おもしろくない？

平出　純粋に山と向き合いたかったんです。

――なるほど。

平出　自分は、自分らしい登山をするべきだ。ならば未踏峰や未踏ルートにこだわって、誰も登っていない山に登ろう。それが、いまでもぼくの登山の柱なんです。

――何の手がかりもないわけじゃないですか、未踏峰というのは。ルートはもちろん、どういう山かさえわからないんですよね。

平出　写真がたった一枚しかなかったり。

――その場合、どう準備をして臨むんですか。何がどれだけ必要になるか……とか。

平出　まず写真が一枚でもあれば、そこに情報が凝縮されているんですよ。もちろん、昔は写真を見ても何もイメージできなかった。でも、何度も未踏峰に挑戦して、自分なりに答え合わせをしてきたので、写真が一枚でもあれば、どんな道具が必要で、どんな技術が必要で、つまり自分には行けるのか行けないのかがわかるんです。

――はあー……。ちなみに「写真」というと、どのような。

平出 理想的なのは「航空写真」なんですけど、なかなか都合よくなかったりするんで、写真家さんの写真集にチラッと写っているのをジーッと見たり。それもなければ、ひとまず偵察に行って自分の目でたしかめます。登山って、いかに事前に「イメージ」を膨らませて、入念に準備をして、そのうえで「現地で何点取れるか」だと思うんです。

――おお。

平出 ぼくが好きで登っているような未踏峰は、九十点じゃダメ。たぶんふつうの百点でも登れなくて、満点以上を取れないと登れない。

――誰も登っていない山というものは。

平出 過酷な場に身を置かなければいけない。弱い自分とも対峙しなければならない。道具の選択を誤ったら生命を落とします。未熟だったころは道具を持てるだけ持っていくんですね。不安だから。ロープを一本でも多く……でも実際には使わない道具が半分以上。そのぶん食料や燃料が足りなくなって、窮地に陥ったりしました。

――窮地……というと。

平出 燃料がなくて水をつくることができず、血流が悪くなって、凍傷になってしまったりとか。実際に足の指を何本か……ちょっと短くするようなこともあって。そういう失敗から学んでいます。最初からイメージどおりの登山はできないし、生命は無事だったんで、指四本くらいで済んでよかったですよ。

——それって、あるていど経験を積んでからの出来事だったんですか。

平出 二〇〇五年だから、そうですね。すでにヒマラヤの山を四つ五つ登って、それでもまだ未熟でしたね。

——未熟、ですか。これまで平出さんは、登山の世界で国際的に有名な賞をたくさんもらってると思うんですが。

平出 自分ではまだ未熟だと思っています。

——それは、どういうところが?

平出 まだまだ成長できると思うからです、自分自身が。年齢を重ねて、たしかに体力は落ちてきているけど。でもまだ成長できると思ってます。山というのはそういう付き合い方ができるんです。ぼくを成長させてくれる。それは体力的・技術的だけでなく、人間的にも、です。

シスパーレ、七六一一メートル

――山が人間を成長させる、という表現には、いろんな意味がありそうですが、たとえば、どういうことでしょう。

平出 シスパーレで言えば、ぼく、二〇〇七年に最初の挑戦をしてるんです。当時はイケイケでした。実際は残り三分の一くらいのところで敗退するんですけど、そのとき自分は生命を懸けさえすればどんな山でも征服できる……みたいな、そういう「思い上がり」があったんです。

――自信があったってことですか。

平出 自信もあったけど、それより弱い自分を受け入れられなかったんです。それまで未踏峰の経験を積んでいたから。敗退を敗退として、受け入れられない自分がいたんですよ。その後二〇一二年に二回目の挑戦をして、そこでもまた敗退します。そのときにやっと、生命を賭けても登れない山があるんだと認めることができたんです。

――そして、たしか三回めも……。

平出 はい、敗退しました。三回目、日本へ帰るときっていうのは、人生でひとつくらいは登れない山があってもいいのかな……なんて、どこか諦めのような感情がありました。世界には、まだ他にも未踏峰があるんだから、シスパーレだけに固執せず、他に目を向けたほうがいいぞって、山に教えられてるのかなと思ったんです。

――なるほど。

平出 でも……シスパーレの三回目のときに、自分自身が成長していることに気付いたんです。ほんの些細な差なんですけど、同じ山に何回もチャレンジしていると、ちいさな成長に気づくんですね。

――自分の成長って、なかなか自分では気づけないと思うのですが。

平出 ぼくにとってシスパーレは、それを教えてくれる存在だったんです。あの山へ行けば、人間として、登山家として何が足りないのか……を教えてもらえる気がした。だから、救いを求めるかのように再度シスパーレへ戻って行くんですね。

――四回めの挑戦。二〇一七年……ってことは十年越しの、四回め。

平出 はい、あの山に四回目に挑んだのは、ご存知かもしれないけど、パートナーだった谷口けいさんが、二〇一五年に亡くなったことも大きな理由でした。

――そうですか……谷口さんのことは、のちほどあらためておうかがいしたいのですが、はじめてシスパーレを知ってから一回目の挑戦をするまで、たしか五年くらいあったわけですよね。その問って、つまり、訓練とか準備をしていたってことですか。

平出 ぼくには「夢のファイル」があるんです。学生のころからのものですが、海外の本や雑誌とか見たり読んだりして、カッコいい山の写真があったらそのファイルにはさんでおくんですよ。で、いつかこんな山に登りたい……って。

――カッコいい山……に、登りたい？

平出 こんな山に登りたい……というのは、見た目がカッコいいという山と、今は登れそうにないけど、いつかこんな山に登ることができたら……という山とがあるんです。見た目がカッコ悪かったり、簡単に登れそうだなと思う山だったら、そのファイルには入らない。

――憧れているってことは、高く遠く、そびえ立つように見えるんでしょうね。つまり、登れそうにない感じに。

平出 難しそうでカッコいい山に憧れます。そういう山が「夢のファイル」に入る。もちろんシスパーレも入っていました。簡単に登れそうにない憧れの山だからそのファイルに入ってるわけですが、何年かしたのちに見返すと、あ、この山、いまなら登れるかもって、ふと思えたりするんです。いけるんじゃないかなあ……って。不可能の塊だった「夢のファイル」から、手の届きそうな山が出てくるんです。

――ようするに、登山家として場数を踏んで成長した証なわけですよね、それは。

平出　そうやって、二〇〇七年に「夢のファイル」から抜き出された山がシスパーレであり、二〇〇五年に抜き出されたのが、「インドのマッターホルン」と呼ばれるシブリンという山なんですよ。

――その名前も、聞いたことがないです。

平出　三角形にとんがったカッコいい山です。ぼくは、そこではじめて世界で評価された登山ができたんです。

――評価というのは……。

平出　自分たちの登山が世界の雑誌に載った。はじめての経験でした。難しい山の未踏の壁に一本のラインを引いたっていうことで。シブリンという山は、標高こそ六五四三メートルですけれど、エベレストの百倍、それくらい難しい山で、一流のクライマーしか行けないんです。

――どういうところが、難しいんですか。

平出　たとえば、エベレストだったら二本の足で立って歩いて登れますけど、シブリンは、手も足も使わなければ登れないくらい傾斜がきついんです。手脚四本でも足りないくらい。場合によってはアゴまで使ったり、岩にかじりついたり……もう、それくらい大変な山なんです。

――そんなところを、何日もかけて。

平出　二泊三日で登りきりました。でも、その山でさっき言った凍傷にかかってしまった。当時はまだ経験が浅かったんですけど、登れる自信はあったんです。こんなカッコいい山登りてぇなーって、写真集を見て、選んで……。

——本当に写真集で決めちゃったんですか。すごいですね……！

平出　当時は、ずっとそんな感じでしたね。シスパーレ以外にも、ひとつでも多くいろんな山に登りたいと思ってたので。駆け出しのころって楽しいじゃないですか。自分の登山のテーマとかも決めずに、ヒマラヤへ行ったら見渡せる山ぜんぶ登りたいっていうくらい、あっちもこっちも……って。だから昔はひどかったですよ（笑）。いったんヒマラヤへ行ったら三ヵ月くらい、ずーっと山登りしてました。

——登って降りて、また登って……という？

平出　パキスタンのあたりでひとつ山に登ったら、中国の新疆のほうまで陸路で行って、そのあたりの山に登って、次はインドのほうに移動して、また山に登って。それで三ヵ月くらい帰って来ないんです。

——そんな人……他にいます？（笑）

平出　いま同じことやれって言われても無理です。でも当時は、ひとつでも多く登りたかった。だって、もったいないじゃないですか。見渡す限り、ぜんぶ新鮮な山なんですから。

——そうでしょうけど（笑）。

平出　まだまだキャリアの浅い自分にとってはすべてが未踏峰。だから、なるべく多くの頂に立ちたいと。そのうちに、そういう思いが、だんだん「テーマ」として見えるようになり、やがて誰も登っていない山、誰も登っていない壁を目指していこうと。

——そうやって、平出さんの登山の方向性が定まった。

平出　はい。

——あらためて……ですけど、平出さんはどうしてシスパーレという山に、そんなにも惹きつけられたんでしょう。

平出　見上げたときに、すごく高く、遠く……まるで、雲の上にまでそびえ立つ山に見えたから、だと思います。

——おお。

平出　ぼくが、はじめてあの山を見上げたのは、二〇〇二年、二十代前半ですけど、あのときシスパーレは、あまりに高く遠くそびえ立っていました。ぼくの人生では登れない頂に見えた。でも、だからこそ、ぼくの人生を懸けて、いつかあの頂に立とうと決めた。あの頂にさえ立てたら、今までの自分じゃない、まったく別の自分になれるんじゃないか、そう思ったんです。

2017年、シスパーレ北東壁に一歩を踏み出す

谷口けいさんとの出会い

――カッコいい……で行ってしまった、インドのシブリンは、どういう登山になったんですか。

平出 まだ登っちゃいけない山でしたね。

――凍傷になってしまったり……。

平出 かろうじて生命は落とさなかったけど、足の指が短くなっちゃいましたから。イチかバチかの登山は、やっぱり、しちゃいけないないなと痛感しましたね。

――そういう教訓を得た山だった。

平出 もちろん、そうは言っても、そのときじゃなきゃできない冒険は絶対にあると思うんです。若いがゆえにやれる、という冒険が。でも、それだって、生きて帰ってきたから言えることで。

――ええ、そうですよね。

平出 山では誰も助けてはくれないんです。死んじゃったら経験にはならない。だから無茶しちゃダメなんですけど、その一方で、ケガをするかしないか……の狭間で、かろうじて生きて帰ってくる、そういう冒険に勝る経験はないです。

――簡単に行ってこれる登山では……。

平出　すべてスムーズにいくような、大成功だ万々歳で帰ってこれるような、そういう登山では、やっぱり得るものが少ないと思います。思い出にも残らないですし、それほど。生きるか死ぬかギリギリの状況で、全身をすり減らして登った山ほど得るものが多いと信じています。シブリンは、まさしくそういう山だったんです。

――でも、死んだら、元も子もない。

平出　そう、それはね。ひとつ言えるのは……若さゆえの冒険、生きるか死ぬかギリギリの冒険を経験してきたことで、いま、地に足の着いた登山ができてるんじゃないかなあと思います。

――シブリンへは、誰と登ったんですか。

平出　けいさんです。

――あ、谷口さん。谷口さんは、お怪我は。

平出　彼女も凍傷になりました。ただしぼくのほうがひどかったです。精神的ストレスに対しても、けいさんのほうがぜんぜん強かった。登山というものには、何よりも高い技術力や体力が必要だと思い込んでいたんですが、シブリンの経験で、それだけでは登れない山もあるんだとわかった。体力や技術力と同じくらい、精神的なストレスに対する耐性が要る。どんな過酷な状況に置かれても、耐え切れるメンタルが必要なんです。

――身体と技術と、精神と。

平出　だから、そういう部分も含めて、自分は、登山家という以前にまだまだ人間的に弱いと感じました。世界で評価されるような登山をして、技術面での自負もあったけど、精神的にはまだまだ未熟なんだと。

――そうやって、登山を通じて、自分自身のことを知っていった。

平出　ささいな危険に気付けるかどうかが、生きるか死ぬかに関わります。足先が冷たいけど我慢すればいいや、というふうに、あのときの自分は思ってしまった。本物の登山家だったら、あの場で一日くらい停滞を余儀なくされても、足をマッサージすべきだった。靴を脱いで、パートナーと冷え切った体を温め合うべきだった。

――でも、そうしなかった。

平出　当時の自分は山頂しか見えてなかったんですよね。足元の危険に気付けなかったんです。未熟だったからだと思います。

――他方、シブリンでの谷口けいさんは、どうだったんですか。

平出　けいさんは、ぼくより五つか六つ年上だったけど、登山をはじめたタイミングもヒマラヤ登山へ向かったのも同じころ。おたがいに未熟ではありましたけど、ひとつの山を見上げたときに、同じくらいの高さに感じていたんです。

――つまり、目線がそろっていた。

平出　どちらかが成熟した登山家だったら、たぶんもう片方は連れて行かれる立場になってしまう。でも、同じ目線の高さで、目の前の山がしっかりと見えていて、求めるもの……つまり、まだ誰も歩いていないルートを行こうという登山の方向性まで、すべてがそろっていたんですよね。

——だから、その後もずっとパートナーでいられたってことですか。

平出　心地よかったんですよ、一緒にいると。生命を預け合えるパートナーって一生に一人か二人出会えるかどうか、というくらいの確率なんです。

——それは、運命的な人……ですね。

平出　登山の途中で行き詰まって、あれ、どっちから行ったらいいだろうとかって言い合ってるときも、もう、楽しくてしょうがないんですね。ぼくにはないアイディアをけいさんが持ってたり、その逆もある。でも、パートナーとして何度も何度も一緒に登った理由は、けいさんとぼくの「登りたい山」が同じだったということなんです、結局。

——目指す頂きが、一緒だったから……。

平出　そう、ぼくが「次は、この山のこの壁に行きたい」って言った瞬間、「わたしは十年前から思ってた」って返してくるんです（笑）。自分だけのものだったはずの夢が、けいさんに話した瞬間にパーッと奪い取られちゃうんです。

——うれしそうに言いますね（笑）。

平出　すごくうれしかったんです、それが。逆にぼくが「じゃ、一緒に行かせてくださいよ」って言っちゃいそうになるほど。人の夢を奪い取るプロなんですよね。ぼくの夢に対して、ぼく以上に、思いを馳せてくれる人だったんです。

――そんな人に、どうやって出会うんですか。

平出　ぼくが東海大学山岳部の主将だったとき、亜細亜大学の山岳部の主将と、標高八二〇一メートルのチョ・オユーに、ふたりで登ったんです。ぶじに登頂成功して帰ってきたあと、アルピニストの野口健さんが、おまえたち、学生二人で八〇〇〇メートル、無酸素で誰の助けも借りずに登ってきたってけっこうすごいことだから、しっかり発表しておきなさい……と。

――へええ……。

平出　社会に評価されるべきことなんだと、ホテルの一室を借り切って、人を集めて、発表の場を設けてくださったんです。そのとき、たまたまそこにいたのが、けいさんだったんです。

――平出さんたちの話を聞きに来た？

平出　当時のけいさんは、野口さんのやっていた清掃登山隊でお手伝いをしていて、詳しくは知らないんですけど、頼れるマネージャー役みたいな存在だったんだと思います。でも、ぼくらの話に興味がないのは、すぐにわかりました。

――え、じゃ……どうしてその場に。

平出　当時、けいさんは大学を卒業して就職もしていたけど、二、三年で辞めて……登山を本気でやりたいと思って、四畳風呂なしのアパートで貧乏な暮らしをしていたころでした。そんなけいさんにしてみたら、学生の分際でヒマラヤ八〇〇〇メートルとかって、どこのボンボンだよと。

――そうか。

平出　だからその日もぼくらの話を聞きに来たんじゃなく、立食パーティーでおいしい食べ物があるって誘われて来たんじゃないですかね。

――はああ……でも、その後もずっと続く、おふたりのパートナーシップはそんな偶然の出会いから、はじまった。

平出　そうなんです。

パートナーの背後に見る顔

――たまたま知り合った谷口けいさんとは、その後、どうやってパートナーを組むことになるんですか。

平出　しばらく、ぜんぜん会いませんでした。ぼくは大学を出た二〇〇三年に石井スポーツに就職しましたが、お店に来た知り合いに遠征の勧誘をしたりしていたんですね。そこへあるとき、けいさんが来た。二〇〇一年のパーティーで会って以来、久々だったんですけど、「こんど、こんな山に行くんです」って言ったら「あ、それわたしも行く」って（笑）。

――おお。

平出　ぼくの夢を、サッと奪い取った（笑）。

――華麗な手口で（笑）。

平出　それ、出発一ヵ月前ですよ。

――何という山だったんですか。

平出　二〇〇四年に登った、ヒマラヤのゴールデンピークという山。ぼくとけいさんの登山は、そこからはじまることになりました。未踏峰・未踏ルートを前にしたときのあのワクワク感、手探りで登っていく感覚、いちいち答え合わせをしていく登山が、おたがい大好きになりました。

――同じような目線で、同じ山を見上げて、同じように好きになっていった。どれくらい……一緒に登ったんですか。

平出　二〇一三年のシスパーレが最後ですが、回数で行ったら……何回だろう。ゴールデンピーク、シブリン、ライラピーク……二〇〇五年にムスターグアタに登り、二〇〇八年のカメット、二〇一一年のナムナニ、あ、その前の二〇〇九年にはガウリシャンカール……ディランがあって、シスパーレ……か。

――ぜんぶ知らない山です。みごとに。

平出 だから、合計八回くらいですかね。一回の遠征で二ヵ月くらいかかるから、かなりの時間を一緒に過ごしました。

――次はここへ行きたいという山を伝えて、賛同してくれたら、じゃあ一緒に行こうとなるわけですか。

平出 そうですね。ただ、その間にも、それぞれ別のパートナーとも登山してますから、他の山で得たものを持ち寄り、年に一回くらいの頻度で一緒に登って、そこで高め合って、という感じ。

――パートナーとして見たときの谷口さんのすごさって、どういうところにありますか。

平出 ぼく自身は山登りすればするほど臆病になるけど、けいさんは本当に山が大好きで、楽しそうで……。登れば登るほど、もっともっと突っ込んで行こうとする。その点だけは、一緒に登れば登るほど、反対のベクトルへ向かっていきました。

――そうなんですか……。

平出 けいさんが、よく言ってたんですけど、四十までは吸収する人生で、四十五からは還元する人生でありたいと。だんだん四十に近づいていたからこそ、もっともっと吸収したい、そういう思いが強くなっていたのかもなあと思います。

——もう時間がないという思いもあっての、突っ込んでいくスタイル……。

平出 焦りを感じていたのかもしれないです。めちゃくちゃ吹雪いて、これ以上は登れないんじゃないかって思うようなときも、もうすこし粘ろう、がんばれるよって。実際、記録に残る登山をするためには、両方が臆病になってもダメだし、両方がイケイケになってもダメ。ベースキャンプで恐怖に襲われて、ぼくが帰りたいとか言ってるときには、けいさんが、大丈夫、もうちょっとがんばろうって言ってくれたりしたんです。

——なるほど。

平出 ただ、実際に山を登り出したらぼくは覚悟が決まってイケイケになっちゃったりするんです。で、けいさんのほうが「ちょっと、気を付けてね」みたいなブレーキ役になって、いつの間にか立場が逆転したりとか。

——そういう生命のかかった場所におけるパートナーって、いったいどういう存在なんでしょうか。

平出 家族以上です、本当に。ぼくにヒマラヤ登山を教えてくれたヒマラヤのお父さんお母さん、みたいな登山家がいるんです。自分の登山隊をつくろうとしたときに彼らから最初に言われたのは、一緒に登るだけがパートナーじゃない、しっかりご家族との交流を持ちなさい……って。

——そのパートナーの、ご家族と?

平出　そう。その登山家も、これまでにパートナーを亡くしていて、そのつど、ご遺族に会ってきた。山で何かが起きたとき、現場の状況を説明するのは、残った者。不幸にも目の前で隊員を亡くして、その隊員のご家族に説明をするときに「はじめて会う」ということがあってはいけないんだと。

――なるほど……。

平出　だから日本を出発する前にしっかりと、隊員全員の家族の顔を見ておきなさい、そんなふうに教えてくれたんですよ。

――つまり、パートナーとは常日頃から交流しているんですね。

平出　一緒にごはん食べる機会をつくったり。そんなふうにして家族同士の信頼を築くことが大事です。だって……帰ってこない可能性があるんですから。

――はい……。

平出　いまぼくは中島健郎と組んでいますが、おたがいの家族、つまり妻や子どもを知っています。だからぼくは山ではすごく厳しい。それは、健郎の後ろに健郎の家族の顔を見ているからです。

――過酷な場所での判断は、その人たちの顔まで含めてのものだと。

平出　ぼくが守っているのは健郎だけではないんだと思うからこそ、誰より慎重になるし、より正確なジャッジができるんですね。健郎の顔だけを見てリスクを冒すのか、健郎の後ろの何人もの顔を見てリスクを超えるのか。

——なるほど。

平出 最悪のケース……つまり、仮にぼくらが山から帰ってこなくても、残った家族同士で助け合える関係性をつくりあげておく。日本を出る前に、そこまできちんと整えておくんです。そのことがとっても重要です。逆に言えば、そこまでできるパートナーかどうかが、おたがいに問われていると思う。

——谷口さんと十年くらい登ったあとに中島さんとパートナーを組んだのは、どういうきっかけがあったんですか。

平出 けいさんから話を聞いてたんですよね。有望な若者がいるんだ……って。山のセンスはすごいんだけど、ただ心配なのは、かなりのイケイケでいつ死んでもおかしくないって。

——それが中島健郎さん。山のセンスとは、どういうものですか。

平出 登攀技術はもちろん、ルート取りなど山に対する感覚すべてです。で、その話を聞いていたタイミングで二〇一四年にNHKの番組でカカポラジというミャンマー最高峰に登ったんですね。そのとき一緒だったのが、倉岡(裕之)さんと健郎だったんです。

——おお、九度もエベレストに登っている、最強の山岳ガイド、倉岡さん。

平出 結局、登頂はできなかったんですけど、力のある登山家だと思った矢先……けいさんが亡くなってしまったんです。

――北海道の黒岳で。滑落の事故で……。

平出　はい。けいさんというパートナーを失って、しばらく呆然としていたんですが、あるときにふと、今後自分は誰と登っていくのかと。そう考えたとき……ぼくは、これ以上パートナーを失いたくないと思ったんです。で、高い技術を持っているがゆえに、いつ死ぬかわからない健郎は、絶対に死なせちゃいけないと思った。

――なるほど。

平出　十年前の自分を、見るようだった。生命の危険を顧みないスタイルが。だからぼくと一緒に登ることで、山で生き延びる術を学んでほしい。ぼくは登れば登るほど臆病になって、こうやって生きて帰ってきている。ぼくと登れば、その術を学んでくれるんじゃないか。

――そういう思いで……。

平出　はい。健郎と組むって決めたんです。

死はすべての終わりじゃない

――平出さんは、谷口さんよりも五、六歳、年齢が下だと思うんですが、中島さんよりは年上ですよね。そのちがいを山で感じたりしますか。

平出 けいさんは考え方が大人でした。山での技術や能力はもちろんですけど、人間的にも尊敬できて、多くの人から慕われている女性でした。

――ええ。

平出 ぼくがカッときて、けいさんに八つ当たりをしたとしても冷静に受け止めてくれたし、しっかりぼくにアドバイスもくれた。この人なら頼れると思っていました。

――なるほど。

平出 その点、年齢の差を考えると、たぶん健郎はぼくに頼ると思うんです。でもそのときに、けいさんみたいに正しく判断できるか。もっともっと人間として成長しなくてはと思います。

――パートナーというのは、あくまで平等な立場なんでしょうけど。

平出 もちろん。けいさんでも、健郎でも、連れて行く立場、連れて行かれる立場ということではないです。おたがいの強いところと弱いところを理解して、同じリスクを負って、同じように山

2008年、インドのカメットのベースキャンプにて、谷口けいさんと

と向き合っています。

――経験値のちがいはあっても、平等。

平出 たぶんそれは山が誰にでも平等だからだと思います。ベテランであろうが初心者であろうが、性別も何も関係なしに、山は、平等に自然の厳しさを突きつけてくる。その素晴らしさも、同時に、平等に。

――それだけ信頼しあっていていても、意見がちがってくることもありますか。

平出 ありますよ。けいさんとはじめて意見が食いちがったのが、二〇一一年のナムナニの南壁を登ったときです。そこも未踏の壁だったんですけど。ぼくらは誰も登ったことのない壁にカッコいいラインを引くんだって、危ないルートをどんどん前へ進んでいったんです。そしたら「セラック」という雪の塊の下に入っちゃったんですよ。

――そこは危険な場所……ですか。

平出 上を見上げたら頭上に大きな雪の塊が浮かんでる。雪崩が起きようものなら爆風で死んじゃうような場所です。

――わあ……。

平出 ぼくは、そこへたどり着いた瞬間に、もう帰ろう、危ないから……って。でも、けいさんは、納得できない、まだ諦めたくないって言うんですよ。

――なんと。

平出 たぶん、あのときに……けいさんとのすれ違いがはじまった。十年くらい一緒に登ってきて、それまでいちどもそんなことはなかったから、そのときは、あまり深刻に考えず流したんですが。

――ええ。

平出 三回目のシスパーレに登ったときも、危ないから戻ろうって、ぼくが主張した箇所があったんです。でも、そのときも、けいさんが納得できなかった。結局、敗退して何とか生きて帰ってきたわけですが。

――はあ……。

平出 これはもう山の見方が変わったんだと思いました。

――おふたりの間に、齟齬が、徐々に。

平出 その経験が、ひとつの分岐点になった。ぼくたちは合計十一年くらい組んでいたけれども、パートナーとしては、もうダメかもしれないと思いはじめて、おたがい別のパートナーとそれぞれの登山がはじまったんですね。

――ええ。

平出 けいさんは、昔から山の麓に住みたいと言ってたんですが、二〇一三年のシスパーレのあと、長く夢見ていた生活をはじめたんです。八ヶ岳の麓で暮らしながら、いつでもすぐ山へ行ける環境を整えた。黒岳で亡くなったのは、その矢先でした。

——ああ……そうでしたか。

平出 ぼくの個人的な意見なんですけど、都心に住んでいる自分が山へ行こうと決意したときには、多少なり「準備」をしていくんです。道具はもちろん、天気予報なんかもしっかり見るし、心の準備つまり山へ行くまでに思いを馳せる時間もある。

——イメージトレーニングなども。

平出 そう。でも……山の麓に住んでいたら、ドアを開けたら、いつでもすぐにでも山へと入って行けますよね。山へのハードルが下がってしまった。山に対する距離感が狂ってしまったのではないかと思っています。

——距離感……なるほど。

平出 けいさんは、ぼくの人生において本当に大切な人だった。だから、なかなか、死を乗り越えられずにいたんです。

——そうですよね。どうやって……。

平出 はい、いちどは諦めたあのシスパーレの頂上にさえ立てれば、けいさんの死を乗り越えられる。あるときに、ふと、そう思ったんです。それで、ぼくは四度目の挑戦に向かったんです。

――そういう思いだったんですか。四回目の挑戦の背後にあったのは。たしか谷口さんの写真を持っていって、みごと登頂に成功したあと、写真を山頂に埋めてらっしゃいますね。

平出　はい、そうすることで、ぼくの第一の登山人生を締めくくれた。シスパーレの頂に、けいさんの写真を埋めることで、何か。

――なるほど。

平出　成功してベースキャンプに帰ってきたとき、「もう、こんな厳しい登山はできないかもしれない」って言ったんですね、周囲に。そして「これ以上の経験は、もう、できないかも」とも思いました。

――ええ。

平出　ぼくは、四度目のシスパーレが、自分に何を教えてくれたんだろうって、ずっと気になっていたんです。でも、すぐには明確な答えが出なかったんです。自分にとって物差しの山だったのに。

――どうして、でしょうね。

平出　そう……そのときに、思ったんです。これは、次の山の頂に立たない限り、シスパーレでの経験を振り返ることはできないんだなって。

――次の挑戦へ向かっていくことで、いま登った山が、何を教えてくれたのかがわかる？

平出　過去に三度、敗退したあとにも、いろんな山に登り続けてきたことで、ぼくは、その都度、自分を振り返ることができたんです。だから、あの四度目のシスパーレも、成功しましたってことで歩みを止めてしまったら、答えを見つけられずに終わっちゃう。そんなふうに、思ったんです。

――だからシスパーレに成功したあとも、挑戦を辞めない、んですね。

平出　二〇一八年にはＫ２の偵察に行って、二〇一九年にはラカポシに登った。でね、ラカポシの山頂に立ったとき、そこから、シスパーレを眼下に見下ろすことができたんです。

――ええ。

平出　そのときにようやく自分の中でシスパーレの答えが出たんですよね。けいさんは存在しないけれど、けいさんの思いや魂は、ぼくの心の中に生き続けているなあと、あらためて気付いたんです。

――つまり……。

平出　死がすべての終わりじゃないんだと。次のスタートラインを示してくれる、そういうこともあるんだって。だから、しっかり前を向いて歩いていきなさいって、けいさんが、山が、教えてくれたのかな……って。

なぜ、次の山へ向かうのか

——いま、平出さんは、登山のどういうところが好きですか。

平出 やっぱり誰に対しても平等なところ。勉強やスポーツは順位を競いますけど、一等賞を獲れる人は、たった一人だけ。

——ええ。

平出 でも山は、登山は、誰に対しても平等。陸上競技をやっていたぼくにとっては、それがとても新鮮だったし、ものすごく居心地がよかったんです。

——登山は平等だということは、はじめた当初から感じていたんですか。

平出 自然や山が平等だということは、まあ、よく言われることかもしれない。でも、自分自身で、自然や山って本当に平等なんだなあと実感できたのは、二〇〇四年のゴールデンピークですね。

——と、言うと？

平出 それまでの自分の登山は、たくさんの登山家が歩いた道の上や、シェルパの張ったロープをたどって、登らせてもらっていたんです。でも、二〇〇四年のゴールデンピークの未踏ルートでは、自分たちの歩いたところがルートになった、道になったんです。

——それも、平出さんたちだけでなくて、人類にとっても最初の道になった。

平出 あのときに「登山」というものは、必死でくらいつけば等しく報いてくれるんだと思ったし、自分のやりたかったことって、順位のつく競争ではない、こういうことなんだって気付いたんです。

——平出さんはピオレドールという山の世界のアカデミー賞みたいな賞を三回も受賞しているし、後進の登山家を育てるという気持ちも、あったりするのでしょうか。

平出 健郎が、そうかもしれないです。ただ……何十人もの人を引き連れてヒマラヤでキャンプする……みたいなことは、いまのぼくの役割ではないと思っています。

——そうですか。

平出 ぼくはまだ、アスリートでありたい。二〇二一年で四十二歳になりますけど、この先、山とどう向き合うのか。当然、体力は落ちていきますから、一線級の山に登れるのはあと数年しかないわけです、たぶん。

——そうか……。

平出 でも、年齢だって「平等」なんです。誰でもみんな、等しく年をとります。だったら一度しかない人生で、もう少し「悪あがき」したいんです。

——等しく限られた、人生の時間の中で。

平出 そう。

——平出さんの「夢のファイル」にも「登りたい山」がまだまだ残っているんでしょうし。

平出 いまは、そこからK2という大いなる山を抜き出して、スタートラインに立ち、動きはじめた……という状況ですね。

——K2。この山の名前は知っています。世界第二位の高さだっていうことも、登ろうとする者を寄せ付けない、とても難しい山らしいということも。

平出 これが最後のチャンスかもしれない。

——K2に登るには?

平出 もちろん、これから先も、技術力や経験値は上がっていきます。でもやっぱり体力は下がっていく。そのバランスを考えたとき、手の届く最後のタイミングかな、と。だからこそ、自分の「最後の悪あがき」として、チャレンジしたいなと思っています。

——それほど難しいんですね、K2って。

平出 苦しいでしょうね。かなり。他の山より高く遠くそびえています。きっと自分の限界を二つも三つも超えていかないかぎり、頂にはたどり着けないと思う。

——準備としては……。

平出　ふたつの山を登ってから、行こうと。ひとつはカラコルムのラカポシです。七七八八メートルあって、この山には、もう登ってきました。

――中島さんと、ですよね。

平出　もうひとつが、これもパキスタンのティリチミールという山。昨年登る予定だったんですが、新型コロナの状況で断念したんです。Ｋ２を登るためには、十分な高度トレーニングが要るので、そこで積み重ねをしてからチャレンジしたいと考えています。

――平出さんの登山のマップには、そうやって、ひとつずつ、登った山がポイントされていくんですね。

平出　そう……ただ、登山って、山頂に旗を立てていくイメージだと思うんですが、ひとつひとつのピークに点を打っていくことは、ぼくにとっては、さほど大切なことじゃないんですよ。

――と、言いますと？

平出　ひとつの山の頂に立ったあとはいちど平地に下ります。すると自然と次に目指すピークが出てくるわけですが、なぜ自分は、そのピークに向かうのか。

――ええ。

平出　そのことについて何度も自分に問い、そして、覚悟を決めて出発していくんですね。

――それぞれの山頂は通過点にすぎない、ということでしょうか。

平出　はい、まさに。通過点でしかないです。それより、ピークとピークのあいだで生まれる問いだったり、行こうと覚悟を決めること、そのことのほうが大切だと思ってます。

――問いと、覚悟。

平出　そして、その問いを解決しながら、ぼくは次の山へ向かっています。

――問いに対する答えは、そのときどきで、ちがうものですか。

平出　ちがいます。登る山がちがうから。ひとつひとつの問いに答えていく、そのことが自分を成長させてくれるんですよ。

――そうやって考えるようになったのは、どういうきっかけが？

平出　明確には答えられないんですが……二度目のピオレドール賞をもらったとき、応援してくれる人たちがすごくよろこんでくれたんですね。賞自体ももちろんうれしかったけれども、その人たちの笑顔が、ぼくには、とってもうれしかったんです。

――ええ、ええ。

平出　つまり、ぼくたちの登山というのは、すでに、ぼくたちだけのものではなくなった。ぼくたちの登山を楽しみにしてくれたり、応援してくれている人たちも、一緒に登ってくれていると思うんです。

――なるほど……一緒に。

平出　ぼくたちのエネルギーのひとつになって、間違いなく、ぼくたちの支えになってくれてるんです。そのとき、ぼくらの登山は単に点を打つことではないんだなあって。

――つないでいくこと、共有すること。建築家が、自分の設計した大きな建物に多くの人が来てくれてうれしいとか、ミュージシャンが、自分のつくった歌を、みんなが歌ってくれてうれしいっていうようなことにも、何だかどこか、似てますね。

平出　たしかに。とくにシスパーレにかぎって言えば、登山家以外にはほぼ知られていなかったあの頂の名が、たくさんの人の記憶に残るようになったので。

――平出さんたちの登頂成功によって。

平出　はい。シスパーレという山の名が多くの人の耳に届き、記憶してもらえた。そのことが、ぼくは、単純にうれしいなと思ってます。

――競技場を出たところで強くありたいと思って、平出さんは登山をはじめて……。

平出　ええ。

――そういう高みにまで登り詰めたんですね。いくつもの未踏の頂に立っていますけど、同時に、哲学的な高みにもたどり着いてるんじゃないかと思えます。

平出　やっぱり、ぼくは、山という場で成長してきたんですよね。

――そういう実感が、ありますか。

平出　はっきり、あります。山が、ぼくを成長させてくれたんです。それは、いまも、これからも、ですが。

（２０２０年12月1日　新宿にて取材）

2017年、4度目のシスパーレと対峙する

その後の平出さん……の、長い物語

サミサール、カールン・コー、ティリチミールの三つの山から、また、大切なことを学びました

――前回の取材は二〇二〇年十二月でした。そのとき平出さん、次はパキスタンのティリチミールにチャレンジするとおっしゃっていたんです。そして長引くコロナ禍を経た三年後の今年二〇二三年、みごとティリチミールに登頂なさいましたね。

平出 はい。ただ、その前に、別の山に二つ、登ることになったんです。一つが、名もなき未踏峰六〇三二メートルの山。そしてもう一つが、パキスタン北部のカールン・コー六九七七メートルです。ティリチミールへは、ずっと登山申請していたんですが、主に政治的な理由からなかなか許可が下りなかったんです。でも、二〇二一年の夏に急にOKが出たんですね。

――おお、念願の。

平出 ぼくらは、二〇一九年からティリチミールへ向けて努力してきました。でも、結論から言うと、二〇二一年の夏にティリチミールへ登ることはできませんでした。

――やっと許可が下りたのに？

平出 まだコロナ禍のさなかで、挑戦できる状況がどうしても整わなかったんです。ただ、そうはいっても、何もしなければコロナ二年目も棒に振ることになってしまう、そんなことになればヒマラヤとの距離感が狂ってしまう。そう思いました。そこで、来るべきティリチミール登頂へ向けて「心技体」を整えるために、他の山でトレーニングをしようと考えたんです。

――なるほど。

平出 まず、山との精神的な距離が離れつつあるいま、自

分の「原点」に戻ろうと思いました。そこはパキスタンのフンザという地域で、ぼくの「第二の故郷」です。四回目でやっと登れたシスパーレは、その界隈にあります。そして、その挑戦の合間合間に遠く眺めていたのが、カールン・コーでした。シスパーレの北、新彊ウイグル自治区との国境近くにある山なんですけど。

——その山は、未踏峰ではない？

平出　一九八四年にオーストリア隊が西面から初登頂しています。でも、それ以降の登頂記録は見当たりませんでした。そこで、この山をいろいろ調べていたんですが、近くに「六〇三二メートルの未踏峰」があることに気づいたんです。ぼくは未踏ルートはいくつも登っていますが、未踏峰に登頂したのはクーラ・カンリ東峰とドルクン・ムスタークだけ。また、標高も六〇〇〇メートルちょっとで、カールン・コーより低い。なのでまずは、その名もなき未踏峰で身体を慣らすことにしよう、と。それが二〇二一年十二月の頭くらい。「厳冬期の登山」でした。

——つまり「厳しい登山」なわけですね、それは。

平出　通常、このエリアのベストシーズンは六月から八月くらい。それまでぼくも、その時期に登ってきました。シスパーレも含めて。ただ、コロナ二年目も棒に振ってしまうという焦りもあって、冬が近づいてはいるけれど、カールン・コーやティリチミールへの挑戦はもっと厳しいものになるだろうし、厳冬期の「寒さ」という懸念も、ひとつの乗り越えるべき課題だろうと思ったんです。

——その未踏峰は、それまで誰か挑戦していたんですか？

平出　日本の「福岡山の会」という登山隊が過去に二回、挑んでいます。でも登頂することはできず、さらに隊員をひとり亡くしていました。なので、もしこの先まだ彼らに挑戦する意志があるなら、ぼくは手を引くつもりでした。別に競い合っているわけじゃないし、その山にはじめて挑んだ人たちに敬意を払うのは当然なので。

――なるほど。

平出　「福岡山の会」の隊長にその旨をお伝えすると、もう自分たちは十分に登山をしたし、未踏峰への挑戦も終わっている。だから、ぜひ登ってほしいと言ってくださいました。そこで「大切に登らせていただきます」とお返事したんです。先人が立てなかった頂に、思いを繋ぐようにして登りたい、と。

――厳冬期の未踏峰……に。

平出　はい。でも、いざ登ってみると、その「寒さ」が想定を超えていました。夏場は三十度を超える土地なんですが、ぼくとパートナーの三戸呂拓也くんが挑んだ十二月には、朝の気温が「マイナス二十度」のあたりをうろうろしていたんです。寝るとき足元に入れた湯たんぽのお湯が、朝には凍りついてしまうほど。

――えええ。そんな、バナナで釘が打てそうな。

平出　ベースキャンプには通常コックさんがいるんですけど、寒すぎると言って帰ってしまいました。登山を開始してからは川が凍りついて登りやすかったということはありましたが、それより何より、寒さが尋常じゃなかった。寒すぎて、呼吸するのも大変なんです。おそらくですが、体感ではマイナス五十度くらいだった気がします。

――そんな寒さの中、登れたんですか……その未踏峰には。

平出　はい。大変でしたが何とか山頂に立つことができました。登頂の成功にほっとしながら、無事に戻れるだろうかという不安に駆られました。呼気で顔面全体が凍りついたような状態になっていたので。

――わ……。

平出　さらに下山中、両足が寒さで耐えられなくなってしまったんです。ぼくは、二〇〇五年にインドの山で足の指を失ってから、凍傷に対する危機感や察知能力は高いと自負していました。二度と同じことを繰り返してはいけないと肝に銘じていたので。でも……。

——また、凍傷に……?

平出　どこか、山との距離感が狂ってしまっていたんですね。コロナで二年も棒に振りたくないという焦りもあったんでしょう。ベースキャンプに戻った時点で、両足の指は真っ青になっていました。手の指も一部が青くなっていましたが、いちばん酷かったのは、右足。

——なんと。

平出　全精力を傾けて頂に立つだけでなく、無事に下りてくるのが登山家の使命です。登頂はしたし、ベースキャンプにも帰ってこれました。生命を落とさずに。でも、そこから先は自分の足で下りれなかった。ヘリコプターを呼んだんです。自分の未熟さを痛感しました。無理をすれば歩けたと思います。でも、その間に感染症にでも罹ってしまったら、指を失うどころの話じゃなくなる。そこで、ヘリで病院へ急行するという選択をしたんです。

——なるほど……。

平出　あくまでも第一目標はカールン・コーだったんです。標高も高いし、未踏の壁も残っている。でも、そのためのトレーニングの山で受傷して、軍の病院に入院することになってしまいました。

——入院するほど酷かったんですか、やはり。

平出　ベッドの中で「ぼくの登山家人生は終った」と思いました。指がどうなるかという不安もありましたが、何より家族に対して申し訳ないと。天涯孤独であれば無鉄砲な挑戦をしたっていいのかもしれない。でも、ぼくは家族を背負って登山をしています。そこでは、登頂に成功しようがしまいが「怪我をせず、無事に帰ってくる」ことが最低限の義務なんです。

――はい。

平出 二〇〇五年に凍傷で指を失ってから十六年以上も山に登ってきて、世界で評価してもらえる登山家になったはずなのに、どうして同じ過ちを繰り返してしまったのか。ショックで悔しくて、入院してから数日間は、携帯電話の電源を入れることさえできませんでした。

――つまり、ご家族に合わせる顔がなくて……。

平出 はい。はじめて連絡を入れたのは、入院から何日か経ったあとでした。少し気持ちも落ち着いてきたので、妻に電話したんです。怪我をしてしまった、申し訳ないと涙を流して謝りました。でも、その言葉を聞いた妻が、こう言ったんです。「あなた、しっかり食べてる?」って。

――おお……。

平出 現地の病院に入院しているという連絡は、届いていたようです。でも、どの程度の怪我なのかも、いつ帰ってこれるかもわからない。ぼくからの連絡も一切ない……。

――不安で押し潰されてしまいそうですよね。ご家族としては。

平出 そんな状況の中、妻は「あなた、しっかり食べてる?」と言ったんです。「ああ、強いな」と思いました。そして、救われました。自分は家族を支えているつもりだったけど、じつは家族に支えられていたんだとわかったんです。

――なるほど。

平出 妻だけじゃないです。困難な挑戦を続けることで、ぼくは、多くの人々に夢や希望を与えてきたようなつもりでいたけど、そうじゃなかった。たくさんの人たちに励ましのメッセージをいただいたんです。乗り越えてくださいとか、復活を信じていますとか。ああ、自分のほうこそ支えられていたんだということに、こうなってはじめて気づいた。

――「あなた、しっかり食べてる?」……ってすごい。

平出 不思議なことに、その言葉を聞いたら、突然おなかが空いたんです(笑)。たしかに、ほとんど食べてなかったので。

――うわあ。

平出 また、そんなときに「福岡山の会」の隊長さんからもメッセージが届いたんです。わたしたちの大切な山に登頂してくれてありがとうって。

――平出さんより前に二回挑戦したけど、登れなかった隊の隊長さんですね。

平出 そう。で、そのときに亡くなった隊員さんが、サミ・ウッダーカーンさんというパキスタンの方だと聞きました。雪庇(せっぴ)を踏み抜いて滑落し、消息不明になったんだそうです。捜索隊も出たんですが見つけることができず、いまも、あの山に眠っているんです。

――そうなんですか。サミさん。落ちてしまったのは、どのあたりなんですか。

平出 もうすぐ頂上という地点でした。彼らはそこで引き返しているんですが、ぼくらは、そこから山頂までルートをつなげた。慣例的に、未踏峰に初登すると名前をつけることができるんです。一緒に登った三戸呂くんといろいろ考えました。平出三戸呂ルートとか、平出三戸呂ピークとかでもいいんでしょうけど、やっぱり、ぼくらだけの山じゃない。ぼくら以前に挑戦した登山隊も含めみんなの山なので、全員が納得できる名前にしようと思ったんです。そこで「サミサール」と名付けました。

――え、つまり「サミさん」の……?

平出 はい。サールは現地の言葉で「山」という意味。つまり「サミさんの山」で、サミサール。いつからかサミさんの生きた証を残したいと思うようになっていたんです。

――それは、同じ山に挑んだ者同士としての気持ち、ですか。

平出 サミさんは、奥さんとちいさなお子さんを残して、あの山に眠っている。家族を背負っているという状況は、自分とまったく同じなんです。今回は凍傷くらいで済んでよかったけど、山から帰ってこれなかったのが「自分」だった可能性もある。結果的に、家族に悲しい思いをさせてしまったサミさんは、本当に悔しかったと思う。だからこそ、サミさんの家族が救われる名前にしたかった。

――お子さんにしてみたら、お父さんの生きた証が、山の名前として残るわけですもんね。

平出 そう。それが、これからの時代を生きるお子さんの希望になってくれたらいいなと思います。ご家族は、とてもよろこんでくれました。実際の地図の上でも、もう、かつての「未踏峰六〇三二メートル」は「サミサール」に書き換えられているんですよ。

――凍傷で悔しい思いをしながらも、どこか気持ちに整理もつきましたか。

平出 そうすることで。おそらく、誰かにとっていいことをしたいというより、自分にとって必要だったんだと思います。凍傷を負ってしまった登山も決して無駄ではなかった、そのことを証明したかったのかなと思います。

――なるほど。ちなみに……指はどうなったんですか。

平出 日本に帰ってから本格的に処置しました。結局、二〇〇五年の凍傷で短くなっていた指が三本、さらに短くなりました。でもね、その最初の受傷のときに「凍傷のタイムテーブル」をつくっていたんです。

――何ですか、それ？

平出 受傷してから何日目にどんな処置をして、指の色はどう、歩けるまでには何日、走れるようになるには何十日……。

――治療と快復の過程を、詳細な記録に取っていた？

平出 そう。登山靴を履けたのは何十日後、山に登れたのは百何十日後……というように。つまり、そのタイムテーブルを見返せば、いつくらいに復帰できるかがわかるんです。

――すごい。二〇〇五年に記録しておいた理由は、将来また怪我をしてしまったときのために……という動機ですか。

平出 まず、失敗を失敗だけに終わらせたくないという気持ちです。そして将来、自分の失敗が誰かの役に立ったらいいなとも思いました。当時は山岳医の数が増えていた時期なんですが、日本国内における凍傷って、それほど例がない。そこで、治療と快復の過程が時系列に並んだ記録があれば貴重な資料になるだろう、と。実際、必要な人には渡していました。

――じゃあ、まさか、自分自身で使うことになろうとは……。

平出 思ってなかったです。他人のために取った記録が、自分の役に立ったんです。あの記録があったからこそ、二〇二二年二月に手術をして以降どれくらいで復帰できるか予測できました。パキスタンでは通常、六月から八月がシーズンなんです。そこには間に合わないだろう。でも九月なら可能性が高まる。十月には、また冬に近づいていくから、どこかの山で復帰戦をするなら九月だ……と。

――数ヵ月先の予定を立てることができたわけですね。ベッドの上にいる状態で。希望を抱かせてくれますよね、それは。

平出 あのタイムテーブルがなければ、二〇二二年を、まるまる無駄にしていたはず。いつ治るかもわからなければ、トレーニングの予定も立てられなかっただろうし。逆算でものごとを考えられなかったと思います。

――で、結局その年にカールン・コーへ登った……わけですか？

平出 はい。九月です。

――タイムテーブルどおり！　つまり手術から七ヵ月で

復帰。

平出　怪我の快復次第では、二〇二二年の秋にティリチミールへ挑むことも考えられたんです。

――カールン・コーを飛ばして。

平出　でも、凍傷という過ちを繰り返し不完全燃焼に終わったサミサールからの宿題を、しっかり終わらせない限りティリチミールへは進めませんでした。それで（パートナーの中島）健郎に、まずはカールン・コーに登ってくれないかとお願いしたんです。

――最終目標のティリチミールの前に。快復の状況は、どんな感じだったんですか。

平出　もちろん傷口は塞がっていました。完璧ではなかったものの。どちらかというと精神的な快復に時間がかかりました。四十三歳にもなって、これまでのような登山ができるだろうか。体力もなくなってきているし、三ヵ月は走ることもできなかった。こんな状態で登れるのかなと、不安な気持ちがありました。

――でも、結果としては登頂成功。

平出　はい。ただ、登頂した九月は「四十三歳の誕生日」を迎えたあとだったんです。つまり、いわゆる「四十三歳の壁」も頭をよぎっていました。（元パートナーの谷口）けいさんが亡くなったのも四十三歳だったし、以前は「自分がその歳になったら、いったん休んで次の年から再開するのかな」とも思っていたんです。

――ええ、ええ。

平出　でも、いざ四十三歳を迎えたら「逃げていいのかな、駄目だ」という気持ちになったんです。ここで逃げたら、きっと後悔する。いつか自分の人生を振り返ったとき、四十三歳の年は何もしなかったな、何かすればよかったのにと思うのが嫌だった。だからこそ、四十三歳を迎える二〇二二年は「しっかり冒険をして、しっかり生きて帰る」、そういう年にしようと心に決めました。

――サミサールで凍傷になったことを聞いていると「しっかり冒険をして、しっかり生きて帰る」という言葉の重みが、より伝わってきますね。ともあれ、サミサールやカールン・コーのあるフンザへ戻ったってことですね。平出さんの「原点」である地域に。怪我を克服して。

平出 はい。自分の足でフンザへ戻ってきたとき、止まっていた時計が動き出したような感覚でした。数ヵ月前、ヘリでピックアップされて病院へ運ばれたときに止まってしまった時計が。前回は「片道切符」の登山になってしまったけれど、こうして再び「第二の故郷」へ帰ってこれた。ヘリではなく、自分の足で。もう「カールン・コーに登れるかどうか」は関係なく「今回の登山は、これで成功だ」と思ったんです。

――登る前から?

平出 はい。ここへ戻ってこれたこと自体が成功だと思えたんです。怪我で動けない可能性もあったし、四十三歳だから休むという選択肢もあった。山が怖くなって引退……登山をやめてしまうことだってありえた。でも、怪我でリハビリ中の四十三歳だけど、自分の足でここへ戻ってこれた。そのこと自体が、自分にとっては「成功だ」と思えたんです。

――なるほど。カールン・コー登山自体も、凍傷にもならず、無事登頂に成功したけれども。

平出 やはり困難や苦しみ、悲しみに直面しても、それらを克服して挑戦を続ければ、必ず次の結果につながると確信しました。それぞれの成功の影には、それぞれ、大なり小なり失敗がある。つまり、サミサールは、カールン・コー成功のための失敗だったんだなと思えたんです。

――カールン・コーが成功したおかげで、サミサールの失敗にも意味があると思えた……ということですか？

平出　サミサールで終わっていたら、それは「価値ある失敗」にはならなかったと思います。カールン・コーという次の目標、どちらかと言えば失敗する可能性の高い山に挑戦し成功したことで、サミサールの失敗が価値あるものになったんです。失敗って、そのままにしていたら、ただの失敗。自分自身で「価値ある失敗」に変える必要があるんです。

――それが、昨年二〇二二年の話ですよね。そして今年二〇二三年は、満を持してティリチミールへ挑み、これも、みごとに登頂成功。平出さんは、ティリチミールを二〇〇二年にはじめて見たそうですが、それからずっと「登りたい」と？

平出　はい。はじめてティリチミールを見上げたとき、いつか自分の山になるという直感がありました。それで、日本へ帰ってきて地図を調べたり、過去の登山記録の文献を洗いざらい読んだんです。そしたら、北壁が未踏で残されていることを知った。それから二十年もの間、その未踏ルートに……壮大な冒険ができるであろうルートに「どうか、誰も気づきませんように」と願いながら過ごしてきたんです。

――念願だったティリチミールの北壁は、どうでしたか。

平出　まず、日本人ではじめてティリチミールに登った人がご存命だと知り、出発直前にお会いしてきました。一九六七年にノーマルルートから登った近藤理昭さんという方です。

――どうして会いたいと思ったんですか？

平出　かつてティリチミールに挑戦した人の言葉を聞くことができたら、より具体的に山のようすが思い浮かぶんじゃないかと思ったんです。話しはじめてすぐ「同志」のような気持ちになれました。じつは近藤さん、ティリチミールでクレバスに落ちてしまい、標高五三〇〇メートルで肋骨を折っちゃったらしいんですよ。

――えええ。

平出　そのとき、落ちた近藤さんを引き上げてくれたのが、たまたまティリチミールに入っていたチェコスロバキア隊だったんです。そして、その隊をサポートしていたのが、アシュラフ・アマンさんというパキスタン人のハイポーター。

――はい。

平出　その後、彼はK2にはじめて登ったパキスタン人になるんですけど、じつはその人、ぼくが入院していたギルギットの病院に毎日看病しに来てくれたおじいちゃんなんですよ。

――え、サミサールの凍傷のときに？　どういうご関係なんですか、平出さんとは。

平出　彼は、K2で凍傷になって登山をやめたあと、登山隊をアレンジするエージェントをパキスタンに設立するんです。個人的にも長く登山をハンドリングしてもらっていたので、ぼくが凍傷になったと聞くや駆けつけてくれたんです。本当に毎日……まあ、ぼくのベッドの脇でグーグー寝て帰ってくだけなんですけど（笑）、でも、そのことで、すごく助けられたんです。

――すごい偶然ですね……！

平出　そうやって、ティリチミールへの挑戦を前に、大切な人たちとつながることができた。ああ、登るべくして登る山なんだと思えるようになったんです。

――実際のティリチミールは、どうでしたか。

平出　なぜ、この山の北壁が未踏のまま残されたかについては、いくつかの理由があるんです。第一に、ベースキャンプから「壁の全容」が見えないんです。手前の山群に隠されていて。里からも見えないし、入山してからも見えない。

――だからこそ人々の目から隠されていたし、平出さんは「誰にも見つからないでくれ」と祈っていたんですね。

平出　登山というものは「課題を見つけること」が大切な

んです。登る技術というより。宝石のように輝いている壁が、世界にはまだたくさんある。でも、多くの人は気づきません。ティリチミールの北壁も、そのなかのひとつだったんです。

——隠れた宝石、だった。

平出 多くの人がその輝きに気づかなかったし、仮に気づいていたとしても登ろうとは思わなかった。壁の全容を見ることができず、わざわざ壁の麓まで入っていって確認するのも非常に大変だから。

——インターネットの時代になっても、そんな場所が存在するんですね。地球の隅々まで知り尽くしたような気になっていたけど。ちなみに、二〇〇二年にはじめて見てから登るまで二十年以上を経ていますが、その間にさまざまイマジネーションしていたと思うんです。実際に壁の全容を目にしたときは、どう思われましたか。

平出 鳥肌が立ちました。まず「要塞」のように山群が北壁を取り囲んでいたんですが、最初のひとつを越えるだけも大変でした。でも、それらすべてを越えていかなければ、北壁全体を視界に収めることはできない。

——写真さえも、なかったんですか?

平出 上から三分の一くらい見えている写真はありましたけど、それが精一杯。まず健郎とふたりで手前の要塞を越え、ようやく壁のふもとにたどりつきました。そのとき「ああ、本当にあったんだ」と。ティリチミールの北壁は、たしかに存在していた。そのことを自分の目で確かめたとき、鳥肌が立ったんです。

——平出さんと健郎さんが、世界ではじめて見た……と言ってもいいくらいなわけですよね。七〇〇〇メートルにも及ばんとする、その巨大な物体を。

平出 どこかで本当は存在していないんじゃないか、なんて思ったりもしていました。手がかりとなるものが何にもなかったので。それに、たどりつけたとしても、登れない可能性もあるだろうと考えていました。見えていない下部三分の二が大きくえぐれていて、壁に取り付けないことだってありますから。

——でも、基部にたどり着いて「壁がある。じゃあ、登れる」と。

平出 はい。壁の全容を見て「本当に存在していたんだ」とわかった瞬間、山頂までのラインを目で追っていきました。それで「登れる」と確信しました。ここまでたどりついて、壁の存在を確認できたら、あとは「自分たちの登山をすればいいだけ」なので。

——そこから山頂までは、どれくらいかかったんですか。

平出 高低差は、二二〇〇メートルくらい。まず基部へたどり着くまでに二日間をかけて、手前の山を乗り越えていきました。そこから北壁を登りはじめたんですが、結局、山頂にたどり着いたのは、ベースキャンプを出てから六日目。さらに二日かけてベースキャンプに戻るという大冒険になりました。

——ティリチミール北壁という未踏ルートへの登頂成功。いま、どう思っていますか。二十年以上も思い続けた未踏ルートを登ったわけですが。

平出 サミサールとカールン・コーを終えたあと、ずっと肩の荷が下りたような気持ちになっていました。カールン・コーの成功で、サミサールを「価値ある失敗」に変えることができたから。そこで、ティリチミールでは、これまでになく「楽しい登山」ができるんじゃないかと、ずっとワクワクしていたんです。

——おお。楽しい登山。

平出 はじめてヒマラヤに足を踏み入れたのが、二〇〇一年。まるで、あのときのような気持ちに戻ったようなな。何を見ても楽しいし、この先のことを思うとドキドキする。新しいスタートが切れるかもしれないというよろこびを感じたんです。

——四十三歳になる年に。

平出　実際、ティリチミールの登山は、本当に楽しかった。これまでは「失敗を失敗で終わらせたくない」とか、「パートナーの死を背負って」とか、どこか、それらしいことをモチベーションにしてきたんです。もちろん、それらはいまでも大切な登山ですけれど。

――ええ。

平出　でも「登山そのもの」として捉えたとき、どこか「不純な動機」だったのかもしれない、と思いました。

――不純……？

平出　だって、山って、「好きだから行く」ものだから。

――ああ、もともとは、そうだったんですもんね。平出さんが、登山をはじめたばかりのころは。

平出　だから、一周してきちゃった感じ（笑）。

――それも「四十三歳の年」のなせるわざなのかな。おもしろいなあ。でも、この先もまだ「K２の西壁」など、挑戦は続いていくわけですよね。それは、ただでさえ「非情の山」と言われる難峰の未踏ルートですが。

平出　二〇一八年に偵察へ行ったとき、「いまの自分では、半分くらいしか登れないだろう」と思いました。あとの半分を埋めるための山が二〇一九年のラカポシであり、今回のティリチミールだったんです。で、そのティリチミールを終えたいま思うのは「自分たちのゴールは、決して山頂ではないんだな」ということです。

――登山家なら誰もが目指す「山頂」が「ゴールではない」とは？

平出　ぼくらにとっての「ゴール」は、未知の世界に足を踏み入れて、誰も直面しなかった謎を解きながら、自分自身で答え合わせをしながら、山に登ることだったんだとわかった。必ずしも山頂がゴールだというわけじゃない。だからこそ、K２でも未踏の壁に登ろうとしてるわけです。

――なるほど。

平出　ティリチミールのあと、K2はやめておこうかという気持ちになった時期もありました。あまりに過酷な登山になることが目に見えていたので、怖かったし、逃げたかった。ここまでやったんだからいいじゃないかという気持ちもあった。でも、自分の足で行けるところまで行き、自分の目で見られるものを見たら、そこがゴールでいいじゃないかと思えるようになった。そしたら「やっぱり挑戦しよう」という気持ちに、もう一回なれたんです。

――平出さんほど「誰も見たことのないルートや山頂」にこだわってきた人だからこその境地なんでしょうね、きっと。

平出　後悔だけはしたくないから、登れるときに登っておきたいんです。でも、山頂を絶対的なゴールにしてしまうと、生命をかけてでも……という気持ちが生じてしまう。そうじゃないんです。ぼくらの登山は「未知の世界に出会うこと」がゴールだし、それさえできれば「成功」なんです。

――必ずしも、山頂に立たなくとも。いまの言葉は、たくさんの「挑む人たち」に勇気を与えると思います。登山家だけじゃなく、ぼくら一般人の中の「挑む人たち」にも。

平出　見知らぬ世界へのスタート地点に立てたらもう、十分に成功ですよ。なぜなら、そこへいたるまでに十分葛藤しているし、十分苦しんでいるし、少しずつ成功への種を積み重ねてきているだろうから。サミサールのあとカールン・コーのベースキャンプへ戻ってきたとき「これが自分にとっての成功だ」と思えたのも、同じことだと思います。

――スタート地点に立てれば、もう「成功」なんだ。深い哲学だと思います。山があったらてっぺんがゴールで当たり前だと思いこんできたけど、必ずしもそうじゃないという価値観は、自分も大事にしたいと思いました。では最後に、いま、ティリチミールってどんな存在ですか。平出さんにとって。

平出　二十年越しの課題にきちんと丸をつけることができた、そう思っています。二十年前、いまの自分にはとうてい無理だと思った。いつかは登りたいと思ったけど、それがいつになるのか、まったく予想もつかなかったんです。

——はるか先だろうと。ティリチミールの北壁を乗り越える日は。

平出　でも、二十年前には無理だった目標を、二十年後の自分は、達成することができた。あのとき見上げた「あの山」に、ぼくは登れたんです。

——はい。

平出　だから「いまは乗り越えられない」と思う壁でも、いつかは克服できるかもしれない。いまのぼくにとっては、Ｋ２の未踏ルートが、それです。諦めなければ、続けてさえいれば、いつか登れる日が来ると信じています。

——はい。それに、Ｋ２西壁のふもとに立つ日が来るなら、その時点で「成功」しているわけですもんね。

平出　そう。あとは、自分たちの登山をするだけです。サミサール、カールン・コー、ティリチミール。これまで、山にいろんなことを教わってきたけど、コロナ禍で登ったそれらの山にもまた、大切なことを教わりました。自分はまた、山に育てられたという気がしています。

（２０２３年9月19日　新宿にて取材）

大切なのは「信じる気持ち」だ。化石発掘と洞窟探検に共通するものとは？

小林快次（古生物学者）

×

吉田勝次（洞窟探検家）

化石発掘と、洞窟探検。フィールドや興味関心のベクトルは異なれど、ともにその世界の第一人者どうし。深いところで相通ずるものが、きっとあるはず！危険と安全についての哲学、自分を信じることの重要性、夢とは何か、そしてギアナ高地に棲む恐竜の話……!?　ふたりの「挑む人たち」の初遭遇、初対話。

小林快次　こばやし よしつぐ

1971年、福井県生まれ。北海道大学総合博物館教授。米国の大学で学部を卒業し、博士号も取得する。ゴビ砂漠やアラスカ、カナダなどで発掘調査を行いつつ、恐竜の進化、生活復元、生活地域や移動等、多岐にわたって研究している。近年、カムイサウルス、ヤマトサウルス、パラリテリジノサウルスなど日本の恐竜を命名。著書に『恐竜まみれ：発掘現場は今日も命がけ』『ぼくは恐竜探険家』『化石ハンター　恐竜少年じゃなかった僕はなぜ恐竜学者になったのか？』『ティラノサウルス解体新書』などがある。

吉田勝次　よしだ かつじ

洞窟探検家、建設会社社長。21歳で自身の建設会社を立ち上げる。1988年、世界的アルピニストの故・長谷川恒男氏より冬山雪上訓練・登攀の指導を受ける。1994年、洞窟探検開始。以降、国内外で未踏洞窟の探検を続け、新しい洞窟を発見したりする。2004年、「社団法人日本ケイビング協会」を設立。また、洞窟探検やアウトドアロケのプロガイドとして「株式会社地球探検社」を立ち上げ、テレビ撮影のガイドサポート、学術探査、研究機関からのサンプリング依頼、各種レスキューなど、幅広く活動している。また、生きている恐竜を見つけるべく、「恐竜探検隊2021」を結成した。

発掘も洞窟も危険と隣りあわせ

――アラスカやモンゴルで恐竜の化石を発掘する古生物学者と、世界中の人跡未踏の洞窟へ潜り続ける探検家。おふたりはともに、誰もやらないような活動をなさってらっしゃいます。

吉田 あんまりいないですねえ。洞窟、人気ないのかなあ？　めちゃくちゃおもしろいんだけど。

小林 たしかに荒野とか砂漠にまで行って化石を発掘している恐竜研究者は、ぼくくらいかもしれません。少なくとも日本では。仲間はもちろんいますけど、やっと弟子ができたと思っても、いなくなっちゃう（笑）。人やお金を集めるのが大変だと思われがちなんです。実際はそんなことないというか、そんなこと言ってたら何もできないんだけど。

吉田 やる前から諦めちゃうんでしょうね。自分で「壁」をつくっちゃうというか。

小林 そうなんです。勝手に挫折してしまうんですよ。挑戦する前に。

吉田 成功するかどうかわからないから、できない理由を探しちゃう。洞窟探検も「やるには、どうしたらいいか」をひねり出さなきゃ突っ込んでいけない。お金でも時間でも、なければ「何とかすればいい」んです。目の前にある課題を、ひとつずつつぶしていくだけなんだけどね。

――同じような活動をなさっている人がいないのには、おふたりの活動が「危険だから」という理由もありそうですけど。

小林 ぼくは探検家になりたかったわけでも、危険な冒険に挑みたかったわけでもないんです。そこにしか恐竜の化石がないから、仕方なく行ってるだけ。まわりから見れば、結果として危険な経験をしてはいるんですけど……靭帯を切ったり、肋骨を三回も折ったり、巨大なグリズリーに襲われそうになったり、砂漠で砂嵐に巻かれたり。

――そんなにも危ない目に！ 想像以上でした。

小林 アラスカなんかだと、ヘリやセスナが墜ちたりもしますしね。去年まで一緒に飛んでいたパイロットが墜落事故で亡くなったりとか。空中で機体がグワングワン揺れて「ワハハー」とか笑ってたら、着陸した瞬間にパイロットが「死ぬかと思った」ってつぶやいたり（笑）。だから、危険であることはたしかなんですけど。

――ええ。

小林 「大変なこと」は、ひとつもないんです。ぼくは化石が掘りたいし、好きでやっていることなので。できれば行きたくないですよ、地雷原みたいなところになんか。でも「そこに化石があるから」、仕方なく行ってる。当然、安全対策は二重にも三重にも立てています。

吉田 先生の話を聞いていて「ああ、一緒だなあ」と思いました。自分だって、生命なんか懸けたくないからね。未踏の洞窟の奥の奥まで、ラクして安全に行けたら最高なのにっていつも思ってる。でも、それは無理な相談なんです。長い縦穴とか狭い割れ目とか地底の湖とかを乗り越えてかないと、たどりつけない場所がある。だから、しぶしぶ行ってる（笑）。たまたま、自分の行きたいところが危険だったという感覚ですね。でも、「がんばってる」わけじゃない。

小林 わかります。

吉田 よく「がんばってください」って言ってもらえるんだけど、自分としては「がんばる感」はとくにないんです。やりたくないことをやらなきゃなんないときには「がんばる」のかもしれないけど、好きなことをやってるだけだから。たまに死にそうになるくらいには「危ない」んだけど、がんばってる感じはないかな。

――ロープで縦穴を降下中に落石を受けて肩の骨を折り、通常三時間で地上まで登れるところを「三十時間」かけて登った吉田さん。そのとき、吉田さんの脳内には、なぜか童謡の「お正月」がエンドレスでループしていたそうですね。

吉田 理由はわかんないんだけどね（笑）。

――それ以外に「これは危なかったなあ！」という経験があったら教えてください。

吉田 ベトナムにある世界最大の洞窟へ潜ったときに「中州」で寝るシチュエーションになったんです。両側に川が流れていて、その間の地面にゴロンっていう。でもこれ増水したら逃げ場ないじゃんと思ったんで、みんなに「ここ、やめといたほうがいいんじゃないの?」って聞いたんですよ。そしたら、同行のイギリス人探検家とか現地のポーターとか全員が「大丈夫だよ!」って。「いままで増水したことなんか一度もないから!」って。

——……はい。いま、何かのフラグが立ちましたね……。

吉田 大丈夫なのかなあホントに、なんて思いながら寝たんです。そしたら夜中に大声が響き渡ったんですよ。「起きろー! 逃げろー!」って。英語、ベトナム語、日本語、各国の言語が入り乱れて。あわてて飛び起きたら、めっちゃ増水してる。ぱっと見たら、ぼくの靴が流される寸前! ダッシュで取りに行って無事だったけど、全員大パニック。なんとか対岸までロープを張って水の増えた川を渡って間一髪でした。あと五分遅かったら、水没してた。洞窟の奥に吸い込まれて、全員死んでたところ。

——よくぞご無事で……。

吉田 やっぱり「自分の判断」の及ばないケースは、危ないですね。「撮れ高」ってあるでしょ。テレビ番組で洞窟へ入るのは大好きなんだけど、ロケ隊が一緒にいたりすると「自分の判断」を二の次にしてしまうこともある。そういう状況は、ちょっと危険かな。基本的に、ぼくは「臆病」なんですよ。少しでも危なかったら「やめとこう」ってタイプだから、これまで生き残れたのかなあと思ってる。

小林　誰も見たことのない景色を見たいとか、新しい何かを発見することに夢中というところが、ぼくと吉田さんとの共通点だと思うんですが、現場での「安全」に関する考え方も、どこか似ているような気がしますね。

吉田　探検をやってるような人間って「命知らず」だとか、スリルを味わいたいんだろうと思われがちなんです。よく「怖くないんでしょ?」なんて聞かれるんだけど、そんなことない。むしろ、怖いことだらけ（笑）。じゃ、なんで怖いのに行くんだと聞かれたら、やっぱり「その先にある未知を知りたい、自分のこの目でたしかめたい」という探究心で前へ進んでいるだけ。

――吉田さんはよく「チームの雰囲気を大切にしてる」っておっしゃいますよね。自分は突っ込む気まんまんでも、他の人が引いていたら「やめとこうか」って。

吉田　まず、ひとりでは何もできないからね。それに、何日も一緒に生活するわけで、やっぱり「人間関係」が大事なんです。つねにコミュニケーションには気を配ってる。重要なことはきちんと言葉にして、相手の意見に耳を傾けてます。基本的にリーダーが独裁的すぎると、わだかまりがうまれるじゃないですか。先へ進むか、引き返すか。重要な場面では、必ず、みんなの考えを聞くようにしてる。洞窟に関する知識や経験をいちばん持ってるのは自分だし、そもそも自分が来たくて来てるわけだから、ぼくの意見を通すケースは、当然ある。でも、基本的には民主主義でやってます。みんなで「洞窟、やっぱり楽しいわ!」でやってった方が、いろいろいいんですよ。

——以前、小林先生もおっしゃってました。自分の現場は楽しいから、他より化石が見つかるんじゃないか……って。

小林 名誉だとか手柄のために「誰よりも先に自分が化石を見つけてやる」みたいな現場もあるんですが、それだと「空気」がギスギスしちゃうんです。その点、ぼくらはワイワイ楽しくやってます。そのことが結果的に化石の発見につながってるってこともあると思います。それと「仲間」に関して言えば、やっぱり「信頼できる人」がいちばんですね。一緒に行くなら「生命を預けられる人」じゃないと。

吉田 ああ、本当にそう。それは。

小林 楽しくやれることは重要です。でも、楽しければ誰でもいいってわけじゃない。発掘調査の際の中心メンバーは、ぼくとふたりのアメリカ人なんですけど、誰かに何かあったとき、残りのふたりが必ずカバーするんです。二十年近く一緒にアラスカを歩き回っているので、咄嗟の出来事にも「阿吽の呼吸」で対応できるんです。

吉田 最高のチームだなあ。さっきも少し話に出たけど、洞窟探検では「落石」があるんですよ。だいたい、上にいる人間が落とすんです。自然の落石って、そんなにはない。そのとき「こいつに落とされたんなら、しょうがないかあ〜」って思えるメンバーと、ぼくは行きたいですね。

ギアナ高地へ恐竜を探しに行く!?

——ちなみにですが小林先生、こちらの吉田さんは、中南米の「ギアナ高地」へ行きたいそうなんです。それも「恐竜を探すため」に。

小林 そうなんですか。

吉田 はい。ギアナ高地のことをはじめて知ったのは、二十代のころでした。当時はまだ洞窟に出会ってなくて、登山をやってたんですね。で、あるとき山で事故に遭っちゃって、ひとりだけ下山することになったんです。その帰り道、たまたま本屋で『ギアナ高地』という写真集に出会ったんです。

——探検家の関野吉晴さんによる、素晴らしい写真集ですよね。

吉田 ふーん、ギアナ高地? おもしろそうだけど山の本じゃないのか……と思ったんですが、何となく気になってページをめくってみたんです。そしたら、そこに「見たことのない世界」が広がっていた。台地状のテーブルマウンテンのてっぺんが長いこと下界から隔絶されていることで、めっちゃ特殊な生態系に覆われている。動植物の固有種の割合も、すごかったりね。こんな「異世界」が、まだこの地球上に残されていたんだ……ってビックリしちゃって。ずーっと夢中で立ち読みしていたら、あとがきのところで「ギアナ高地の麓に住んでいる仙人」みたいなおじさんの話が出てきたんです。

――ライメさん、という方ですね。関野さんが遭遇したという。

吉田 そう、そのライメさんが、ギアナ高地で「日向ぼっこしている恐竜みたいな生物」を三匹、見たことがあるって証言してるんですよ。全身ウロコに覆われていてヒレのようなものがついていて、体長は一メートル二〇から一メートル五〇センチくらい。ひょっとして、あれは「恐竜」の生き残りじゃないか……って。もう、そのくだりから目が離せずに、クギ付けになっちゃった。すごい！　……って。写真集を買って帰って、その後、何度も何度も読み返しました。

――以来三十年近く「ギアナ高地へ、恐竜を探しに行きたい。いつか」と。

吉田 もともとUMA（未確認生物）が大好きだったんです。ずっとオカルト雑誌の『ムー』を定期購読してたし、池田湖のイッシーを撮りたいと思って、一週間くらいテントで張り込んだりしたこともある。洞窟をはじめてからも「ギアナ高地の恐竜」のことは、ずっと頭の片隅にありました。いつか絶対に探しに行くんだ……って。そしたら数年前、関野吉晴さんとお会いする機会に恵まれたんです。これも神のお導きだと思って、ズバリ聞いてみたんですよ。「関野さんは、ギアナ高地に恐竜、本当にいると思いますか」って。そしたら「うーん……」って、た

写真上／中国国境まで20キロのモンゴル・ゴビ砂漠にて恐竜類ハドロサウルス科の全身骨格を発掘。白く大きな物体に全身骨格が含まれている　**写真下**／沖永良部島の大山水鏡洞にて
399、400、409ページ各写真：ご本人提供

だ笑ってるだけ（笑）。

小林 なるほど（笑）。

吉田 肯定も否定もせず「どうなんでしょうねえ」「ぼくは見なかったけどね」って。でも、麓の仙人ライメさんの目撃談では、そんなバカでかい生物じゃなく「一メーターちょっと」ってことじゃないですか。だったら、まったくの見間違いだとか、変なおじさんの妄想ともいい切れないんじゃないかと思うんです。ぼくは、いまでも「いる」と信じてます。まだ、ぼくら人間に見つかってないだけの「ギアナ高地の恐竜」が。だから……どうですか、先生。ギアナ高地に、恐竜はいますか。

小林 まず、恐竜うんぬんは置いといて「まったく新しい生物」なら、可能性はあるでしょうね。恐竜の世界でも、それまでの想像を超えるような、めちゃくちゃ変なやつの化石が出てきたりもするので。

――それこそ、小林先生が正体を突き止めた謎の恐竜・デイノケイルスとか。

小林 ただし「科学者」としてお答えした場合には、まあ……「現代のギアナ高地に古代の恐竜が生きている可能性」は、かぎりなく「ゼロ」に近い……というか「ゼロ」でしょう。

吉田 先生～！　殺生な～！

――吉田さん……。

小林 すみません（笑）。この地球上に「恐竜の生き残り」が、人知れず何千万年も種を存続させている可能性は、ぼくはないだろうと思います。ただし、いまのはあくまで「科学者」としての答えです。

――と、おっしゃいますと？

小林 今年（二〇二三年）の夏、アラスカのユーコン川下流域で発掘調査をしていたとき、恐竜の足跡を大量に見つけたんです。そのことを地元の先住民に伝えたら「そんなの、昔から知ってる」って言うんですよ。そのあたりの地域には、身長二メートルとか三メートルある「ウッズマン」の伝説があって、ときたま姿を現しては人をさらったりするんだ……って。で、昔から川沿いにあるのは、そいつらの足跡なんだって。

吉田 おもしろそう～！

小林 先住民の人たちは、そう信じてるんです。でもぼくらは、科学的に恐竜の足跡だとわかっていたので、まじめに受け止めなかった。そこで「ウッズマンって、何人くらいいるの？」「家族で暮らしてるの？」「男とか女とかの性別はあるの？」「いいやつ？　悪いやつ？」とかって冗談半分で聞いていてたら、先住民たちは「もういい」と。「あんたらに信じてもらわなくたって、いい」と。「いると言ったら、いるんだ」と。

――つまり「外から来た研究者が何と言おうと、いるんだ」と？

小林 そう、おまえたちが信じようが信じまいが、俺たちはウッズマンが存在するということを知っている……って。そのときに「ああ、たしかに存在しているんだな。彼らのなかに、ウッズマンは」と思ったんです。

小林 そう。彼らの歴史や暮らし、言い伝え……つまり彼らの「文化」の中には生きているんですよ。得体の知れない、ウッズマンという巨大生物が。だから吉田さんも、ギアナ高地に二十年くらい住んでみたら……。

——先住民の人々にとって「ウッズマンは、いる」。科学的に証明可能かどうかとは、別の次元で。

——吉田さん移住！　それだけ住めば「ギアナ高地の吉田さん」の「文化」が醸成され、そこに「恐竜」がひょっこり顔を出すかもしれない！

小林 二十年後の吉田さんの前に、現れるかもしれません。「恐竜」が。

吉田 わかりました、先生。ありがとうございます。でも、二十年か……（笑）。

子どもは勝手に「夢」を持ってる

――いまの話で思い出したんですが、小林先生は、よくおっしゃってますよね。「子どもたちに『夢を持ちなさい』と言うけど、言われなくても彼らは夢を持っている。夢を持っていないのは大人のほうだ」って。

小林 ええ。だから、子どもたちには「大人の言うことは聞くな」と言ってます（笑）。

――ギアナ高地で恐竜に会いたいという吉田さんの「夢」も、言下に否定し去らないところが小林先生らしいなと思いました。科学的には、難しかったとしても。

小林 子どものころは「夢」があったのに、大人になると「そんなんで食べていけるのか？」なんて言うじゃないですか。かつての自分の夢を壊すようなことを、平気で言ったりする。子どもたちには、とにかく大人の言うことなんか聞かず、やりたいことをやってほしいと思っています。

吉田 よ〜し、やっぱり行こう！　ギアナ高地に。恐竜を探しに。

小林 そもそも「夢」なんて持つものじゃなく「勝手に現れるもの」だとも思いますし。

――吉田さんにとっての「恐竜」のように。

吉田 そうだ。だって、夢だもん。いつか恐竜に会うっていうのが。

小林 目の前に夢が現れるためには、いろんなことに興味を持つ必要がありますよね。で、興味を持つためには、自分の足で現場へ行って、自分の目で見て、自分の身体全体で体験する必要があると思うんです。頭の中だけで「あー、こうこうこういう理由で不可能だよね」なんて判断してたら、チャンスはどんどん逃げていってしまう。

吉田 そうですよね。行ってみなきゃ、わかんない。

小林 ぼくは「三日坊主」という言葉が好きなんです。とにかくやってみて、その過程でうまれた興味から「夢」につながることがある。恐竜の研究をはじめて三十年ほど経ちますが、これだって「たまたま三十年続いてる、三十年坊主」だと思ってます。明日、いきなり興味が尽きてしまうかもしれない。でも、それならそれで、また次の興味を見つければいいと思っているんです。

吉田 やっぱり「経験」してみなきゃ、「あ、おもしろい！」って感情には出会えないですもんね。勇気が出るなあ。

——先生が「夢は何ですか」って聞かれたときは、どう答えてるんですか。

小林 「ぼくには夢はありません。なぜなら、夢の中に生きているからです」ってことは、よく言います。

吉田 かっこいい〜。今日はぜんぶ持って行かれたなあ、先生に。

小林 いやいや、そんなことないです。恐竜に会いたいという吉田さんこそかっこいいし、話していて楽しかったです。ぼくも自分の発掘をがんばろうと、あらためて思いましたし。

——ちなみに小林先生の発掘調査では、必ずと言っていいほど「最終日に大発見がある」そうですね。

小林　そうなんです。ある意味、それが「宿題」となって残るから、また次の調査につながる。ぼくは、いつも「ある」と決めつけて発掘に臨んでいるんです。「目の前のフィールドの、どこかに必ず化石はあるんだ」って。

吉田　ああ、大事ですよね。信じる気持ち。洞窟でも、最後はそこって感じがするなあ。

小林　今日は一日、何も見つからなかった。二日目も、見つからない。三日目も……となると、どんどんテンションが下がってくるんです。ここにはないのかもしれないなんて、ネガティブな考えがよぎったり。でも、最初に「必ずある」と決めていれば、日を追うごとに「見つかる可能性」って高まってくるじゃないですか。

吉田　ああ、掘り返していない範囲が狭まっていくから。

小林　そう。次のひと掘りで、すごい化石が見つかるかもしれない。その可能性が、どんどん高まっていく。そんなふうに思考を持っていくと、どんどん「やる気」になるんです。

――見つからなければ見つからないほど、希望がふくらむ。すごい発明だなあ。

小林　今日出なければ、明日出る。明日出なければ、あさって出る。そう思いながらやってると、本当に最終日に出るんです（笑）。

吉田　やめられないですね、それはもう。

小林　だから最初から見つからなくても、ぜんぜん平気。むしろ、すぐに見つからないほうが「明日、あさって、しあさって」……と日増しにワクワク感が増大してくるんです。

吉田　そういう意味でも「恐竜は、いる！」と信じてギアナ高地へ行かなきゃダメってことですね、ぼくも。まあ、いるとは思ってるけどね！

小林　そう。吉田さんにとっての「恐竜」は「いる」んですよ、ギアナ高地に。

――それも「ギアナ高地に移住して二十年後の最終日」に見つかったりして。

吉田　ずいぶん先だなあ（笑）。でも、見つかったら誰より先に小林先生に連絡しますね。

小林　約束ですよ。

吉田　はい、必ず。「先生、見つかりました！」って、いい報告ができるように。最大の敵は「自分」だからね。自分が諦めちゃったら終わりだから。じゃ、行ってきます！（笑）

（２０２３年12月13日　北海道にて）

巻末スペシャル②

北極冒険家・「冒険研究所書店」店主
荻田泰永さんに聞く

冒険・探検の本 おすすめの8冊

初心者が手にしたい名著から
知る人ぞ知る伝説的な旅行記、
さらには小説や漫画まで
取り混ぜて選んでいただきました。

RECOMMEND BOOK

01

『サハラに死す—上温湯隆の一生』

上温湯隆

1975年なので、いまから50年ちかく前の話です。上温湯隆という若者が、ラクダでサハラ砂漠を単独横断しようとしたんです。でも、残念ながら途中で死んでしまう。ラクダに逃げられちゃって「渇死」してしまうんです。後日、遺体とともに回収された日記をまとめたのが、この本です。亡くなったのは、22歳。何不自由なく育った若者が、あふれる情熱でサハラ砂漠を横断してやろうと飛び出した。でも、情熱や勢いはあるけれど、まだ「力」が伴っていない。知識や経験が、砂漠へ挑むレベルに達していなかったんです。だからこそ「飛び出せた」んでしょうね。知識や経験って、ときに「邪魔」をしますから。若さだけを携えてサハラへ挑んだ上温湯は、結局、砂漠の真ん中で死んでしまった。その姿は、どこか美しいんだけど、やはり痛々しさも残ります。冒険に出たい、大きなものに挑戦したいという若者の背中を押してくれる反面、若さというものの「残酷さ」をも感じる1冊。（ヤマケイ文庫）

RECOMMEND BOOK

02

『青春を山に賭けて』

植村直己

冒険家・植村直己さんの名著。大学へ入学するあたりから、世界ではじめて五大陸の最高峰を登頂するくらいまでのできごとが自伝的に語られています。1960年代初頭、全財産300ドルを握りしめて横浜港から移民船に乗り込んだ植村さん。アメリカ西海岸のさとうきび畑で不法労働に従事するも見つかって国外退去になって……とか、そんな放浪の旅を続けるんですが、いつしか大学の山岳部でやっていた「山」へ還っていく。その過程で、いろんな人との出会いがあり、さまざまに助けられながら山を登っていくんです。ヨーロッパの雪山ではたらいていたとき、世界チャンピオンのスキーヤーにスキーを習ったりとか。そうこうするうち、モンブラン・キリマンジャロ・アコンカグア・エベレスト・マッキンリーという五大陸の最高峰すべてに登っちゃう。植村直己と言えば大冒険家ですが、この本を読むと、やっぱり最初は「ふつうのあんちゃん」だったことがわかります。そこからどうするか、なんだなと。（文春文庫）

RECOMMEND BOOK

03

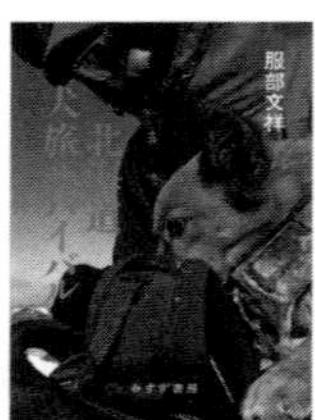

『北海道犬旅サバイバル』

服部文祥

K2に登頂するなど、もともと「ふつうの、すごい登山家」だった文祥さん。でも「自力で登るってどういうことだろう」と突き詰めた結果「酸素ボンベ」や「フリーズドライの食糧」などに頼ることへの疑問を抱くようになります。そして、どれだけ環境や行為に対し「フェアであるか」を考え抜いた末「サバイバル登山」をはじめるんです。鹿を獲ったり、イワナを釣ったり、極力食糧を現地調達しながら山を登る。お金さえ持たない。犬と一緒に北海道を縦断するんですが、どうしても街場に出ますよね。でも、お金がなければ、そこは荒野。文祥さんは荒野を旅したいんだと思う。北極へ行けばえんえん荒野だけど、日本にそんなフィールドはない。でも、荒野はなくとも、お金がなければ「荒野が現れる」。社会というものを思考の中で荒野化しつつ、犬と一緒に旅することでうまれる「もうひとつの社会」に生きている。そこから人類社会を見つめ返す。この本のテーマは「社会」なんだと思います。（みすず書房）

RECOMMEND BOOK

04

『おろしや国酔夢譚』

井上靖

史実をもとにした小説で、めちゃくちゃおもしろいです。江戸時代、米や酒を積んだ船が伊勢から江戸へ向けて出発するんですが、嵐で遭難してしまう。そして黒潮でどんどん北へ流されて、最終的にアリューシャン列島のアムチトカ島へと流れ着く。当時のロシアにはラックスマンという博物学者がいて、日本へ行きたがっていたんですね。そこで、漂流民を帰国させるという口実で、自分も日本へ行こうと画策するんですが、そのためには皇帝エカチェリーナ2世の許可をもらわないといけない。それで、日本人が漂着したロシアの東の端から西の端サンクトペテルブルクまでを往復するんです。真冬のシベリアを越えたりしながら。無事に許しをもらって帰国するんだけど、そこまで「10年」かかってる。その時の話をまとめた『北槎聞略』（ほくさぶんりゃく）を土台に、井上靖が現地を取材して描いている。読んでいると、没入感がすごい。「井上さん、一緒に漂流してました？」ってくらいのリアリティを感じます。（文春文庫）

RECOMMEND BOOK

05

『北極飛行』

ヴォドピヤーノフ、米川正夫・訳

1930年代に活躍した、極地を飛ぶパイロットの手記。われわれ人類は、何百年も前から極地へ挑んできましたが、近代以前の移動手段は基本「船」でした。その状況を一気にバージョンアップさせたのが、20世紀に入って登場した「飛行機」と「無線通信」です。この本の著者ヴォドピヤーノフは、ロシア人で黎明期の飛行機パイロット。1937年から翌38年にかけて、科学者パパーニンの調査隊を飛行機で北極点へ連れていったりしています。北極海の氷の上にキャンプを張って9ヵ月、海流に流されながら気象観測や海洋生物の調査などを行い、科学の発展に貢献しました。現代の「飛行機」って、二重にも三重にも安全が担保された乗り物ですよね。でも、当時の「飛行機」は、まったくの別物。有視界飛行しかできないし、操縦しながら六分儀で天測・計算して、現在の緯度や経度を測っていたんです。挙句の果てには、再び離陸できるかもわからない場所へ着陸していたり。信じられません。（岩波新書）

RECOMMEND BOOK

06

『世界最悪の旅』

チェリー・ガラード、加納一郎・訳

ノルウェーのアムンゼン隊とイギリスのスコット隊が繰り広げた有名な「南極レース」を描いた本。20世紀の初頭、人類未踏だった「南極点」へ、どちらの隊が先に到達するか。結果としては、アムンゼン隊が勝利します。１ヵ月遅れてスコット隊が南極点へ到達した時には、ノルウェーの国旗がはためいていた。そこで「ああ、俺達、負けたんだ」とがっかりして帰途につく。が、その「帰り道」にも色んなトラブルに見舞われる。やがて前へ進めなくなり、スコット隊は全滅してしまう……。本を書いたのは、ベースキャンプで隊を待っていたチェリー・ガラードという人物。捜索に行くんです、なかなか帰って来ないから。するとテントが残されていて、スコットはじめ隊員５名の遺体や日記が。その日記からスコット隊のたどった行程を再現したのが本書。ここには「１００年前の極地探検」が「いかに最悪だったか」が記されています。そして最後のページの最後の一言が、本当に素晴らしい。（世界探検全集10・河出書房新社）

RECOMMEND BOOK

07

『ふしぎの国のバード』

佐々大河

明治初期に活躍したイギリス人女性冒険家イザベラ・バードを描いた漫画。ベースは本人の著作『日本奥地紀行』です。ハワイの探検記を書いたりしたあと「次は日本へ行きたい！」と船で横浜へ。そこから北海道へ陸路で向かい、アイヌの人たちと交流し、ふたたび陸路で東京へ戻る。そんな旅を計画して実行した女性です。バードの素晴らしさは「イギリス式」を持ちこまないところ。当時のイギリスって世界の王者・大英帝国ですからイケイケなんです。他国を旅するときも自分たちのやり方をガンガン持ち込む。でも、バードはちがう。見知らぬ土地を知りたくて旅をしてるんだから、土地の人と同じものを食べて、同じ道具を使って、同じ生活をするんだ、と。明治初期の日本って、バードから見ると、ほんと「ふしぎの国」なんですね。でも、現代のわれわれから見た「明治初期の日本」も、かなり「ふしぎの国」。その意味では、バードと同じ目線で「ふしぎな旅」を楽しめると思います。（ＫＡＤＯＫＡＷＡ）

RECOMMEND BOOK

08

『三大陸周遊記』

イブン・バットゥータ、前嶋信次・訳

14世紀のモロッコ人の旅行記。当時はイスラムが「世界の中心」だったんですね。ヨーロッパからアフリカ、中央アジアを経て現在の東南アジアにいたるまで、見渡す限りのイスラム圏が広がっていたんです。このイブン・バットゥータという人は、そんな広大なエリアを「30年」くらい旅してるんです。明確な目的も持たず、風のように（笑）。実際は「俺、こういう旅をしてきたんだよね、30年」とかって話した内容を、イブン・ジュザイイという人が書き留めたと伝えられています。読むと、当時のイスラム世界がどんなだったかいろいろわかるんですが、全編とおして浮き彫りになるのは「旅人をもてなしたり、困った人に手を差し伸べる」イスラム文化の姿。お金がなくなっても誰かが助けてくれて、旅を続けるんです。追いはぎに身ぐるみはがされて、ふんどし一丁みたいな状態で放り出されても誰かが衣服を恵んでくれて、また旅を続ける。だからこそ「30年」も旅ができたんでしょうね。（世界探検全集02・河出書房新社）

荻田泰永　おぎた やすなが

１９７７年生まれ。北極冒険家。神奈川県大和市の「冒険研究所書店」店主。カナダ北極圏やグリーンランド、北極海を中心に主に単独徒歩による冒険行を実施。これまで北極と南極を１００００㎞以上踏破。第22回「植村直己冒険賞」受賞。著書『考える脚』で第９回梅棹忠夫・山と探検文学賞。井上奈奈との共著絵本『ＰＩＨＯＴＥＫ 北極を風と歩く』で第28回日本絵本賞大賞。著書は他に『北極男』など。

本書は、『ほぼ日刊イトイ新聞』に掲載された
インタビューに後日談を加えてまとめた記事と、
単行本独自の記事（３９９ページ～）で構成しています。
記事内の情報は、取材日現在のものです。

撮影：諏訪まり沙（ほぼ日）p10、58、106、174、218、270、334

協力：堀江揚子
松本太郎（新潮社）
諏訪雄一（NHKエンタープライズ）
山口未花子（北海道大学）
黒田未来雄

奥野武範　おくの たけのり

1976年、群馬県生まれ。編集者。早稲田大学政治経済学部卒業。株式会社宝島社にて雑誌編集者として勤務後、2005年に東京糸井重里事務所（当時。現在の株式会社ほぼ日）に入社。2024年で創刊26年、毎日更新を続けるウェブサイト「ほぼ日刊イトイ新聞」編集部に所属。主にインタビュー記事をつくっている。ときどきポップデュオ「レ・ロマネスク」のライブ・コンサートでギター係をつとめることがある。企画・構成・文を担当した書籍に『インタビューというより、おしゃべり。』（星海社）、『世界を見に行く。』（石川直樹・著／リトルモア）、『レ・ロマネスクTOBIのひどい目。』（レ・ロマネスクTOBI・著／青幻舎）がある。他に、はたらく人たちの悩みに33名の著名人が答えた『33の悩みと答えの深い森。』（青幻舎）、14人の編集者にインタビューした『編集とは何か。』（星海社新書）甲本ヒロトや山口一郎など5つのバンドのフロントマンにインタビューした『バンド論』、赤の画家・笹尾光彦について12組13人にインタビューした『赤の謎　画家・笹尾光彦とは誰なのか』（リトルギフトブックス）、国内12のミュージアムのコレクションを取材した『常設展へ行こう！』（左右社）がある。

挑む人たち。

2024年6月6日　初版第1刷発行

取材・構成・文　奥野武範（ほぼ日刊イトイ新聞）
デザイン　漆原悠一（tento）

発行人　孫家邦
発行所　株式会社リトルモア
〒151-0051 東京都渋谷区千駄ヶ谷3・56・6
電話：03-3401-1042
ファックス：03-3401-1052
https://littlemore.co.jp

印刷・製本所　株式会社シナノパブリッシングプレス

Printed in Japan
ISBN978-4-89815-582-0